流通・取引慣行
ガイドライン

公正取引委員会事務総局官房参事官
佐久間 正哉 編著

商事法務

●はしがき

　公正取引委員会は、我が国の流通・取引慣行について、どのような行為が、公正かつ自由な競争を妨げ、独占禁止法に違反するのかを具体的に明らかにすることによって、事業者及び事業者団体の独占禁止法違反行為とその適切な活動の展開に役立てることを目的として、「流通・取引慣行に関する独占禁止法上の指針」（平成3年7月11日公正取引委員会事務局）、いわゆる「流通・取引慣行ガイドライン」を公表している。流通・取引慣行ガイドラインは、流通・取引慣行に関連する行為として様々な垂直的制限行為や共同ボイコット等について独占禁止法上の考え方を明らかにしており、公正取引委員会による各種ガイドラインでも重要なものの1つとして、現在も、各方面で参照されている。

　流通・取引慣行ガイドラインは、もともと、内外から我が国市場の閉鎖性について指摘されていた状況下において、我が国の流通・取引慣行も公正かつ自由な競争という観点から常に見直されていくべきという観点から、当時の問題意識を踏まえて作成されたものであった。しかし、その後、我が国の流通・取引慣行を取り巻く状況は大きく変化している。具体的には、流通業者の対抗力が強まるなどメーカーと流通業者の相対的な力関係の変化、Eコマースの出現とその一層の発展・拡大がみられる一方、従前指摘されていた我が国市場の閉鎖性の問題はあまりみられなくなってきている。そして、このような状況変化を受け、ガイドライン改正の要望が高まり、平成27年～平成29年にかけて3回にわたりガイドラインの改正が行われた。この結果、現在のガイドラインは、平成3年7月公表時と比較すると、構成が大幅に変更されたほか、その当時には無かった垂直的制限行為の適法・違法性判断基準、選択的流通、Eコマースに関する記載が追加されるなど内容面も大きく変わっている。

　本書は、平成29年改正後の流通・取引慣行ガイドラインの内容を解説したものである。ガイドラインの解説書としては、ガイドライン作成作業を直接担当した職員の手によるものとして、山田昭雄＝大熊まさよ＝楢崎憲安編著『解説　流通・取引慣行に関する独占禁止法ガイドライン』（社団法人商事法務

研究会、平成3年10月）がある。しかし、出版から四半世紀あまりの年月が経過し、現在のガイドラインは当時のものと構成や内容が大きく変わっているとして、多くの方から、最新の内容に基づいたガイドラインの解説書を出版してはどうかと強く勧められた。そこで、このたび本書を世に出すこととしたものである。

　本書の作成に当たっては、平成29年の流通・取引慣行ガイドライン改正を直接担当した公正取引委員会の職員で執筆を分担し、全体を編著者の責任で取りまとめた。その際、ガイドラインでは詳しく述べることができなかった点について解説を盛り込んだほか、ガイドライン自体には記載のない審判決例や事前相談例を参考事例として追記するなどして、ガイドラインの考え方をより分かりやすく説明するように努めた。もちろん、本書の執筆内容については、編著者及び執筆者それぞれの個人的な責任によるものであることをあらかじめお断りしておく。

　本書が流通・取引慣行ガイドライン及び独占禁止法の正しい理解の一助となれば幸いである。また、個々の事業者におかれては、多様化する消費者ニーズに対応し、消費者理解に基づく付加価値の高い商品やサービスを提供していくための事業戦略を採るに際して、このガイドラインの考え方を十分に理解し活用するために本書を利用することを期待するものである。

　最後に、本書の執筆に際して、前述の『解説　流通・取引慣行に関する独占禁止法ガイドライン』の成果に依るところも大きかった。同書を執筆された諸先輩の皆様にはここに深く感謝の意を表したい。また、本書を出版するに当たり、株式会社商事法務の岩佐智樹氏、下稲葉かすみ氏には終始多大なる御尽力をいただいた。ここにその名を記するとともに厚く御礼を申し上げる。

平成30年5月23日

佐久間　正哉

流通・取引慣行ガイドライン
Contents

序　流通・取引慣行ガイドラインの概要 …………………………… 1

第1　流通・取引慣行ガイドラインの位置付け ……………………… 2

第2　平成3年のガイドライン公表に至る経緯 ……………………… 3
　1　我が国の流通・取引慣行に対する当時の指摘　3
　2　ガイドラインの作成・公表　3
　　(1)　公正取引委員会のガイドライン制定前の取組み　3
　　(2)　流通・取引慣行等と競争政策に関する検討委員会の開催　4
　　(3)　ガイドラインの作成・公表　5
　　(4)　当時のガイドラインの構成　5

第3　平成29年のガイドライン改正に至る経緯 ……………………… 7
　1　ガイドライン公表後の環境変化　7
　2　平成27年と平成28年のガイドライン一部改正　7
　　(1)　改正の背景　7
　　(2)　平成27年の一部改正　8
　　(3)　平成28年の一部改正　9
　3　流通・取引慣行と競争政策の在り方に関する研究会の開催　10
　4　平成29年のガイドライン改正　12
　　(1)　改正ガイドラインの公表　12
　　(2)　改正に当たっての考え方　12
　　(3)　構成の変更　12
　　(4)　適法・違法性判断基準の更なる明確化　15
　　(5)　その他の改正内容　20

第4　ガイドラインの目的・構成等 ……………………………………… 21
　1　ガイドラインの目的　21

2　ガイドラインの構成　22
　3　ガイドラインに記載されていない行為　25

第1部　取引先事業者の事業活動に対する制限 …………… 27

　1　対象範囲　28
　2　垂直的制限行為が競争に及ぼす影響についての基本的な考え方　36
　3　垂直的制限行為に係る適法・違法性判断基準　39
　　(1)　垂直的制限行為に係る適法・違法性判断基準についての考え方　39
　　(2)　公正な競争を阻害するおそれ　48
　　(3)　垂直的制限行為によって生じ得る競争促進効果　59
　　(4)　市場における有力な事業者　65

第1　再販売価格維持行為 ………………………………… 71
　1　考え方　71
　　(1)　原則として違法　71
　　(2)　希望小売価格　73
　2　再販売価格の拘束　75
　　(1)　再販売価格の拘束の考え方　75
　　(2)　正当な理由　77
　　(3)　再販売価格の拘束の有無　79
　　(4)　手段自体の違法性　93
　　(5)　事業者が流通業者に対し示す価格　93
　　(6)　間接の取引先事業者に対する再販売価格の拘束　94
　　(7)　再販売価格の拘束として違法とならない場合　94
　3　流通調査　103

第2　非価格制限行為 ……………………………………… 106
　1　考え方　106
　2　自己の競争者との取引等の制限　109
　　(1)　取引先事業者に対する自己の競争者との取引や競争品の取扱いに関する制限　109
　　(2)　対抗的価格設定による競争者との取引の制限　121
　3　販売地域に関する制限　122
　　(1)　行為類型　122
　　(2)　責任地域制及び販売拠点制　123
　　(3)　厳格な地域制限　124
　　(4)　地域外顧客への受動的販売制限　126

(5) 間接の取引先に対する制限　128
　4　流通業者の取引先に関する制限　129
　　(1) 行為類型　129
　　(2) 帳合取引の義務付け　130
　　(3) 仲間取引の禁止　133
　　(4) 安売り業者への販売禁止　136
　5　選択的流通　139
　6　小売業者の販売方法に関する制限　142
　　(1) 典型例　142
　　(2) 独占禁止法上の考え方　143
　　(3) 価格に関する広告・表示の制限　148
　　(4) 間接の取引先に対する制限　150
　7　抱き合わせ販売　151
　　(1) 考え方　151
　　(2) 独占禁止法上問題となる場合　152
　　(3) ある商品の供給に併せて他の商品を供給させること　159

第3　リベートの供与 ………………………………………………162
　1　考え方　162
　2　独占禁止法上問題となる場合　166
　　(1) 取引先事業者の事業活動に対する制限としてのリベート　166
　　(2) 競争品の取扱制限としての機能を持つリベート　168
　　(3) 帳合取引の義務付けとなるようなリベートを供与する場合　175

第2部　取引先の選択 ………………………………………177

　1　基本的考え方　178
　2　第2部の対象範囲　179

第1　顧客獲得競争の制限 …………………………………………180
　1　考え方　180
　2　事業者が共同して行う顧客獲得競争の制限　182
　　(1) 取引先の制限　184
　　(2) 市場の分割　187
　3　事業者団体による顧客獲得競争の制限　189

目次　v

第2　共同ボイコット……………………………………………………192
1　考え方　192
2　競争者との共同ボイコット　195
3　取引先事業者等との共同ボイコット　204
4　事業者団体による共同ボイコット　210

第3　単独の直接取引拒絶……………………………………………219
1　考え方　219
2　独占禁止法上問題となる場合　221

第3部　総代理店………………………………………………………227

1　総代理店制　228
2　総代理店制と競争政策　229
3　第3部の適用範囲等　233

第1　総代理店契約の中で規定される主要な事項………………235
1　独占禁止法上問題となる場合　235
　(1)　再販売価格の制限　235
　(2)　競争品の取扱いに関する制限　237
　(3)　販売地域に関する制限　239
　(4)　取引先に関する制限　241
　(5)　販売方法に関する制限　241
2　独占禁止法上問題とはならない場合　242

第2　並行輸入の不当阻害……………………………………………244
1　考え方　244
2　独占禁止法上問題となる場合　250
　(1)　海外の流通ルートからの真正商品の入手の妨害　250
　(2)　販売業者に対する並行輸入品の取扱制限　254
　(3)　並行輸入品を取り扱う小売業者に対する契約対象商品の販売制限　256
　(4)　並行輸入品の偽物扱いすることによる販売妨害　260
　(5)　並行輸入品の買占め　264
　(6)　並行輸入品の修理等の拒否　265
　(7)　並行輸入品の広告宣伝活動の妨害　268

第 4 部　（付）親子会社・兄弟会社間の取引……………………271

第 5 部　参考資料………………………………………………279

　参考資料1　私的独占の禁止及び公正取引の確保に関する法律（昭和 22 年法律第 54 号）（抄）　280
　参考資料2　不公正な取引方法（昭和 57 年公正取引委員会告示第 15 号）　283
　参考資料3　不公正な取引方法（昭和 57 年告示（現行規定・旧規定）・昭和 28 年告示）対照表　285
　参考資料4　流通・取引慣行と競争政策の在り方に関する研究会報告書　292
　参考資料5　流通・取引慣行と競争政策の在り方に関する研究会　報告書添付資料（抄）　306

事項索引　333
判決・審決等索引　340

● 凡例

独占禁止法	私的独占の禁止及び公正取引の確保に関する法律（昭和22年4月14日法律第54号）
平成9年独占禁止法改正法	私的独占の禁止及び公正取引の確保に関する法律の一部を改正する法律（平成9年6月18日法律第87号）
一般指定	不公正な取引方法（昭和57年公正取引委員会告示第15号）
当時の一般指定	文脈により、①不公正な取引方法（昭和28年公正取引委員会告示第11号）、②平成21年公正取引委員会告示第18号による改正前の不公正な取引方法（昭和57年公正取引委員会告示第15号）のいずれかを指す。
民集	最高裁判所民事判例集
排除型私的独占ガイドライン	排除型私的独占に係る独占禁止法上の指針（平成21年10月28日公正取引委員会事務局）
不当廉売ガイドライン	不当廉売に関する独占禁止法上の考え方（平成21年12月18日公正取引委員会事務局）
優越的地位の濫用ガイドライン	優越的地位の濫用に関する独占禁止法上の考え方（平成22年11月30日公正取引委員会）
流通・取引慣行ガイドライン／ガイドライン	流通・取引慣行に関する独占禁止法上の指針（平成3年7月11日公正取引委員会事務局）
研究会	流通・取引慣行と競争政策の在り方に関する研究会（平成28年2月〜平成29年3月開催）
研究会報告書	「流通・取引慣行と競争政策の在り方に関する研究会」報告書（平成28年12月16日公表）
平成○年度相談事例集	独占禁止法に関する相談事例集（平成○年度）
EU機能条約	Treaty on the Functioning of the European Union（欧州連合の機能に関する条約）
一括適用免除規則	COMMISSION REGULATION（EU）No 330/2010 of 20 April 2010 on the application of Article 101(3) of the Treaty on the Functioning of the European Union to categories of vertical agreements and concerted practices

垂直的制限ガイドライン	Guidelines on Vertical Restraints（2010/C 130/01）
EC 条約第 82 条ガイダンス	Guidance on the Commission's enforcement priorities in applying Article 82 of the EC Treaty to abusive exclusionary conduct by dominant undertakings（2009/C 45/02）
デ・ミニマス告示	Communication from the Commission――Notice on agreements of minor importance which do not appreciably restrict competition under Article 101(1) of the Treaty on the Functioning of the European Union（De Minimis Notice）（2014/C 291/01）

●執筆者紹介（＊は編者、肩書は平成30年4月1日現在）

佐久間　正哉（さくま　まさや）＊［序、第1部第2の7、第4部執筆］
　公正取引委員会事務総局官房参事官

小林　慎弥（こばやし　しんや）［第1部の1～3執筆］
　公正取引委員会事務総局経済取引局取引部企業取引課下請取引調査室長補佐（企画調整）
　（前公正取引委員会事務総局経済取引局取引部取引企画課長補佐（企画調査））

織田　佳哲（おだ　よしあき）［第1部第2の1～6、第3執筆］
　公正取引委員会事務総局官房総務課秘書係長
　（前公正取引委員会事務総局経済取引局取引部取引企画課係長）

丸山　朋恵（まるやま　ともえ）［第2部、第3部執筆］
　公正取引委員会事務総局経済取引局取引部取引企画課係長

藪内　奏絵（やぶうち　かなえ）［第1部第1執筆］
　防衛省防衛監察本部総務課企画室情報分析専門官
　（前公正取引委員会事務総局経済取引局取引部取引企画課係長）

序

流通・取引慣行ガイドラインの概要

第1 流通・取引慣行ガイドラインの位置付け

　「流通・取引慣行に関する独占禁止法上の指針」(平成3年7月11日公正取引委員会事務局)は、我が国の流通・取引慣行について、どのような行為が、公正かつ自由な競争を妨げ、独占禁止法に違反するのかを具体的に明らかにすることによって、事業者及び事業者団体の独占禁止法違反行為の未然防止とその適切な活動の展開に役立てることを目的として、公正取引委員会が作成・公表したものである。この指針は、一般に、流通・取引慣行ガイドラインと呼ばれている。

　ガイドラインは、その後、平成27年と平成28年の一部改正を経て、平成29年6月16日に構成の変更等を伴う大幅な改正が行われた。しかし、改正の前後を通じて、我が国の流通・取引慣行について独占禁止法上の考え方を明らかにするというガイドラインのスタンスは、引き継がれている。

第2 平成3年のガイドライン公表に至る経緯

1 我が国の流通・取引慣行に対する当時の指摘

流通・取引慣行ガイドラインが作成された当時、次のようなことが指摘されていた。

(1) 日本の流通機構が、複雑かつ閉鎖的で、返品・リベート等の取引慣行が新規参入を困難にさせる場合がある。また、内外価格差との関連で、流通・取引慣行等が市場における価格の自由な形成を阻害し、内外価格差の一因となっている。

(2) 事業者間取引においても、①特定の取引先と継続的に取引する傾向にある、②株式所有関係にある取引先と取引が優先する傾向がある、また、株式の相互持合いによる企業間の結びつきもみられる、③いわゆる企業集団が存在し集団内の取引を優先する傾向があり、このために外国事業者等の新規参入を阻害している。

また、平成元年9月から翌2年6月まで行われた日米構造問題協議においても、「流通」、「排他的取引慣行」、「系列関係」、「価格メカニズム」のテーマの下で、我が国の流通・取引慣行について議論が行われていた。

2 ガイドラインの作成・公表

(1) 公正取引委員会のガイドライン制定前の取組み

公正取引委員会は、流通・取引慣行ガイドライン制定のかなり前から、流通系列化をはじめとした流通上の諸問題について、個別の違反行為に対し審決によりこれを排除するほか、各種の流通実態調査を実施するなど広範な取組みを行っていた。また、総代理店契約については、国際契約の届出制度(平成9年独占禁止法改正法により廃止)に基づいて届け出られた契約内容を審査し必要に応じ指導等を行っていたほか、並行輸入の不当阻害行為についての考

え方を示したり、欧米ブランド輸入品の流通実態調査を実施するなどしていた。

さらに、事業者間の継続的取引についても、一般的な調査及び個別業種における実態調査を実施するほか、主要大企業の株式所有の実態調査、企業集団の実態等各種の調査を実施し、競争政策上の観点からその問題点、是正策を提起していた。

そして、当時の貿易摩擦問題に対応して、これらの実態調査等を踏まえて、独占禁止法上の問題について是正策を講じていた。

(2) 流通・取引慣行等と競争政策に関する検討委員会の開催

公正取引委員会は、前記(1)のとおり、我が国の流通・取引慣行上の問題に関連して様々な取組みを行っていたところ、平成元年9月、「流通・取引慣行等と競争政策に関する検討委員会」(会長：館龍一郎東京大学名誉教授)を設置した。同検討委員会では、我が国の流通・取引慣行等をめぐり国内外から提起されている問題について、競争政策の観点から、広範な角度からの検討が行われた。同検討委員会は、平成2年6月、「流通・取引慣行とこれからの競争政策―開かれた競争と消費者利益のために―」と題する報告書を公表した。この報告書においては、独占禁止法の厳正な運用、競争政策をめぐる環境の整備に関し、様々な提言がなされていた。この中には、ガイドライン等により運用方針を明確化すべきことが含まれており、具体的には、次のような提言がなされていた。

> 独占禁止法の運用を厳正かつ効果的なものとするためには、独占禁止法の目的、規制内容及び運用の方針が国内外における事業者や消費者に十分理解され、それが深められていくことが不可欠である。
>
> 独占禁止法の条文は一般的かつ抽象的なものであり、実際にどのように適用されるかは、審決、判決の積み重ねにより明らかにされるべき性格のものである。しかし、経済活動が急速に進展するこの現代社会においては、法の運用に対する理解を深め、独占禁止法違反行為を未然に防ぎ、経済活動の安定を図っていく上で、審判決の積み重ねのほか、競争政策の当局が法運用についての考え方を、できる限り具体的に、かつ、分かりやすい形で示していくことが望まれる。
>
> このため、法運用に関するガイドライン等が適時的確に示されることが適当である。また、その内容もできる限り分かりやすく示されることが大切である。

もとより、このガイドライン等は、経済活動に対する行政の過剰な介入を意図する性格のものではあってはならないものと考える。また、これにより、どのような行為が独占禁止法違反被疑行為に当たるかが識別しやすくなり、事業者の違反行為の未然防止に役立つとともに、そのような行為によって自らが影響を受けたと考える事業者、消費者が公正取引委員会に申立てをすることが容易になる効果が期待される性格のものであるべきと考える。また、新規事業を展開する場合や新規参入事業者にとって独占禁止法上問題のない形で事業活動を進めやすくするという効果が期待されるものであるべきと考える。

(3) ガイドラインの作成・公表

　公正取引委員会は、「流通・取引慣行等と競争政策に関する検討委員会」報告書の提言を受けて、ガイドラインの作成作業に入り、平成3年1月にガイドライン原案を公表した。その後、原案に対する意見募集を行い、国の内外から寄せられた様々な意見を検討し、所要の修正を行った上で、平成3年7月11日にガイドラインを公表した。

　ガイドラインの公表に当たり、公正取引委員会は、「声明」を公表し、ガイドラインの作成の目的・趣旨、ガイドラインの性格、企業側の社内体制整備への期待、ガイドラインに照らした法の厳正な執行方針等を明らかにした。

(4) 当時のガイドラインの構成

　平成3年7月当時のガイドラインは、消費者利益の確保と市場の開放性の確保の観点から、流通・取引慣行に関する独占禁止法上の考え方を明確化したものとされ、次のような構成が採られていた。

　すなわち、第1部「事業者間取引の継続性・排他性に関する独占禁止法上の指針」は主として生産財・資本財の事業者間取引の継続性・排他性に焦点を当て、第2部「流通分野における取引に関する独占禁止法上の指針」は主として消費財について流通分野におけるメーカー等の流通業者に対する垂直的制限行為等に焦点を当て、また、第3部「総代理店に関する独占禁止法上の指針」は国内全域を対象とする総代理店という取引形態に着目して、これまでの運用事例等に基づき独占禁止法上の考え方を分かりやすく集大成したものである。

[図表序-1] ガイドラインで取り上げられた行為類型（平成3年7月11日公表時点）

第1部　事業者間取引の継続性・排他性に関する独占禁止法上の指針
① 顧客獲得競争の制限
② 共同ボイコット
③ 単独の直接取引拒絶
④ 取引先事業者に対する自己の競争者との取引の制限
⑤ 不当な相互取引
⑥ 継続的な取引関係を背景とするその他の競争阻害行為
⑦ 取引先事業者の株式の取得・所有と競争阻害

第2部　流通分野における取引に関する独占禁止法上の指針
① 再販売価格維持行為
② 非価格制限行為
　　(i)流通業者の競争品の取扱いに関する制限、(ii)流通業者の販売地域に関する制限、(iii)流通業者の取引先に関する制限、(iv)小売業者の販売方法に関する制限
③ リベートの供与
④ 流通業者の経営に対する関与
⑤ 小売業者による優越的地位の濫用行為
　　(i)押し付け販売、(ii)返品、(iii)従業員等の派遣の要請、(iv)協賛金等の負担の要請、(v)多頻度小口配送等の要請

第3部　総代理店に関する独占禁止法上の指針
① 競争者間の総代理店契約
② 総代理店契約の中で規定される主要な事項
　　(i)競争品の取扱いに関する制限、(ii)契約終了後における競争品の取扱い制限、(iii)販売地域に関する制限、(iv)取引先に関する制限、(v)販売方法に関する制限
③ 並行輸入の不当阻害
　　(i)海外の流通ルートからの真正商品の入手の妨害、(ii)販売業者に対する並行輸入品の取扱い制限、(iii)並行輸入品を取り扱う小売業者に対する契約対象商品の販売制限、(iv)並行輸入品を偽物扱いすることによる販売妨害、(v)並行輸入品の買占め、(vi)並行輸入品の修理等の拒否、(vii)並行輸入品の広告宣伝活動の妨害

　このような構成が採られたのは、前記(1)で述べた我が国の流通・取引慣行について指摘されていた当時の問題に対応して、独占禁止法上の考え方を示すことが各方面から求められていたためと考えられる。

第3 平成29年のガイドライン改正に至る経緯

1 ガイドライン公表後の環境変化

　平成3年7月の流通・取引慣行ガイドラインの公表以降、既に四半世紀あまり経過している。この間、我が国の流通・取引慣行を取り巻く環境は大きく変化してきた。

　数次にわたる独占禁止法の改正等が行われ、競争政策の強化が行われた。また、平成9年に再販指定商品の指定は全て取り消され、平成12年に大規模小売店舗法が廃止されるなど、規制緩和が進んだ。

　一方、大手メーカー主導で構築された流通系列化は崩れ、合併・買収等による流通業者の上位集中度の高まりといった様々な要因によって、次第にメーカーと流通業者との相対的な力関係は変化していった。

　さらには、インターネットの商用利用が開始され、我が国におけるインターネット接続環境は劇的に変化した。特に近年、スマートフォンの普及等により、いわゆるEコマース（電子商取引）はより一層発展・拡大していった。Eコマースの新しいビジネスモデルは、現在も次々に出現してきている。

　しかし、このように、我が国における流通・取引慣行の実態は大きく変わっていったにもかかわらず、本ガイドラインは、20年以上もの間、形式的な改正は別にして、実質的な内容の見直しを伴う改正が行われなかった。

2 平成27年と平成28年のガイドライン一部改正

(1) 改正の背景

　しかし、前記1のように国内流通市場が大きく変化する中で、多様化した消費者のニーズに対応するため、メーカーと流通業者の連携を促進し、消費者理解に基づく付加価値の高い商品が提供できる競争環境を整備するという観点から、平成25～26年頃になると、産業界の一部から次のような指摘がみ

られるようになった。具体的には、①違法性の判断基準が曖昧で事業者に萎縮効果を与えている、②違法性の判断に当たり、垂直的制限行為による競争促進効果がどのように考慮されているかが不明である、③違法性の判断に当たり、ブランド間競争がどのように考慮されているかが不明なこと等から、上記競争環境の整備を妨げている、といった指摘である。そして、流通・取引慣行ガイドラインについて、垂直的制限行為に係る適法・違法性判断基準や再販売価格維持行為の考え方の明確化、いわゆるセーフ・ハーバーの見直し等を求める声が高まった。そこで、これらの声に対応したガイドラインの一部改正が、平成27年、平成28年と相次いで行われた。

なお、これらの改正は、規制改革実施計画（平成26年6月24日及び平成27年6月30日の閣議決定）で措置すべきとされた内容に対応するものであった。

(2) 平成27年の一部改正

平成27年の一部改正においては、当時の第2部「流通分野における取引に関する独占禁止法上の指針」が改正され、①垂直的制限行為に係る適法・違法性判断基準、②再販売価格維持行為の「正当な理由」、③流通調査、④選択的流通のそれぞれについて、考え方が明確にされた。改正のポイントは、以下のとおりである。

[図表序-2] 平成27年の一部改正のポイント

1 垂直的制限行為に係る適法・違法性判断基準についての考え方 ○ 垂直的制限行為（※）は、競争に影響を及ぼす場合であっても、**競争を阻害する効果を生じることもあれば、競争を促進する効果を生じることもある**。 　（※）メーカーが、自社商品を取り扱う卸売業者や小売業者といった流通業者の販売価格、取扱い商品、販売地域、取引先等の制限を行う行為 ○ 垂直的制限行為に公正な競争を阻害するおそれがあるかどうかについては、流通業者間の競争の状況やメーカー間の競争の状況などを**総合的に考慮して判断**。この判断に当たっては、垂直的制限行為によって生じ得る流通業者間の競争やメーカー間の競争を阻害する効果に加え、**競争を促進する効果も考慮**。 ○ 垂直的制限行為によって競争促進効果が認められ得る典型例 　・いわゆる「フリーライダー問題」が解消される場合 　・新商品について高品質であるとの評判を確保する上で重要といえる場合 　・新商品を販売するために流通業者に生じる、必要な特有の投資の回収が可能となる場合 　・サービスの統一性やサービスの質の標準化が図られる場合

- 非価格制限行為は、「新規参入者や既存の競争者にとって代替的な流通経路を容易に確保することができなくなるおそれがある場合」や「当該商品の価格が維持されるおそれがある場合」に当たらない限り、通常、問題となるものではない。
- 「当該商品の価格が維持されるおそれがある場合」とは、非価格制限行為により流通業者間の競争が妨げられ、流通業者がその意思で価格をある程度自由に左右し、当該商品の価格を維持し又は引き上げることができるような状態をもたらすおそれが生じる場合をいい、このようなおそれを生じさせない行為については、通常、「当該商品の価格が維持されるおそれがある場合」とは認められない。
- 再販売価格維持行為は、通常、競争阻害効果が大きく、原則として公正な競争を阻害するおそれのある行為。

2 再販売価格維持行為の「正当な理由」についての考え方

- 独占禁止法においては、メーカーが、流通業者に対して、「正当な理由」がないのに再販売価格の拘束を行うことは、不公正な取引方法として違法となると規定。
- 「正当な理由」は、メーカーによる自社商品の再販売価格の拘束によって
  ① 実際に競争促進効果が生じてブランド間競争が促進され、それによって当該商品の需要が増大し、消費者の利益の増進が図られ、
  ② 当該競争促進効果が、再販売価格の拘束以外のより競争阻害的でない他の方法によっては生じ得ないものである場合において、
  必要な範囲及び必要な期間に限り、認められる。

3 流通調査についての考え方

- 自社の商品を取り扱う流通業者の実際の販売価格、販売先等の調査を行うこと
  ➡ メーカーが単に流通調査を行うことは、当該メーカーの示した価格で販売しない場合に当該流通業者に対して出荷停止等の経済上の不利益を課す、又は課す旨を通知・示唆する等の流通業者の販売価格に関する制限を伴うものでない限り、通常、問題とはならない。

4 いわゆる「選択的流通」についての考え方

- メーカーが自社の商品を取り扱う流通業者に関して一定の基準を設定し、当該基準を満たす流通業者に限定して商品を取り扱わせようとする場合、当該流通業者に対し、自社の商品の取扱いを認めた流通業者以外の流通業者への転売を禁止すること
  ➡ 商品を取り扱う流通業者に関して設定される基準が、
    ① 当該商品の品質の保持、適切な使用の確保等、消費者の利益の観点からそれなりの合理的な理由に基づくものと認められ、かつ、
    ② 当該商品の取扱いを希望する他の流通業者に対しても同等の基準が適用される場合には、
    たとえメーカーが選択的流通を採用した結果として、特定の安売り業者等が基準を満たさず、当該商品を取り扱うことができなかったとしても、通常、問題とはならない。

(3) 平成28年の一部改正

平成28年の一部改正においては、当時の第1部「事業者間取引の継続性・

排他性に関する独占禁止法上の指針」及び第2部「流通分野における取引に関する独占禁止法上の指針」の非価格制限行為に関するセーフ・ハーバーの見直しが行われた。改正のポイントは以下のとおりである。

[図表序-3] 平成28年の一部改正のポイント

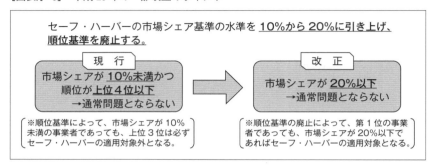

3　流通・取引慣行と競争政策の在り方に関する研究会の開催

しかし、これらの改正は流通・取引慣行ガイドライン全体の一部にとどまり、全体としては制定当時の流通・取引慣行の実態を踏まえた記載が多く残されたままであった。このため、流通・取引慣行の実態の変化の結果、制定当時の考え方では対応しきれない問題が生じている可能性が考えられた。

そこで、公正取引委員会は、平成28年2月、法学者、経済学者、メーカー、小売業者、法曹といった各界の有識者からなる「流通・取引慣行と競争政策の在り方に関する研究会」（座長：土井教之関西学院大学名誉教授）を設置し、流通・取引慣行の変化に関する競争政策の観点からの評価と、これを踏まえたガイドラインの見直しの方向性について検討を行った。研究会では、Eコマースの発展・拡大、メーカーと流通業者の取引関係の変化や総代理店・並行輸入品の実態といった最近の流通・取引慣行の実態の変化等について、関係者からヒアリングを行いつつ、テーマごとに議論が行われた。同年12月、研究会の提言としての報告書が取りまとめられた。この報告書においては、改正後のガイドラインは改正前の第2部を中心として再構築すべきことや、多様化するビジネスモデルに対応するための分析プロセスの明確化など、「分かりやすく、汎用性のある、事業者及び事業者団体にとって利便性の高い流

[図表序-4] 研究会報告書（概要）

第1 流通・取引慣行ガイドラインの見直しについて（総論）

1 最近の流通実態の変化

（1）Eコマースの発展・拡大
- オンラインのプラットフォーム事業者の台頭は競争の状況等に大きな影響をもたらした。
- オンライン取引に関連する垂直的制限行為については，欧米と比較すると，日本において具体的な事例が少ない。
- 今後も新たなビジネスモデルが出現し，新たな競争上の問題点等も次々に生じてくると考えられる。

（2）メーカーと流通業者の取引関係等の変化
- 流通・取引慣行ガイドライン制定時に指摘された日本の市場の閉鎖性に係る問題は余りみられなくなっている。
- メーカーが流通業者の行為を一方的に制限することで流通を支配するという見方に立つのは一面的。

（3）総代理店・並行輸入品の実態等
- 総代理店を取り巻く環境・実態は変化してきており，更に実態把握を行う必要がある。

2 流通・取引慣行ガイドラインの更なる明確化

（1）多様化するビジネスモデルに対する対応
- 最近の流通・取引慣行の実態を踏まえつつ，時代の変化にも対応し得るようなガイドラインとする。

（2）構成の分かりにくさ
- 分かりやすさや利便性の向上という観点から，3部構成自体も見直す必要がある。

3 その他
- 「安売り業者への販売禁止」及び「価格に関する広告・表示の制限」について，原則違法となる取扱いを撤廃すべき等の意見に対し，撤廃には慎重になる必要がある等の意見があった。
- 選択的流通について，通常，独占禁止法上問題とならないと認められる条件の具体例の追記等，明確化を図るべきとの意見に対し，現状において追記すべき当該条件の具体例が明確になっているわけではない等の意見があった。

第2 流通・取引慣行ガイドラインの見直しの各論（具体化）

1 構成の変更
- 分かりやすさや利便性の向上という観点から，同一の適法・違法性判断基準に基づき判断される行為類型を統合するなどして，現行の第2部を中心として再構築することが適当。

2 適法・違法性判断基準の更なる明確化

（1）分析プロセスの明確化
- 多様化するビジネスモデルに対応することができるよう，市場閉鎖効果と価格維持効果について，経済学的な考え方を踏まえつつ，内容の充実を図っていくことが必要。

（2）オンライン取引に関連する垂直的制限行為について
- 分析プロセスの明確化に当たっては，オンライン取引に関連する垂直的制限行為にも応用できるような汎用的な考え方を示すべき。

3 その他

（1）原則違法となる行為類型の考え方の整理等
- 「安売り業者への販売禁止」及び「価格に関する広告・表示制限」は，「通常，価格競争を阻害するおそれがあり，原則として違法」となるという，これまでの考え方を維持することが適当。
- 選択的流通は，世界的にも活発な議論が行われている論点であるため，具体的事例の蓄積等を踏まえつつ，引き続き検討を行っていくことが重要。

（2）審判決例や相談事例の積極的な活用
- 審判決例や相談事例は，積極的に各行為類型の記載に盛り込んでいくべき。

通・取引慣行ガイドラインを目指すべき」との提言がなされた。

4 平成29年のガイドライン改正
(1) 改正ガイドラインの公表

公正取引委員会は、研究会報告書の提言を受け、流通・取引慣行ガイドラインの改正案の作成作業に入り、研究会での議論を経て、平成29年4月7日に改正案を公表し、同年5月10日を期限として意見募集を行った。そして、意見募集期間中に提出された意見を慎重に検討した結果、改正案を一部修正した上で、同年6月16日に成案を公表した。

なお、この意見募集手続においては、事業者、団体、学者、弁護士等の各方面合わせて23件の意見提出があり、項目にして、150を超える様々な内容の意見が含まれていた。ガイドラインの記載内容の更なる明確化を求める意見もあったが、全体的には今回の改正を評価する内容が多くみられた。

(2) 改正に当たっての考え方

平成29年の改正は、研究会報告書の提言にあるように「分かりやすく、汎用性のある、事業者及び事業者団体にとって利便性の高い流通・取引慣行ガイドライン」を目指したものである。このため、ガイドラインの構成を大きく変えたほか、適法・違法性判断基準の記述をより分かりやすくするとともに、オンライン取引に関連する垂直的制限行為も基本的な考え方を異にするものではないこと等を追記している。もっとも、これまでガイドラインにおいて示してきた公正取引委員会の考え方は、何ら変わっていない。したがって、平成29年の改正により、改正前と比して規制が緩和されるものでも、強化されるものでもない。

(3) 構成の変更
ア 第1部関係

前記3の研究会報告書の提言を踏まえ、事業者等の利便性向上の観点等から、同一の適法・違法性判断基準に基づき判断される行為類型を統合するなどして、本指針の構成を再構築した。具体的には、改正前の第2部を、改正後のガイドラインでは、第1部「取引先事業者の事業活動に対する制限」と

している。また、改正前の第1部のうち垂直的制限行為に係る記載（第4「取引先事業者に対する自己の競争者との取引の制限」及び第6の1「対抗的価格設定による競争者との取引の制限」）を改正前の第2部第2の2「流通業者の競争品の取扱いに関する制限」と統合している。これらは、「市場閉鎖効果が生じる場合」に独占禁止法上問題とされる行為類型であり、改正後のガイドラインでは、第1部第2の2「自己の競争者との取引等の制限」という項目の中で扱われている。

なお、研究会では、平成29年改正前のガイドラインについて、生産財・資本財と消費財といった財の性質に着目した分類となっていたことから、適法・違法性判断基準が同一の行為類型について部をまたいで記載されていて分かりにくいといった指摘があった。そこで、今回の改正を機会にこうした財の性質による区分を廃止した。

さらに、構成の変更に併せて、従来「メーカーによる流通業者の事業活動に対する制限」つまり、川上から川下への行為を中心に整理していた旧第2部を、汎用性の観点から「事業者による取引先事業者の事業活動に対する制限」というように、より一般的な考え方の下で整理し直している。この「取引先事業者」とは、川上の事業者にとっての川下の事業者、川下の事業者にとっての川上の事業者が含まれ得る。川下の事業者から川上の事業者に対する垂直的制限行為の具体例としては、例えば、完成品メーカーが部品メーカーに対し、自己の競争者と取引をしないよう拘束する条件を付けて取引をすることが挙げられる。

このほか、過去に問題となった審判決例等がない項目や、別途他のガイドラインが存在する項目は、原則として削除している。特に、優越的地位の濫用（独占禁止法第2条第9項第5号）に関する記載は、「優越的地位の濫用に関する独占禁止法上の考え方」（平成22年11月30日公正取引委員会）においてその規制の考え方が示されているため、その記載を全て削除している。その上で、最近の審判決例や相談事例を踏まえ、新たに「抱き合わせ販売」を項目として追加している。

イ　第2部関係

改正前の第1部のその余の記載のうち、第1「顧客獲得競争の制限」、第2

「共同ボイコット」及び第3「単独の直接取引拒絶」を、第2部「取引先の選択」の中に取り込んだ。事業者が、ある事業者から取引を持ちかけられた場合に、それを拒絶することも基本的には自由であるが、ここでは、既存の取引関係を維持するために他の事業者との間で相互に既存の取引関係を尊重しこれを優先させることを話し合ったり、他の事業者と共同して競争者を排除するような行為等について独占禁止法上の考え方を示している。改正後の第1部のように取引先事業者の事業活動、つまり取引先事業者が誰と取引をするのかということを制限するのではなく、自身の取引先選択権に影響を及ぼすような行為であるため、第2部として考え方を取りまとめたものである。

なお、改正前の第1部の記載についても、過去に問題となった審判決例等がない項目や、別途他のガイドラインが存在する項目は平成29年の改正において削除している。

　ウ　第3部関係
　改正前の第3部第1「競争者間の総代理店契約」に係る記載を削除した。この部分は、競争者間の総代理店契約について独占禁止法上の考え方が示されており、総代理店となる事業者が契約対象商品と同種の商品を製造又は販売している場合であって、その市場シェアが10%未満又は順位が4位以下である場合には、当該契約対象商品の供給業者と総代理店契約をすることは、原則として同法上問題とはならないという、平成28年に改正されたセーフ・ハーバーとは別の基準のセーフ・ハーバーが設けられるなどしていた部分である。この改正前の第3部のセーフ・ハーバーは、水平的な販売提携が市場の競争に及ぼす影響の大きさを問題にするものであり、非競争者間の非価格制限行為のセーフ・ハーバーとは性質が異なることから、平成28年の改正においては見直しの対象外となっていた。これについて、研究会でも議論を行ったところ、本指針制定当時に問題視されていた内外価格差は、現在においてそれほど大きな問題とはなっていないと考えられること、改正前の第3部第1の考え方に基づき法的措置を採った事例はないことなどから、今回の改正においてその記載を削除することとしたものである。もちろん、ガイドラインから記載が無くなったことで、競争者間の総代理店契約は独占禁止法の適用対象外になったというわけではない。競争者間の総代理店契約によって市

[図表序-5] 平成29年の改正のポイント①

ポイント1：構成の変更
- 適法・違法性判断基準が同一の行為類型を統合するなどして，**改正前の第2部を中心として再構築**。
- 過去に問題となった審判決例等がない項目や別途他のガイドラインが存在する項目は原則として**削除**。
- 「抱き合わせ販売」を項目として**追加**。
- 「事業者による取引先事業者に対する垂直的制限行為」といった，**より一般的な整理の下で構成変更**。

【改正後の目次】

第1部　取引先事業者の事業活動に対する制限
第1　再販売価格維持行為
第2　非価格制限行為
　1　考え方
　2　自己の競争者との取引等の制限
　3　販売地域に関する制限
　4　流通業者の取引先に関する制限
　5　選択的流通
　6　小売業者の販売方法に関する制限
　7　抱き合わせ販売　　新規に追加。
第3　リベートの供与

第2部　取引先の選択
第1　顧客獲得競争の制限
第2　共同ボイコット
第3　単独の直接取引拒絶

第3部　総代理店
第1　総代理店契約の中で規定される主要な事項
第2　並行輸入の不当阻害

改正前の第2部「流通分野における取引に関する独占禁止法上の指針」を第1部「取引先事業者の事業活動に対する制限」に変更。

改正前の第2部第2の2「流通業者の競争品の取扱いに関する制限」に，改正前の第1部第4「取引先事業者に対する自己の競争者との取引の制限」及び第1部第6の1「対抗的価格設定による競争者との取引の制限」を統合。

改正前の第2部第4「流通業者の経営に対する関与」及び第2部第5「小売業者による優越的地位の濫用行為」を削除。

改正前の第1部「事業者間取引の継続性・排他性に関する独占禁止法上の指針」を第2部「取引先の選択」に変更。

改正前の第1部第5「不当な相互取引」，第1部第6の2「継続的な取引関係を背景とする優越的地位の濫用行為」及び第1部第7「取引先事業者の株式の取得・所有と競争阻害」を削除。

改正前の第3部第1「競争者間の総代理店契約」を**削除**。これに伴い，競争者間の総代理店契約に関するセーフ・ハーバー（市場におけるシェア10％以上かつ上位3位以内）等は**廃止**。

場における地位が高まったことを背景として、不当な取引制限や私的独占が行われる場合には、当然に同法上問題となり得るものである。

(4) 適法・違法性判断基準の更なる明確化
ア　分析プロセスの明確化

　垂直的制限行為に係る適法・違法性判断基準の考え方は、平成27年の改正において既に一部明確化が図られた部分であるが、平成29年の改正では、それを更に発展させる形で明確化を行った。具体的には、ガイドライン第1部

の冒頭において、垂直的制限行為に係る適法・違法性判断基準に係る分析プロセスを次のとおり明らかにした。

(ア) ガイドライン第1部は、主に垂直的制限行為に係る不公正な取引方法についての考え方を示すものであること

(イ) 垂直的制限行為は、その程度・態様等により、競争に様々な影響を及ぼすものであり、ブランド間競争やブランド内競争の減少・消滅といった競争阻害効果がもたらされる場合もあれば、新商品の販売が促進されるといった競争促進効果がもたらされる場合もあること

(ウ) 前記(イ)のように競争に様々な影響を及ぼす垂直的制限行為は、公正な競争を阻害するおそれがある場合に、不公正な取引方法として禁止されるものであること。この「公正な競争を阻害するおそれがある場合」に当たるか否かの判断に当たっては、垂直的制限行為に係る取引及びそれによる影響を受ける範囲を検討した上で、次の5つの事項を総合的に考慮して判断すること

　この判断に当たっては、競争阻害効果に加え、競争促進効果も考慮すること

> (5つの考慮事項)
> ① ブランド間競争の状況（市場集中度、商品特性、製品差別化の程度、流通経路、新規参入の難易性等）
> ② ブランド内競争の状況（価格のバラツキの状況、当該商品を取り扱っている流通業者等の業態等）
> ③ 垂直的制限行為を行う事業者の市場における地位（市場シェア、順位、ブランド力等）
> ④ 垂直的制限行為の対象となる取引先事業者の事業活動に及ぼす影響（制限の程度・態様等）
> ⑤ 垂直的制限行為の対象となる取引先事業者の数及び市場における地位

(エ) 垂直的制限行為には、再販売価格維持行為と非価格制限行為があり、前記(ウ)の判断を踏まえると、再販売価格維持行為は、通常、競争阻害効果が大きく、原則として公正な競争を阻害するおそれがある行為であり、非価格制限行為は、個々のケースに応じて「市場閉鎖効果が生じる場合」

や「価格維持効果が生じる場合」といった公正な競争を阻害するおそれがある場合に当たるか否かが判断される行為と、通常、価格競争を阻害するおそれがあり、原則として公正な競争を阻害するおそれがある行為とに分けられること
　(オ)　垂直的制限行為によって生じ得る競争促進効果の典型例としては、フリーライダー問題の解消、ホールドアップ問題への対応や品質の標準化等があること
　(カ)　セーフ・ハーバーの対象となる行為類型は、ガイドライン第1部第2の2「自己の競争者との取引等の制限」の各行為類型、同3(3)「厳格な地域制限」及び同7「抱き合わせ販売」であること

イ　市場閉鎖効果が生じる場合の考え方
　前記ア(エ)の「市場閉鎖効果が生じる場合」については、ライバル費用引上げ(RRC：Raising Rivals' Costs)戦略といった経済学的な知見も参考にしつつ、次のとおり考え方を明確にした。

> 「市場閉鎖効果が生じる場合」とは、非価格制限行為により、新規参入者や既存の競争者にとって、代替的な取引先を容易に確保することができなくなり、事業活動に要する費用が引き上げられる、新規参入や新商品開発等の意欲が損なわれるといった、新規参入者や既存の競争者が排除される又はこれらの取引機会が減少するような状態をもたらすおそれが生じる場合をいう。

　これは、平成29年改正前のガイドラインにおいて「これによって競争者の取引の機会が減少し、他に代わり得る取引先を容易に見いだすことができなくなるおそれがある場合」や「新規参入者や既存の競争者にとって代替的な流通経路を容易に確保することができなくなるおそれがある場合」といった記載がされていたものと基本的な考え方を大きく変更したものではない。

ウ　非価格制限行為のうち、原則として公正な競争を阻害するおそれがある行為
　前記ア(エ)の「非価格制限行為のうち、原則として公正な競争を阻害するおそれがある行為」には、ガイドライン第1部第2の4(4)「安売り業者への販売禁止」、同6(3)「価格に関する広告・表示の制限」等が該当する。
　これらの行為類型については、研究会報告書において、「『事業者が市場の

[図表序-6] 平成29年の改正のポイント②

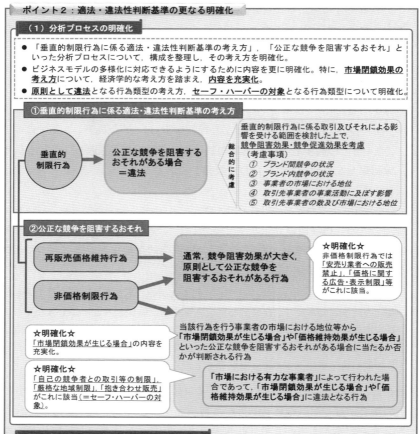

状況に応じて自己の販売価格を自主的に決定する』という事業者の事業活動の自由において最も基本的な事項に関与する行為であるため、事業者間の価格競争を減少・消滅させる再販売価格維持行為の考え方に準じ、『通常、価格競争を阻害するおそれがあり、原則として違法』となるという、これまでの考え方を維持することが適当である」との提言が示されていた。そこで、平成 29 年の改正において、同提言を踏まえ、これまでの考え方をより明確にした。

エ　オンライン取引に関連する垂直的制限行為

研究会報告書における「分析プロセスの明確化に当たっては、近年、存在感が大きくなっているオンラインのプラットフォーム事業者による行為を含めたオンライン取引に関連する垂直的制限行為について避けて通るべきではない」との提言を受け、平成 29 年の改正では、オンライン取引に関連する垂直的制限行為に係る考え方等を追加している。具体的には、前記アの分析プロセスにおいて、インターネットを利用した取引か実店舗における取引かで基本的な考え方を異にするものではないこと、オンラインとオフラインを含むプラットフォーム事業者による、当該プラットフォームを利用する事業者に対する行為についても、基本的な考え方も同じであることを明記した。

また、プラットフォーム事業者が行う垂直的制限行為については、考慮事項として、プラットフォーム事業者間の競争状況や、ネットワーク効果等を踏まえたプラットフォーム事業者の市場における地位等も考慮する必要がある旨を明記した。

このほか、ガイドライン第 1 部第 2 以降の具体的行為類型に係る記載において、オンライン取引に係る考え方の明確化やオンライン取引に係る具体例の追記なども行った。

オ　審判決例や相談事例の積極的な活用

今回の改正において、可能な限り事業者に理解の助けになるような審判決例や相談事例の具体例を記載した。特に、事業者の萎縮効果の緩和の観点から、相談事例において独占禁止法上問題となるものではないと回答した事例を多く記載した。

(5) その他の改正内容
　ア　抱き合わせ販売
　平成3年のガイドライン制定以降、抱き合わせ販売の審決例が2件（警告は1件）あるほか、毎年公表している相談事例集には抱き合わせ販売に関する相談事例が9件掲載されていることから、平成29年の改正において、抱き合わせ販売に係る記載を追加した。

　イ　共同ボイコット
　改正前のガイドラインにおいては、共同ボイコットによって、市場における競争が実質的に制限される場合には、不当な取引制限として違法となるとしていた。しかし、ガイドライン制定後、このような場合において、私的独占として違法となるとされた事例がある（株式会社三共ほか10名に対する件（平成9年8月6日勧告審決、平成9年（勧）第5号））ことから、私的独占又は不当な取引制限として違法となる旨を明らかにした。

　ウ　兄弟会社間の取引
　平成29年改正前のガイドラインにおいては、親会社が子会社の株式を100％所有している場合など、実質的に同一企業内の行為に準ずるものと認められる場合には、これらの間の取引は、原則として不公正な取引方法による規制を受けないことを示していた。しかしながら、例えば、同一の親会社が株式の100％を所有している子会社同士（兄弟会社間）の取引についても、実質的に同一企業内の行為に準ずるものと認められると考えられる。このため、平成29年の改正では、兄弟会社間の取引について、実質的に同一企業内の行為に準ずるものと認められる場合の考え方を追記した。

第4 ガイドラインの目的・構成等

1 ガイドラインの目的

> はじめに
>
> 1　流通・取引に関する慣行は、歴史的、社会的背景の中で形成されてきたものであり、世界の各国において様々な特色を持っているが、その在り方については、常に見直され、より良いものへと変化していくことが求められている。我が国の流通・取引慣行についても、経済活動のグローバル化や、技術革新等によって、日々目まぐるしく進展・変化してきている。このような状況において、事業者の創意工夫を発揮させ、消費者の利益が一層確保されるようにするためには、公正かつ自由な競争を促進し、市場メカニズムの機能を十分に発揮し得るようにしていくことが重要である。具体的には、①事業者の市場への自由な参入が妨げられず、②それぞれの事業者の取引先の選択が自由かつ自主的に行われ、③価格その他の取引条件の設定がそれぞれの事業者の自由かつ自主的な判断で行われ、また、④価格、品質、サービスを中心とした公正な手段による競争が行われることが必要である。
>
> 　本指針は、我が国の流通・取引慣行について、どのような行為が、公正かつ自由な競争を妨げ、独占禁止法に違反するのかを具体的に明らかにすることによって、事業者及び事業者団体の独占禁止法違反行為の未然防止とその適切な活動の展開に役立てようとするものである。

解説
1 公正かつ自由な競争の促進の重要性

　流通・取引に関する慣行の在り方は、常に見直され、より良いものへと変化していくことが求められている。我が国の流通・取引慣行も、経済活動のグローバル化や、技術革新等によって、日々目まぐるしく進展・変化してお

り、こうした状況において、事業者による創意工夫の発揮や消費者利益の一層の確保を実現していく上で、公正かつ自由な競争を促進し、市場メカニズムの機能を十分に発揮し得るようにしていくことが重要である。流通・取引慣行ガイドラインは、まず、この点を述べている。

そして、これを実現する上で、ガイドラインは、①事業者の市場への自由な参入が妨げられず、②それぞれの事業者の取引先の選択が自由かつ自主的に行われ、③価格その他の取引条件の設定がそれぞれの事業者の自由かつ自主的な判断で行われ、また、④価格、品質、サービスを中心とした公正な手段による競争が行われることが必要であるとしている。

なお、平成29年改正前のガイドラインでは、「はじめに」において、我が国の流通・取引慣行について、「我が国の市場が国際的により開放的になるようなものへと変化していくことが求められている。」との記述があった。しかし、今日においては、研究会報告書にもあるとおり、ガイドライン制定当時に問題とされた我が国の市場の閉鎖性に係る問題は余り見られなくなっていると考えられることから、平成29年の改正により当該記述は削除された。

2 ガイドラインの目的

ガイドラインでは、前記**1**の内容に続いて、ガイドラインの目的が、「我が国の流通・取引慣行について、どのような行為が、公正かつ自由な競争を妨げ、独占禁止法に違反するのかを具体的に明らかにすることによって、事業者及び事業者団体の独占禁止法違反行為の未然防止とその適切な活動の展開に役立てようとする」ものであることを明らかにしている。既に述べたとおり、この目的は平成3年のガイドライン制定時から一貫したものである。

2　ガイドラインの構成

> 2　本指針第1部は、部品メーカーと完成品メーカー、メーカーと卸売業者や小売業者といった、事業者間の取引における取引先事業者（特段の記載がない場合には直接又は間接の取引先事業者をいう。以下同じ。）の事業活動に対する制限に関して、第2部は、事業者による取引先の選択に関して、また、第3部は、国内市場全域を対象とする総代理店に関して、独占禁止法上の指針を示したものである。

> 本指針は、主として商品の取引について独占禁止法上の考え方を示したものであるが、役務の取引についてもその考え方は基本的には同様である。

解説

　流通・取引慣行ガイドラインは以下で述べるとおり3部構成となっている。このガイドラインは主として商品の取引について独占禁止法上の考え方を示したものであるが、役務の取引についてもその考え方は基本的に同様である。

1 第1部 取引先事業者の事業活動に対する制限

　第1部は、部品メーカーと完成品メーカー、メーカーと卸売業者や小売業者といった、事業者間の取引における直接又は間接の取引先事業者に対する制限について、独占禁止法上の考え方を示している。具体的には、以下のとおり、総論として、垂直的制限行為が競争に及ぼす影響や垂直的制限行為に係る適法・違法性判断基準に触れた後、各行為類型の考え方を示している。

［図表序-7］　第1部の構成

```
第1部　取引先事業者の事業活動に対する制限
    1  対象範囲
    2  垂直的制限行為が競争に及ぼす影響についての基本的な考え方
    3  垂直的制限行為に係る適法・違法性判断基準

 第1  再販売価格維持行為
    1  考え方
    2  再販売価格の拘束
    3  流通調査

 第2  非価格制限行為
    1  考え方
    2  自己の競争者との取引等の制限
    3  販売地域に関する制限
    4  流通業者の取引先に関する制限
    5  選択的流通
    6  小売業者の販売方法に関する制限
    7  抱き合わせ販売

 第3  リベートの供与
    1  考え方
    2  独占禁止法上問題となる場合
```

2　第2部　取引先の選択

　第2部では、[図表序-8]の3つの行為類型が取り上げられている。これらは、共同行為もあれば単独行為もあり一見まとまりがないようにみえるが、いずれも、自由かつ自主的に行われるべき事業者自身による取引先の選択に関する事柄であることから、「取引先の選択」という項目の下で独占禁止法上の考え方を示しているものである。

[図表序-8]　第2部の構成

第2部　取引先の選択
第1　顧客獲得競争の制限 　　1　考え方 　　2　事業者が共同して行う顧客獲得競争の制限 　　3　事業者団体による顧客獲得競争の制限 第2　共同ボイコット 　　1　考え方 　　2　競争者との共同ボイコット 　　3　取引先事業者等との共同ボイコット 　　4　事業者団体による共同ボイコット 第3　単独の直接取引拒絶 　　1　考え方 　　2　独占禁止法上問題となる場合

3　第3部　総代理店

　第3部は、国内地域全域を対象とする総代理店（例えば、総発売元、総輸入代理店等）に関して、独占禁止法上の考え方を示しており、以下の2つの事項からなる。

[図表序-9]　第3部の構成

第3部　総代理店
第1　総代理店契約の中で規定される主要な事項 　　1　独占禁止法上問題となる場合 　　2　独占禁止法上問題とはならない場合 第2　並行輸入の不当阻害 　　1　考え方 　　2　独占禁止法上問題となる場合

3 ガイドラインに記載されていない行為

> 3 本指針は、流通・取引慣行に関し、独占禁止法上問題となる主要な行為類型についてその考え方を示したものであるが、独占禁止法上問題となる行為はこれに限られるものではない。例えば、価格カルテル、供給量制限カルテル、購入数量カルテル、入札談合などは原則として独占禁止法に違反するものであることはいうまでもない。したがって、本指針に取り上げられていない行為が独占禁止法上問題となるかどうかは、同法の規定に照らして個別具体的に判断されるものである。

解説

　流通・取引慣行ガイドラインは、流通・取引慣行に関し、独占禁止法上問題となる主要な行為類型についてその考え方を示したものであるが、無論、同法上問題となる行為はこれらに限られるものではない。「はじめに」で触れられている価格カルテル、供給量制限カルテル、購入数量カルテル、入札談合などは同法に違反するものであることはいうまでもない。

　また、流通・取引慣行に関連する行為についても、例えば、最近のＥコマースの進展の中で話題となることが多いオンラインのプラットフォーム事業者による価格均等条項（第1部1 **3** 参照）など、ガイドラインに取り上げられていないものがある。そこで、ガイドラインの「はじめに」において、ガイドラインにおいて取り上げられていない行為が独占禁止法に違反するか否かは、同法の規定に照らして個別具体的に判断されることを確認的に示している。

　なお、公正取引委員会は、特定の事業分野における独占禁止法違反行為の未然防止を図るため、あるいは特定の事業分野における競争や適正な取引を促進していくため、その事業分野の実態等を踏まえたガイドラインを公表している。例えば、農業協同組合の活動については、「農業協同組合の活動に関する独占禁止法上の指針」（平成19年4月18日公正取引委員会）が公表されているほか、電力取引、ガス取引、電気通信事業分野についても、こうしたガイドラインにより考え方が示されている。これらの事業分野における独占禁止法上の問題については、それぞれのガイドラインにおいて示されている考え方も併せて参照されたい。

第 1 部

取引先事業者の事業活動に対する制限

1　対象範囲

1　対象範囲
(1)　事業者が、例えば、マーケティングの一環として、卸売業者や小売業者といった流通業者の販売価格、取扱商品、販売地域、取引先等に関与し、影響を及ぼす場合には、ブランド間競争（メーカー等の供給者間の競争及び異なるブランドの商品を取り扱う流通業者等の間の競争をいう。以下同じ。）やブランド内競争（同一ブランドの商品を取り扱う流通業者等の間の競争をいう。以下同じ。）を減少・消滅させる効果を生じることがある。

第1部では、事業者が、取引先事業者に対して行う、販売価格、取扱商品、販売地域、取引先等の制限及びリベートの供与について、不公正な取引方法に関する規制の観点から、独占禁止法上の考え方を明らかにしている（注1）。

Eコマースの発展・拡大に伴い、様々なビジネスモデルが創出され、事業者は、広告や流通経路などにおいて、インターネットの利用を活発に行っている。特に、インターネットを利用した取引は、実店舗における取引といった従来の取引方法と比べ、より広い地域や様々な顧客と取引することができるなど、事業者にとっても顧客にとっても有用な手段となっている。以下において、このようなインターネットを利用した取引か実店舗における取引かで基本的な考え方を異にするものではない。

また、ショッピングモール、オンラインマーケットプレイス、オンライン旅行予約サービス、家庭用ゲーム機など、消費者と商品を提供する事業者といった異なる二つ以上の利用者グループを組み合わせ、それぞれのグループの利用の程度が互いに影響を与え合うような、いわゆるプラットフォームを運営・提供する事業者（以下「プラットフォーム事業者」という。）による、当該プラットフォームを利用する事業者に対する行為についても、基本的な考え方を異にするものではない。

(2)　大規模小売業者と納入業者との関係などでみられるように、事業者間の取引において、自己の取引上の地位が相手方に優越している一方の当事者が、取引の相手方に対し、その地位を利用して、正常な商慣習に照らして不当に不利益を与えることは、当該取引の相手方の自由かつ自主的な判断による取引を阻害するとともに、当該取引の相手方はその競争者との関係において競争上不利となる一方で、行為者はその競争者との関係において競争上有利となるおそれがあるものである。このような行為は、公正な競争を阻害するおそれがあることから、不公正な取引方法

の一つである優越的地位の濫用として独占禁止法により規制される。具体的には、「優越的地位の濫用に関する独占禁止法上の考え方」（平成22年11月30日）によって、その規制の考え方が明らかにされている。
　このほか、不当廉売及びこれに関連する差別対価については、「不当廉売に関する独占禁止法上の考え方」（平成21年12月18日）等によって、その規制の考え方が明らかにされている（注1）。

（注1）　これらの行為によって、市場における競争が実質的に制限され、私的独占として違法となる場合の考え方については、例えば「排除型私的独占に係る独占禁止法上の指針」（平成21年10月28日。以下「排除型私的独占ガイドライン」という。）等によって、その考え方が明らかにされている。

[解説]
1　第1部の対象となる行為類型

　事業者が、流通業者等の取引先事業者の販売価格、取扱商品、販売地域、取引先等に関与し、影響を及ぼす場合には、ブランド間競争（メーカー等の供給者間の競争及び異なるブランドの商品を取り扱う流通業者等の間の競争）やブランド内競争（同一ブランドの商品を取り扱う流通業者等の間の競争）を減少・消滅させる効果を生じることがある。そこで、流通・取引慣行ガイドライン第1部では、事業者が、取引先事業者に対し、販売価格、取扱商品、販売地域、取引先等の制限を行う行為（垂直的制限行為）及び垂直的制限行為と同様の効果を持つようなリベートの供与について、不公正な取引方法に関する規制の観点から、独占禁止法上の考え方を明らかにしている。

　なお、不公正な取引方法の「公正な競争を阻害するおそれ」（公正競争阻害性）には次の3つの側面があるとされている。

① 　自由競争減殺
　　自由な競争（事業者間の自由な競争が妨げられていないこと及び事業者が競争に参加することが妨げられていないこと）を侵害するおそれがあること
② 　競争手段の不公正さ
　　競争手段が価格・品質・サービスを中心としたものであること（能率競

[図表1-1] ブランド内競争・ブランド間競争

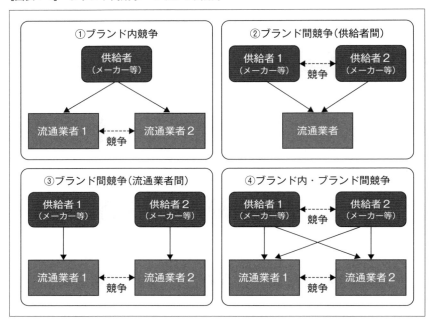

争）により自由な競争が秩序づけられていることが必要であり（競争手段の公正さの確保）、かかる観点からみて競争手段として不公正であること
③ 競争基盤の侵害
　取引主体の自由かつ自主的な判断により取引が行われるという自由な競争の基盤が侵害されること
　ガイドライン第1部では、主として、①自由競争減殺が問題となる行為類型に係る不公正な取引方法の考え方を明らかにしている。

2　平成29年改正前との比較
❶　適法・違法性判断基準に着目した分類
　平成29年改正前のガイドラインは、第1部は生産財・資本財の生産者と需要者の取引を、第2部は主として消費財が消費者の手元に渡るまでの流通取引をそれぞれ念頭に置いて考え方が示されていたように、財の性質に着目し

た分類となっていた。これは、ガイドライン制定当時に内外から指摘されていた問題点（序第2の1参照）に対応するものとして、ガイドラインが策定されたためと考えられる。しかし、この点については、生産財・資本財と消費財とで独占禁止法上の考え方を異にするものではないにも関わらず、同一の適法・違法性判断基準が適用される行為が第1部と第2部の双方に記載され分かりにくいとの指摘もあった。このため、平成29年のガイドライン改正において、この財の性質による分類は廃止された。

❷　事業者による取引先事業者の事業活動に対する制限

　平成29年改正前のガイドラインの第2部は、メーカー（川上）による流通業者（川下）に対する制限を中心として考え方が記載されていたが、平成29年の改正では、汎用性の観点から「事業者による取引先事業者の事業活動に対する制限」というように、より一般的な考え方の下で整理し直している。この「取引先事業者」とは、川上の事業者にとっての川下の事業者、川下の事業者にとっての川上の事業者が含まれ得る。川下の事業者から川上の事業者に対する垂直的制限行為の具体例としては、例えば、完成品メーカーが部品メーカーに対し、自身の競争者と取引をしないよう拘束する条件を付けて取引をすることがある（ガイドライン第1部第2の2「自己の競争者との取引等の制限」）。

❸　削除された項目・追加された項目

　その他、平成29年改正では、過去に問題となった審判決例等がない項目や、別途他のガイドラインが存在する項目は原則として削除された。特に、優越的地位の濫用（独占禁止法第2条第9項第5号）に関する記載は、優越的地位の濫用ガイドラインにおいてその規制の考え方が示されているため、その記載は全て削除された。その上で、最近の審判決例や相談事例を踏まえ、新たに「抱き合わせ販売」が第1部第2の7として追加された。

3　オンライン取引等について

❶　Eコマースの発展・拡大

　事業者間取引や流通取引において、平成3年当時からの最も大きな変化と

いえばEコマースの発展・拡大であろう。オンライン取引に関連する垂直的制限行為については、欧米を中心に次の①から④のような競争上の問題点が指摘されるようになってきており、特に、EU及び欧州各国においては厳しい対応がなされている。それに基づく分析も進められ、下記①のような、新たなビジネスモデルに係る行為類型を中心として、オンライン取引に関連する垂直的制限行為に係る判断や考え方について、現在も様々な議論が行われている。

① オンラインのプラットフォーム事業者による価格均等条項(注)
② オンライン販売に関連する再販売価格維持行為
③ 再販売価格の維持を容易にする行為
④ オンライン販売の禁止又は制限

(注) 例えば、プラットフォーム事業者と当該プラットフォームに自らが提供する商品を掲載する事業者との間において、当該事業者が当該プラットフォームに商品を掲載するに当たり、最も有利な条件を掲載しなければならない旨の契約を締結する、Most Favored Nation（MFN）条項、Most Favored Customer（MFC）条項やAcross Platform Parity Agreements（APPA）などと呼ばれるものである。主な事例については、第5部参考資料5の研究会報告書・添付資料4「欧米におけるオンライン取引に関連する垂直的制限行為についての主な判決・決定等」を参照。

一方、日本においては、オンライン取引に関連する垂直的制限行為に関し、再販売価格維持行為を中心に、いくつかの審判決例や相談事例が存在する。例えば、コールマン・ジャパン株式会社に対する件（平成28年6月15日排除措置命令、平成28年（措）第7号）は、コールマンのキャンプ用品の再販売価格維持行為が違法とされた事件であり、実店舗における販売（オフライン取引）とともにインターネットを利用した販売（オンライン取引）についても違反行為が認定されている。しかし、EU及び欧州各国と比較すると具体的な事例は少ない状況である。前記②から④のような行為類型については、改正前の流通・取引慣行ガイドラインを含めたこれまでの独占禁止法上の考え方を当てはめることで対応は可能であると考えられるものの、例えば、前記①のような新たなビジネスモデルに係る行為類型については、違反行為を認定した具体的事例がなく、その考え方は明らかとなっていない。

なお、我が国においても、アマゾンジャパン合同会社が、Amazonマーケッ

トプレイスの出品者との出品関連契約において、①出品者がAmazonマーケットプレイスに出品する商品の販売価格及び販売条件について、購入者にとって、当該出品者が他の販売経路で販売する同一商品の販売価格及び販売条件のうち最も有利なものと同等とする、又は当該販売価格及び販売条件より有利なものとする条件（価格等の同等性条件）と、②出品者が他の販売経路で販売する全商品について、色やサイズ等の全バリエーションにわたり、Amazonマーケットプレイスに出品する条件（品揃えの同等性条件）を定めることにより、出品者の事業活動を制限している疑いがあるとして、公正取引委員会は、独占禁止法の規定に基づいて審査を行っていた。しかし、同社が独占禁止法違反の疑いを解消する措置をとることとしたことを受け、公正取引委員会は、平成29年6月1日、「アマゾンジャパン合同会社に対する独占禁止法違反被疑事件の処理について」を公表し、本件審査を終了することとした。このため、アマゾンジャパンがAmazonマーケットプレイスの出品者に対し価格等の同等性の条件や品揃えの同等性条件を課すことについて、独占禁止法上違法であるか否かの判断は示されるに至らなかった。

❷ オンライン取引等に対する基本的な考え方

このようなEコマースの発展に伴い生まれてきた新たなビジネスモデルに係る行為については、研究会においても海外の事例等を参考に様々な議論が行われた。その結果、研究会報告書には「日本においては具体的事例の蓄積が少ないとはいえ、このようなオンラインのプラットフォーム事業者による行為を含めたオンライン取引に関連する垂直的制限行為も、現行〔筆者注：平成29年改正前〕の流通・取引慣行ガイドラインの適法・違法性判断基準の枠組みによって判断することは可能だと考えられる」との結論が盛り込まれた。これを踏まえ、平成29年の改正により「このようなインターネットを利用した取引か実店舗における取引かで基本的な考え方を異にするものではない」旨をガイドライン上で明確にした（ガイドライン第1部1(1)）。

また、研究会報告書における「分析プロセスの明確化に当たっては、近年、存在感が大きくなっているオンラインのプラットフォーム事業者による行為を含めたオンライン取引に関連する垂直的制限行為について避けて通るべきではない」との提言を受け、プラットフォーム事業者が垂直的制限行為を行

う場合の考え方も明らかにしている。「プラットフォーム」といえば、最近では、オンラインマーケットプレイスやオンライン旅行予約サービス等、オンラインのものを思い浮かべることが多いと思われるが、「消費者と商品を提供する事業者といった異なる 2 つ以上の利用者グループを組み合わせ、それぞれのグループの利用の程度が互いに影響を与え合うような、いわゆるプラットフォーム」(ガイドライン第 1 部 1 (1)) は、ショッピングモール（出店者と消費者）や家庭用ゲーム機（ゲーム開発業者とゲームのプレイヤー）などのオフラインでの事業活動にも活用されている。

　さらに、ガイドラインは、プラットフォーム事業者が行う垂直的制限行為について、考慮事項として、プラットフォーム事業者間の競争状況や、ネットワーク効果等を踏まえたプラットフォーム事業者の市場における地位等も挙げている（ガイドライン第 1 部の 3 (1)）。

　なお、プラットフォーム事業者に関する記載については、前記❶で触れたオンラインのプラットフォーム事業者による価格均等条項等について具体的な考え方を示すものとはなっていない。この点については、次の図表 1-2 で示すとおり価格均等条項等の事案に積極的に対応している欧州の当局間においても、プラットフォーム事業者の行為のうちどの範囲を問題とすべきかについて見解が異なる状況にある。

　研究会報告書においては、このように海外の当局でも考え方が異なっていること、競争促進効果の経済分析が十分に行われていないことや、プラットフォームビジネスは今後も次々に新たなビジネスモデルが発生する可能性が高いことなどから、「今後生じ得る様々なビジネスモデルにも応用できるような汎用的な考え方を示すことが望ましい」との提言が示されていた。これを踏まえ、平成 29 年の改正では、オンライン取引等に係る考え方については一般的な考え方を記載するに留められた。

4 流通・取引慣行に関連する行為類型でガイドラインでは取り上げられていないもの

　平成 29 年改正前のガイドラインは、優越的地位の濫用に係る記載や不当廉売に係る記載が含まれていた。しかし、現在では、優越的地位の濫用ガイドラインや不当廉売ガイドラインがそれぞれ公表されている。研究会におい

[図表1-2] オンラインに関するMFN[※1]（APPA）条項

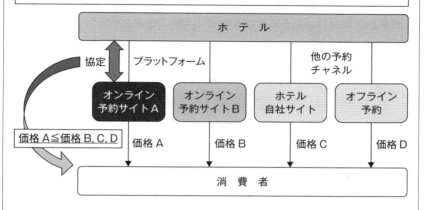

※1 MFNには、narrow MFN（供給者が消費者に直接販売する価格を、価格Aより安くしてはならない）と、wide MFN（あらゆる販売チャネルを利用して販売する価格を、価格Aより安くしてはならない）がある。ドイツ連邦カルテル庁はいずれも違法とするが、フランス、イタリア、スウェーデンの競争当局ではwideMFNのみを問題視し、narrow MFNは許容した。

※2 本件は、予約サイト間の競争に加え、価格や部屋の条件に関するホテル間の競争も制限するとしている。

ても「（記載するか否かは）その必要性に応じて見直し後のガイドラインにおける位置付けを検討することが適当である」（括弧内は筆者による。）、「第2部第5（小売業者による優越的地位の濫用）や、その他各行為類型における優越的地位の濫用に係る具体例については、優越ガイドラインを参照することとし、記載は削除すべきである」とされたことを受け、改正後のガイドラインでは、これらに係る記載が削除された。もちろん、優越的地位の濫用や不当廉売に当たるか否かの考え方については、それぞれのガイドラインに記載されているとおりであり、流通・取引慣行ガイドラインに記載がなくなったことにより問題がなくなったということではない。

このほか、ガイドラインには、第1部で取り上げられる垂直的制限行為やリベートの供与のほか、不当廉売及びこれに関連する差別対価によって、市場における競争が実質的に制限され違法となる場合の考え方は、例えば排除型私的独占ガイドライン等によって、その考え方が明らかにされている旨が注記されている。

2　垂直的制限行為が競争に及ぼす影響についての基本的な考え方

> 2　垂直的制限行為が競争に及ぼす影響についての基本的な考え方
> 　独占禁止法は、事業者が不公正な取引方法等の行為を行うことを禁止し、公正かつ自由な競争を促進することによって、一般消費者の利益を確保するとともに、国民経済の民主的で健全な発達を促進することを目的としている。
> 　事業者が、取引先事業者の販売価格、取扱商品、販売地域、取引先等の制限を行う行為（以下「垂直的制限行為」といい、垂直的制限行為には、契約によって制限をする場合のほか、事業者が直接又は間接に要請することなどにより事実上制限する場合も含む（注2）。）は、その程度・態様等により、競争に様々な影響を及ぼす。
> 　例えば、垂直的制限行為によって、事業者の創意工夫による事業活動を妨げたり、ブランド間競争やブランド内競争が減少・消滅したり、参入障壁が高くなって新規参入者を排除したり、消費者の商品選択が狭められたりといった競争を阻害する効果がもたらされる場合がある。
> 　他方、垂直的制限行為によって、新商品の販売が促進されたり、新規参入が容易になったり、品質やサービスが向上するといった競争を促進する効果がもたらされる場合もある。
> 　このように、垂直的制限行為は、競争に影響を及ぼす場合であっても、競争を阻害する効果を生じることもあれば、競争を促進する効果を生じることもある。
> 　公正かつ自由な競争が促進されるためには、各取引段階において公正かつ自由な競争が確保されていることが必要であり、ブランド間競争とブランド内競争のいずれか一方が確保されていれば他方が失われたとしても実現できるというものではない。
>
> （注2）　取引先事業者の株式の取得・所有や取引先事業者の経営に対する関与等を背景として垂直的制限行為が行われる場合もある（取引先

> 事業者の株式の取得・所有や取引先事業者の経営に対する関与自体が直ちに独占禁止法上問題となるものではない。）。このような場合においても、下記3の垂直的制限行為に係る適法・違法性判断基準や後記第1及び第2において述べる考え方に従って違法性の有無が判断される（行為者と取引先事業者が親子関係等にある場合については、（付）「親子会社・兄弟会社間の取引」を参照）。

解説
1 垂直的制限行為の態様

垂直的制限行為は、事業者が、取引先事業者の販売価格、取扱商品、販売地域、取引先等の制限を行う行為をいう。この行為の態様としては、契約によって取引先事業者の事業活動を制限する場合のほか、行為者が直接又は間接に要請することなどにより取引先事業者の事業活動を事実上制限する場合などその制限の仕方も様々である。

これらのほかにも、取引先事業者の株式の取得・所有や取引先事業者の経営に対する関与等を背景として垂直的制限行為が行われる場合も考えられる。例えば、取引先事業者の株式を所有している事業者が株主という立場を利用して当該取引先事業者の意思決定に影響力を及ぼし自己の競争者との取引を制限する、あるいは事業者が自己の取引先である流通業者が取扱商品や販売方法などを変更する場合に事前承認なり協議を義務付ける場合において、こうした関与を手段として、流通業者の販売価格や競争品の取扱い等を制限する、といったことが考えられる。平成29年改正前の流通・取引慣行ガイドラインは、こうした行為について項目を設けて記述していたが、過去に問題となった審判決例がない項目であること、このような場合においても、ガイドライン第1部の3の垂直的制限行為に係る適法・違法性判断基準や同部第1及び第2において述べる考え方に従って違法性の有無が判断されることから、平成29年の改正では、こうした項目を削除し、（注2）の記載を設けたものである。

2 垂直的制限行為が競争に及ぼす影響

垂直的制限行為は、その程度・態様等により、競争に様々な影響を及ぼす

ものであり、ブランド間競争やブランド内競争の減少・消滅、参入障壁が高まることによる新規参入者の排除、消費者の商品選択の狭まりといった競争阻害効果がもたらされる場合もあれば、新商品の販売の促進、新規参入の容易化、品質やサービスの向上といった競争促進効果がもたらされる場合もある。

　また、ガイドラインは、「公正かつ自由な競争が促進されるためには、各取引段階において公正かつ自由な競争が確保されていることが必要であり、ブランド間競争とブランド内競争のいずれか一方が確保されていれば他方が失われたとしても実現できるというものではない」としており、ブランド間競争とブランド内競争はいずれも重要であるとの立場を採っている。これは「再販売価格維持行為により、行為者とその競争者との間における競争関係が強化されるとしても、それが、必ずしも相手方たる当該商品の販売業者間において自由な価格競争が行われた場合と同様な経済上の効果をもたらすものでない以上、競争阻害性のあることを否定することはできないというべきである」と判示した最高裁判決（和光堂株式会社による審決取消請求訴訟（昭和50年7月10日最高裁判決、民集29巻6号888頁））などを踏まえたものである。

　なお、公正な競争を阻害するおそれがあるかどうかを判断するに当たっては、ガイドライン第1部の3(1)において、ブランド間競争の状況とブランド内競争の状況のいずれも総合的に考慮すること、その考慮に当たっては競争を阻害する効果に加え、競争を促進する効果も考慮することなどを明らかにしている。

[図表1-3]　垂直的制限行為がもたらす競争阻害効果・競争促進効果

競争を阻害する効果	競争を促進する効果
・創意工夫による事業活動の妨げ ・ブランド間競争やブランド内競争の減少・消滅 ・参入障壁が高まり新規参入を排除 ・消費者の商品選択の狭まり	・新商品の販売の促進 ・新規参入の容易化 ・品質やサービスの向上

3 垂直的制限行為に係る適法・違法性判断基準
(1) 垂直的制限行為に係る適法・違法性判断基準についての考え方

> 3 垂直的制限行為に係る適法・違法性判断基準
> (1) 垂直的制限行為に係る適法・違法性判断基準についての考え方
> 　垂直的制限行為は、上記2のとおり、競争に様々な影響を及ぼすものであるが、公正な競争を阻害するおそれがある場合に、不公正な取引方法として禁止されることとなる。垂直的制限行為に公正な競争を阻害するおそれがあるかどうかの判断に当たっては、具体的行為や取引の対象・地域・態様等に応じて、当該行為に係る取引及びそれにより影響を受ける範囲を検討した上で、次の事項を総合的に考慮して判断することとなる。
> 　なお、この判断に当たっては、垂直的制限行為によって生じ得るブランド間競争やブランド内競争の減少・消滅といった競争を阻害する効果に加え、競争を促進する効果（下記(3)参照）も考慮する。また、競争を阻害する効果及び競争を促進する効果を考慮する際は、各取引段階における潜在的競争者への影響も踏まえる必要がある。
> ① ブランド間競争の状況（市場集中度、商品特性、製品差別化の程度、流通経路、新規参入の難易性等）
> ② ブランド内競争の状況（価格のバラツキの状況、当該商品を取り扱っている流通業者等の業態等）
> ③ 垂直的制限行為を行う事業者の市場における地位（市場シェア、順位、ブランド力等）
> ④ 垂直的制限行為の対象となる取引先事業者の事業活動に及ぼす影響（制限の程度・態様等）
> ⑤ 垂直的制限行為の対象となる取引先事業者の数及び市場における地位
> 　各事項の重要性は個別具体的な事例ごとに異なり、垂直的制限行為を行う事業者の事業内容等に応じて、各事項の内容も検討する必要がある。例えば、プラットフォーム事業者が行う垂直的制限行為による競争への影響については、プラットフォーム事業者間の競争の状況や、ネットワーク効果（注3）等を踏まえたプラットフォーム事業者の市場における地位等を考慮する必要がある。
>
> （注3）　ネットワーク効果には直接的な効果と間接的な効果がある。例えば、あるプラットフォームの利用者の便益・効用が、当該利用者と同

> 一の利用者グループに属する利用者の増加によって向上するような場合には、直接的なネットワーク効果が働いているといえる。また、例えば、プラットフォーム事業者を介して取引を行う二つの利用者グループ間において、一方の利用者グループに属する利用者が増加するほど、他方の利用者グループに属する利用者にとって当該プラットフォーム事業者を介して取引を行うことの便益・効用が向上するような場合には、間接的なネットワーク効果が働いているといえる。

解説

1 適法・違法性判断基準の考え方

　流通・取引慣行ガイドライン第1部の2に記載のとおり、垂直的制限行為は競争を阻害する効果もあれば、競争を促進する効果もあり、競争に様々な影響を及ぼすものである。このことから、垂直的制限行為は、公正な競争を阻害するおそれがある場合に、不公正な取引方法として禁止される。そして、ガイドラインは、この「公正な競争を阻害するおそれがある場合」に当たるか否かの判断に当たっては、具体的行為や取引の対象・地域・態様等に応じて、当該行為に係る取引及びそれにより影響を受ける範囲を検討した上で、ブランド間競争等やブランド内競争の状況等5つの事項を総合的に考慮して判断すること、また、この判断に当たっては、競争促進効果に加え、競争阻害効果も考慮することなどを明らかにしている。

　垂直的制限行為に係る適法・違法性判断基準の記載は、平成27年のガイドライン改正により設けられたものである。平成29年の改正では、その考え方を基本的に踏襲しつつ、必要に応じ記載の更なる明確化がなされている。

2 当該行為に係る取引及びそれにより影響を受ける範囲

　ガイドラインは、垂直的制限行為が「公正な競争を阻害するおそれがある場合」に当たるかどうかの判断において、「具体的行為や取引の対象・地域・態様等に応じて、当該行為に係る取引及びそれにより影響を受ける範囲を検討」することを明らかにしている。ガイドライン第1部は、垂直的制限行為について、公正競争阻害性の3つの側面（前記1 **1**）のうち、主として自由競

争減殺の観点から公正な競争を阻害するおそれがある場合についての考え方を明らかにしているところ、垂直的制限行為がどの範囲の競争に影響を及ぼすものであったのかは、この点の判断に当たって重要であるため、平成29年の改正に当たり明確化したものである。

「当該行為に係る取引及びそれにより影響を受ける範囲」は、個別事案ごとに当該事案を取り巻く状況に応じて判断される。例えば、①取引先事業者に対する自己の競争者との取引や競争品の取扱制限の場合には、当該制限に係る商品の供給をめぐる行為者とこれと競争関係にある事業者との間の競争（ブランド間競争）が、②取引先事業者に対する販売地域の制限の場合には、行為者が供給する商品についての取引先事業者とその競争者間の競争（ブランド内競争）が、通常、その影響を受ける範囲と考えられるであろう。ただし、②の場合において、販売地域の制限がブランド内競争にどのような影響を与えるか判断するに当たり、ブランド間競争の状況を検討しないことを意味するものではない。実際には、後に述べるように、ブランド間競争の状況を踏まえた上でブランド内競争への影響が判断されることとなる。

なお、近年、存在感が大きくなっているオンラインのプラットフォーム事業者による垂直的制限行為についても、まず「当該行為に係る取引及びそれにより影響を受ける範囲」を検討することに変わりない。プラットフォーム事業者により課された制限の対象や内容に応じて、例えば、当該オンラインプラットフォームを利用する事業者の取引やプラットフォーム事業者間の競争が、「当該行為に係る取引及びそれにより影響を受ける範囲」として検討の対象となり得ると考えられる。

3 5つの考慮事項

垂直的制限行為に公正な競争を阻害するおそれがあるかどうかの判断に当たっては、前記2に記載のとおり当該行為に係る取引及びそれにより影響を受ける範囲を検討した上で、次の5つの考慮事項を総合的に検討して判断することとなる。

（考慮事項）
① ブランド間競争の状況（市場集中度、商品特性、製品差別化の程度、流通経路、新規参入の難易性等）

②　ブランド内競争の状況（価格のバラツキの状況、当該商品を取り扱っている流通業者等の業態等）
③　垂直的制限行為を行う事業者の市場における地位（市場シェア、順位、ブランド力等）
④　垂直的制限行為の対象となる取引先事業者の事業活動に及ぼす影響（制限の程度・態様等）
⑤　垂直的制限行為の対象となる取引先事業者の数及び市場における地位

❶　ブランド間競争の状況

　垂直的制限行為が競争に及ぼす影響を検討するに当たっては、市場集中度、商品特性、製品差別化の程度、流通経路、新規参入者の難易性等から判断されるブランド間競争の状況を考慮する必要がある。

　例えば、市場が寡占的であるほど、ブランドごとの製品差別化が進むほど、ブランド間競争が機能しなくなる可能性が高くなる。ブランド間競争が十分に機能しない状況において、事業者が流通業者に対し販売地域を制限するような行為が行われる場合には、当該ブランドの商品を巡る価格競争が阻害される可能性が高くなる。他方、市場の寡占化や製品差別化がそれほど進んでおらずブランド間競争が機能している場合には、当該ブランドの商品を巡る価格競争が阻害されることにはならないであろう。

　また、例えば、事業者が、取引先の流通業者に対し、自己の競争者との取引や競争品の取扱いを制限するような場合においては、当該行為を行った事業者とその競争者や新規参入者等との競争が阻害されることになるかどうかは、代替的な流通経路の有無、流通段階への参入が容易か否か、新規参入者等が容易に自己の流通ルートを構築できるか否かなどが影響するものと考えられる。事業者が自己の原材料（又は部品）を提供する取引先事業者に対し自己の競争者との取引を制限するような場合においては、当該事業者とその競争者間の競争を制限されるかどうかは、原材料（又は部品）の代替的な入手経路の有無、代替的な他の原材料（又は部品）の有無、原材料（又は部品）の生産への参入が容易か否かなどが影響するものと考えられる。

❷　ブランド内競争の状況

　ブランド内競争の状況も、垂直的制限行為が競争に及ぼす影響を検討する際に考慮する必要がある。例えば、事業者が流通業者に対し販売地域を一定の地域に制限する場合においても、一地域内に複数の流通業者がいて十分に競争が行われている場合や、顧客が地域間を移動することが容易であり、当該地域内で価格競争が活発に行われている場合には、通常、当該商品のブランド内競争が阻害されることにはならないであろう。

❸　垂直的制限行為を行う事業者の市場における地位

　事業者の市場シェアが大きいほど、市場シェアの順位が高いほど、通常、当該事業者は市場において高い地位を有しているといえよう。また、市場シェアや順位からみるとそれほどでもない事業者であっても、当該事業者の商品が、品質、デザイン、人気、知名度等から強いブランド力を有している場合には、当該事業者は市場において高い地位を有していると認めることができよう。そして、市場シェア、順位、ブランド力等からみて、垂直的制限を行う事業者の市場における地位が高いほど、取引先事業者としてはそうでない場合と比較して、当該事業者から商品の供給を受けることが重要となり、垂直的制限行為の実効性が高まり、当該行為を行った事業者と既存の競争者や新規参入者との間の競争（ブランド間競争）や当該行為を行った事業者の取引先事業者とその競争者間の競争（ブランド内競争）を阻害する可能性は大きくなると考えられる。

　他方、例えば、新規参入者や市場における地位がそれほど高くない事業者が流通業者に対し販売地域の制限を行う場合には、流通業者が他の流通業者のただ乗りを気にすることなく、販売促進活動や販売後のアフターサービスの提供に専念することができるようになることから、当該事業者の商品の販売促進に寄与すると考えられる。この結果、ブランド間競争を促進させ、市場全体の競争にとってプラスになることもあると考えられる。

❹　垂直的制限行為の対象となる取引先事業者の事業活動に及ぼす影響

　垂直的制限行為の制限の程度・態様は、取引先事業者の事業活動に影響を及ぼし、競争に及ぼす影響を左右すると考えられる。例えば、事業者が取引

先事業者に対して、他の事業者の商品の取扱割合を一定以下に制限する場合よりも、他社商品の取扱いを全く禁止してしまう方が、取引先事業者の事業活動に大きな影響を及ぼし、より制限の効果が大きいといえる。

また、一般的に、垂直的制限行為の期間が長いほど、そうでない場合と比較して、取引先事業者の事業活動に大きな影響を及ぼし、競争に及ぼす影響は大きいと考えられる。

このほか、例えば、製品差別化が進んでおらず、事業者のブランドにかかわらず商品の購入が行われる商品については、垂直的制限行為により特定の流通業者があるブランドの商品について販売を地域的に独占したとしても、価格を維持したり引き上げたりすると、他の事業者に顧客をとられてしまうため、他のブランドとのブランド間競争を考慮せざるを得ず、当該ブランドの商品の価格維持にはつながりにくいと考えられる。他方、製品差別化が進んでいる商品については、どのブランドの商品でもよいというのではなく、特定の事業者のブランドを買おうとする需要がある場合であり、当該ブランド商品の価格を維持したり引き上げたりしても、他のブランドに需要が大きくシフトしにくく、垂直的制限行為により特定の流通業者があるブランドの商品について販売を地域的に独占する場合には、当該ブランドの商品の価格維持につながりやすいと考えられる。

❺ 垂直的制限行為の対象となる取引先事業者の数及び市場における地位

垂直的制限行為の対象となる取引先事業者の数及び市場における地位も制限の効果を左右すると考えられる。

例えば、事業者が、取引先事業者に対し、自己の競争者や競争品などの取扱いを制限するような場合において、制限の対象となる取引先事業者の数が多いほど、取引先事業者の市場のシェアが高いほど、また、流通市場における重要性が高いほど、制限の効果は大きいと考えられる。

また、例えば、事業者が流通業者の販売地域を制限するに当たり、一地域に一流通業者のみ置く場合には、その流通業者が当該地域において独占的地位を得る可能性が高くなるが、一地域に複数の流通業者を置く場合には、当該地域内においてブランド内競争が生じる余地があり、前者の場合と比べブランド内競争の阻害効果は生じにくいと考えられる。

4 各事項の重要性
❶ 個別具体的な事例ごとに異なること
　ガイドラインは、各事項の重要性は個別具体的な事例ごとに異なると記している。この点について敷衍すれば、例えば、事業者が取引先事業者に対し競争品の取扱いを制限するような場合など主としてブランド間競争への影響が問題となるものについては、通常、ガイドラインで記載されている5つの考慮事項のうち「②ブランド内競争の状況」は、他の事項ほど重要ではないと考えられる。しかし、販売地域に関する制限など競争への直接的な影響がブランド内競争に現れる行為類型については、ブランド内競争の状況のみを考慮すればよいというわけではなく、垂直的制限行為を行う事業者の市場における地位（市場シェア、順位、ブランド力）や、市場が寡占的か否か製品差別化が進んでいるか否かといった「①ブランド間競争の状況」等も十分に考慮した上で公正な競争を阻害するおそれがあるか否かを判断する必要がある。

❷ 事業内容ごとに異なること
　垂直的制限行為を行う事業者の事業内容等に応じて、各事項の内容も検討する必要がある。ガイドラインでは、その具体例として、プラットフォーム事業者が行う垂直的制限について述べている。

5 プラットフォーム事業者が行う垂直的制限行為
　ガイドラインは、プラットフォーム事業者が行う垂直的制限行為については、プラットフォーム事業者間の競争状況や、ネットワーク効果等を踏まえたプラットフォーム事業者の市場における地位等も考慮する必要がある旨を明記している。

❶ ネットワーク効果等を踏まえたプラットフォーム事業者の地位
ア　ネットワーク効果
　ネットワーク効果には、直接的な効果と間接的な効果がある。直接ネットワーク効果が働いている場合には、あるプラットフォームの利用者の便益・効用が、当該利用者と同一の利用者グループに属する利用者の増加によって向上する。例えば、通信ネットワークやソーシャルネットワークなど、利用

[図表1-4] 直接ネットワーク効果（イメージ）

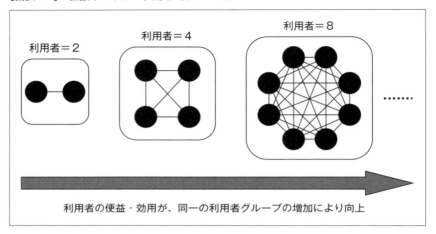

者が増えるほど、コミュニケーションの増大により利用者にとっての便益・効用が増大していくようなサービスにはこのような側面があると考えられる。

　また、プラットフォーム事業者を介して取引を行う2つの利用者グループ間において、一方の利用者グループに属する利用者が増加するほど、他方の利用者グループに属する利用者にとって当該プラットフォーム事業者を介して行うことの便益・効用が向上するような場合には間接的なネットワーク効果が働いているといえる。例えば、オンライン旅行予約サービスを考えると、オンライン旅行予約サービスに旅行商品を提供する事業者の数が増えるほど、消費者にとってそのサービスの魅力が高まりより多くの消費者をそこに惹き付ける一方、より多くの消費者が当該オンライン旅行予約サービスを利用するほど、旅行商品を提供する事業者にとってそのサービスの魅力が高まり、より多くの旅行商品提供事業者を惹き付けるというメカニズムが働くと考えられる。

　また、ソーシャルネットワークも、例えば、広告の提供と結びつくと、ネットワークに広告を提供する事業者のグループとソーシャルネットワークの利用者のグループとの間で間接ネットワーク効果が働くと考えられる。ただし、利用者グループ中に広告の増加を快く思わない利用者が多くを占める場合には、負の間接ネットワーク効果が働き、広告の提供の増加が利用者の減少に

[図表1-5] 間接ネットワーク効果（イメージ）

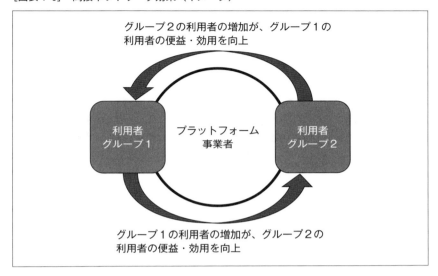

つながるというような状況も生じ得る。あるプラットフォームサービスについて、間接ネットワーク効果がどのように働くかは、個々の事案を取り巻く状況を踏まえ、判断することが重要であると考えられる。

　イ　プラットフォーム事業者の市場における地位
　前記❸において、垂直的制限行為に公正な競争を阻害するおそれがあるかどうかの判断に当たって、垂直的制限行為を行う事業者の市場における地位（市場シェア、順位、ブランド力等）が考慮要素の１つとして挙げられている。プラットフォーム事業者は複数の市場（例えば、オンラインマーケットプレイスにおいては、事業者が手数料等を支払って当該マーケットプレイスに出店する市場と、消費者が当該マーケットプレイスを通じて出店者から商品等を購入する市場など）に関与しており、その市場における地位を検討する際、どの市場シェアや順位等で判断をすればいいのか（手数料収入か、プラットフォーム経由での契約成立数かなど）という問題がある。また、プラットフォームサービスにおいては、直接又は間接のネットワーク効果が働くと考えられるが、特にオンラインのプラットフォームサービスではこうした効果が強く働き市場が独占

化される傾向にあることも念頭に置く必要があろう。例えば、あるオンラインマーケットプレイスに出店する事業者からの手数料収入に基づくシェアが低い場合であっても、当該マーケットプレイスを利用・登録する消費者の数が多い場合には、事業者にとって当該マーケットプレイスの魅力は高くなり、シェアだけでは判断できない「市場における地位」があると考えられる。

なお、ガイドラインは、プラットフォーム事業者の地位を考慮する際の追加的要素として「ネットワーク効果等」と記載しているところ、この「等」に含まれる得るものとしては、例えば、①規模の経済性、②プラットフォームサービスの利用形態（利用者が複数のプラットフォームを利用している（マルチホーミング）か、1つのプラットフォームのみを利用している（シングルホーミング）か）、③プラットフォームサービスの差別化の程度、④プラットフォーム事業者のデータ集積力などが考えられる。

❷ その他の考慮事項

プラットフォーム事業者が行う垂直的制限行為による競争への影響として、前記❶イで述べた以外の考慮事項、つまり、ガイドラインにおいて「プラットフォーム事業者の市場における地位等」の「等」として考えられる事項としては、例えば、市場において高い地位を占めるプラットフォーム事業者であっても、オンライン市場において日々生み出されるイノベーションの結果、市場状況が急速に変化し、短期間の間にその地位が脅かされる可能性などが考えられる。実際にそのような可能性が見込まれるかどうかは具体的な事案に即して検討されることとなろう。

(2) 公正な競争を阻害するおそれ

> (2) 公正な競争を阻害するおそれ
> 　垂直的制限行為には、再販売価格維持行為（詳細は後記第1参照）と、取引先事業者の取扱商品、販売地域、取引先等の制限を行う行為（以下「非価格制限行為」という。）がある。
> 　再販売価格維持行為は、流通業者間の価格競争を減少・消滅させることになるため、通常、競争阻害効果が大きく、原則として公正な競争を阻害するおそれのある行為である。

一方、非価格制限行為は、一般的に、その行為類型及び個別具体的なケースごとに市場の競争に与える影響が異なる。すなわち、非価格制限行為の中には、①行為類型のみから違法と判断されるのではなく、個々のケースに応じて、当該行為を行う事業者の市場における地位等から、「市場閉鎖効果が生じる場合」や、「価格維持効果が生じる場合」といった公正な競争を阻害するおそれがある場合に当たるか否かが判断されるもの及び②通常、価格競争を阻害するおそれがあり、当該行為を行う事業者の市場における地位を問わず、原則として公正な競争を阻害するおそれがあると判断されるものがある。

　なお、複数の非価格制限行為が同時に行われている場合や再販売価格維持行為も併せて行われている場合に、ある非価格制限行為に公正な競争を阻害するおそれがあるかどうかを判断するに当たっては、同時に行われている他の非価格制限行為又は再販売価格維持行為による影響を踏まえて判断されることもある。

解説

1　公正な競争を阻害するおそれ

　垂直的制限行為には、再販売価格維持行為と取引先事業者の取扱商品、販売地域、取引先等の制限を行う非価格制限行為とがある。これらはいずれも前記(1) 1 で解説した適法・違法性判断基準を踏まえて公正な競争を阻害するおそれがあるか否かが判断される。

　この判断基準を踏まえると、再販売価格維持行為は、流通業者間の価格競争を減少・消滅させることになるため、通常、競争阻害効果が大きく、原則として公正な競争を阻害するおそれがある行為であるといえる。また、非価格制限行為は、①個々のケースに応じて「市場閉鎖効果が生じる場合」や「価格維持効果が生じる場合」といった公正な競争を阻害するおそれがあると判断される場合に問題とされる行為と、②事業者が市場の状況に応じて自己の販売価格を自主的に決定するという事業者の事業活動において最も基本的な事項に関与する行為であるため、再販売価格維持行為の考え方に準じて、通常、価格競争を阻害するおそれがあり、原則として公正な競争を阻害するおそれがある行為とに分けられる。

　これらは次頁の［図表1-6］のとおりまとめることができる。

[図表 1-6] 公正な競争を阻害するおそれ

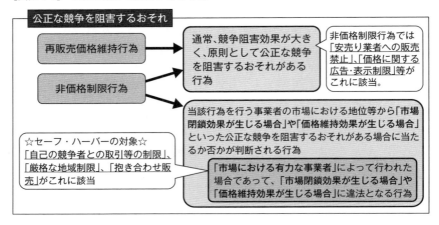

2 複数の垂直的制限行為が行われている場合

　事業者は、ある目的を達するために、複数の垂直的制限行為を組み合わせることが考えられる。過去の審判決例をみても、複数の非価格制限行為が同時に行われたり、一又は複数の非価格制限行為と再販売価格維持行為が行われたりする例がみられる。

　そこで、平成29年のガイドラインの改正により、このような場合、ある非価格制限行為に公正な競争を阻害するおそれがあるか判断するに当たっては、同時に行われている他の非価格制限行為又は再販売価格維持行為による影響を踏まえて判断されることもあるとの記載が追加された。

　例えば、株式会社ソニー・コンピュータエンタテインメントに対する件（平成13年8月1日審判審決、平成10年（判）第1号）では、被審人は、PSソフト（「プレイステーション」と称する家庭用テレビゲーム機用のソフト）及びPS製品（同ゲーム機やその周辺機器及びPSソフト）の販売に当たり、PS製品の流通を委ねる小売業者及び卸売業者との関係で、①PSソフトの値引き販売禁止、②PSソフトの中古品取扱い禁止、③PS製品の横流し禁止の3つの販売方針を採用し、要請を受け入れた業者とのみPS製品の取引を行っていた。審決は、これら3つの方針はPS製品、なかんずくPSソフトの直取引を基本とする流通政策の一環として関連した一体的なものとして実施されたものとした上で、

[図表1-7] 複数の垂直的制限行為が行われた例（ガイドライン制定後）

	件名	事実の概要	関連する行為類型
1	エーザイ株式会社に対する件 （平 3.8.5 勧告審決、平 3（勧）7）	天然型ビタミンE剤であるユベラックス及び天然ビタミンE剤であるユベラックス300について、取扱小売業者に対し、同社が定めたメーカー希望小売価格で販売すること及び転売を行わないことを指示し、これらの指示をおおむね遵守させている。	・再販売価格維持行為 ・仲間取引の禁止
2	理想科学工業株式会社に対する件 （平 5.6.10 勧告審決、平 5（勧）11）	同社製造の事務用印刷機に使用する消耗品の販売価格を取引先代理店に指示し、同機を納入した顧客以外には同消耗品の販売を禁止し、遵守しない代理店には取引を停止していた。	・再販売価格維持行為 ・流通業者の取引先に関する制限
3	株式会社ソニー・コンピュータエンタテインメントに対する件 （平 13.8.1 審判審決、平 10（判）1）	プレイステーションと称する家庭用テレビゲーム機用のソフトウェアについて、小売業者に対し、直接又は取引先販売業者を通じて、希望小売価格で販売させるようにしていたほか、中古品取扱いの制限並びに卸売販売の制限等を行っている。	・再販売価格維持行為 ・中古品の取扱い制限 （再販売価格維持行為の実効確保手段として同行為の中に包含されると認定） ・仲間取引の禁止
4	株式会社サギサカに対する件 （平 12.5.16 勧告審決、平 12（勧）6）	自転車用品を購入先製造者から購入するに当たり、自社の納入先量販店に自社を通さず、直接又は間接に自転車用品を販売しないようにとの条件を付けて取引し、また、販売先卸売業者に、自社の特定の競争業者5社に対する人気キャラクターを使用したオークス社製の自転車用品の販売を拒絶させている。	・購入先製造業者に対する取引先制限 （サギサカの納入先量販店に自転車用品を販売させないようにさせる。） ・自己の競争者との取引等の制限 （自転車用品の販売先卸売業者に対して、サギサカの競争者への販売を拒絶させる。）

3つの方針の公正競争阻害性について大要次のような判断を示している。
　① 被審人の値引き販売禁止行為は再販売価格の拘束に当たり、特段の正当な理由の存在も認められない以上、被審人の同行為は、公正競争阻害

3 垂直的制限行為に係る適法・違法性判断基準 51

性を有するものと認められる。
② 中古品取扱い禁止行為は、新品 PS ソフトの再販売価格の拘束行為の実効的な実施に寄与し、同行為を補強するものとして機能していると認められる。したがって、本件中古品取扱い禁止行為は、その点において再販売価格の拘束行為に包含され、同行為全体として公正競争阻害性を有するものと認められる。
③ 被審人の PS 製品の流通政策の一環としての横流し禁止の販売方針は、それ自体、取扱小売業者に対して PS ソフトの値引き販売を禁止する上での前提ないしはその実効確保措置として機能する閉鎖的流通経路を構築するという側面及び閉鎖的流通経路外の販売業者への PS 製品の流出を防止することにより外からの競争要因を排除するという側面の両面において、PS ソフトの販売段階での競争が行われないようにする効果を有しているものである。

被審人による PS ソフトの値引き販売禁止行為が平成 9 年 11 月頃に消滅したことによって、横流し禁止行為の公正競争阻害性の根拠のうち、閉鎖的流通経路内での値引き販売禁止の前提ないし実効確保としての意味が失われたとしても、閉鎖的流通経路外への PS 製品の流出を防止し、外からの競争要因を排除する効果が直ちに失われるものではないから、PS ソフトの販売段階での競争を制限する PS ソフトの横流し禁止行為には、現時点（筆者注：本審決の時点）でも公正競争阻害性が認められる。

ア 市場閉鎖効果が生じる場合

> ア 市場閉鎖効果が生じる場合
> 「市場閉鎖効果が生じる場合」とは、非価格制限行為により、新規参入者や既存の競争者にとって、代替的な取引先を容易に確保することができなくなり、事業活動に要する費用が引き上げられる、新規参入や新商品開発等の意欲が損なわれるといった、新規参入者や既存の競争者が排除される又はこれらの取引機会が減少するような状態をもたらすおそれが生じる場合をいう。
> 「市場閉鎖効果が生じる場合」に当たるかどうかは、上記(1)の適法・違法性判断基準の考え方に従って判断することになる。例えば、このよう

> な制限を行う事業者の市場における地位が高いほど、そうでない場合と比較して、市場閉鎖効果が生じる可能性が高くなる。また、この判断に当たっては、他の事業者の行動も考慮の対象となる。例えば、複数の事業者がそれぞれ並行的にこのような制限を行う場合には、一事業者のみが行う場合と比べ市場全体として市場閉鎖効果が生じる可能性が高くなる。
>
> なお、「市場閉鎖効果が生じる場合」に当たるかどうかの判断において、非価格制限行為により、具体的に上記のような状態が発生することを要するものではない。

[解説]

1 市場閉鎖効果が生じる場合

　平成29年のガイドラインの改正では、改正前において「これによって競争者の取引の機会が減少し、他に代わり得る取引先を容易に見いだすことができなくなるおそれがある場合」や「新規参入者や既存の競争者にとって代替的な流通経路を容易に確保することができなくなるおそれがある場合」といった記載がされていた内容について、「市場閉鎖効果が生じる場合」との名称を付した上で、こうした市場閉鎖効果との関係で言及されることのある競争者の費用引上げ戦略（RRC: Raising Rival's Cost）等の知見も踏まえつつ、より詳細な考え方を示した。もちろん、これまでの考え方を大きく変更したものではない。

　なお、「市場閉鎖効果が生じる場合」とは、端的には「新規参入者や既存の競争者が排除される又はこれらの取引機会が減少するような状態をもたらすおそれが生じる場合」であり、「代替的な取引先を容易に確保することができなくなり、事業活動に要する費用が引き上げられる、新規参入や商品開発等の意欲が損なわれる」というものはその発生の典型的なメカニズムを表している。

　「市場閉鎖効果が生じる場合」とは、前記の説明からも明らかなとおり、主にブランド間競争の減少・消滅につながるものである。

2　市場閉鎖効果が生じる場合に当たるか否かの判断
❶　5つの考慮事項を総合的に判断
　垂直的制限行為が「市場閉鎖効果が生じる場合」に当たるか否かについては、ガイドライン第1部の3(1)の垂直的制限に係る適法・違法性判断基準に従って、判断することになる。ガイドラインでは、この記述に続き、このような制限を行う事業者の市場における地位が高いほど、そうでない場合と比較して、市場閉鎖効果が生じる可能性は強くなると述べられている。これは、当該事業者の市場シェア、順位、ブランド力からみて、非価格制限行為を行う事業者の市場における地位が高いほど、取引先事業者にとって、当該事業者から商品の供給を受けることが重要となるため、制限の実効性が高まりやすいと考えられるためである。ガイドラインには、その他の考慮事項と市場閉鎖効果の生じる可能性の関係について、特に記載はないが、ガイドライン第1部3(1)の適法・違法性判断基準の考え方からすれば、先ほど触れた考慮事項も含め、例えば、[図表1-8]のようにまとめることができる。

❷　他の事業者の行動
　ガイドラインは、「市場閉鎖効果が生じる場合」に当たるかどうかを判断するに当たっては、他の事業者の行動も考慮の対象となるとし、複数の事業者がそれぞれ並行的に制限を行う場合には、一事業者のみが行う場合と比べ市場閉鎖効果が生じる可能性が高くなることを例示している。このような場合としては、例えば、複数の事業者による非価格制限行為により、ほとんどの流通業者が当該複数の事業者のいずれかの専売店となり、新規参入者や市場シェア下位の事業者が販売ルートを確保することが困難となるおそれが生じるといったことが考えられる。

❸　効果の程度
　不公正な取引方法の要件の1つである「公正な競争を阻害するおそれ」は、あくまで「おそれ」であるから、具体的に競争を阻害する効果が発生することを要件とするものではない。自由競争減殺が問題となる不公正な取引方法の1つである拘束条件付取引（一般指定12項）に該当するか否かについて、「具体的な競争減殺効果の発生を要するものではなく、ある程度において競

[図表1-8] 5つの考慮事項と市場閉鎖効果（例）

	考慮事項		状況	市場閉鎖効果が生じる場合に当たる可能性
1	ブランド間競争の状況	流通経路	代替的な流通経路の利用が容易であるほど	低くなる
		新規参入の難易性	参入が容易であるほど	低くなる
		競争者の供給余力	小さいほど	高くなる
2	ブランド内競争の状況		—	—
3	垂直的制限行為を行う事業者の市場における地位	市場シェア	高いほど	高くなる
		順位	高いほど	高くなる
		ブランド力	強いほど	高くなる
4	垂直的制限行為の対象となる取引先事業者の事業活動に及ぼす影響	制限の程度・態様	制限の程度が強くなるほど（例えば、他社商品の取扱い割合を一定以下に制限するにとどまらず、他社商品の取扱いを全く禁止してしまう場合）	高くなる
		制限の期間	長いほど	高くなる
5	垂直的制限行為の対象となる取引先事業者の数及び市場における地位	対象となる取引先事業者の数	多いほど	高くなる
		対象となる取引先事業者の地位	競争者にとって取引先事業者がより重要であるほど	高くなる

争減殺効果発生のおそれがあると認められる場合であれば足りるが、この『おそれ』の程度は、競争減殺効果が発生する可能性があるという程度の漠然とした可能性の程度でもって足りると解すべきではなく、当該行為の競争に及ぼす量的又は質的な影響を個別に判断して、公正な競争を阻害するおそれの有無が判断されることが必要である。」との判断を示した審決がある（マイクロソフトコーポレーションに対する件（平成20年9月16日審判審決、平成16年（判）第13号））。

　ガイドラインにおいても、「市場閉鎖効果が生じる場合」に当たるかどうかの判断において、非価格制限行為により、「新規参入者や既存の競争者にとって、代替的な取引先を容易に確保することができなくなり、事業活動に要す

る費用が引き上げられる、新規参入や新商品開発等の意欲が損なわれるといった、新規参入者や既存の競争者が排除される又はこれらの取引機会が減少するような状態」が発生することを要するものではない旨を明らかにしている。

イ　価格維持効果が生じる場合

> イ　価格維持効果が生じる場合
> 　「価格維持効果が生じる場合」とは、非価格制限行為により、当該行為の相手方とその競争者間の競争が妨げられ、当該行為の相手方がその意思で価格をある程度自由に左右し、当該商品の価格を維持し又は引き上げることができるような状態をもたらすおそれが生じる場合をいう。
> 　「価格維持効果が生じる場合」に当たるかどうかは、上記(1)の適法・違法性判断基準の考え方に従って判断することになる。例えば、市場が寡占的であったり、ブランドごとの製品差別化が進んでいて、ブランド間競争が十分に機能しにくい状況の下で、市場における有力な事業者によって厳格な地域制限（後記第2の3(3)参照）が行われると、当該ブランドの商品を巡る価格競争が阻害され、価格維持効果が生じることとなる。また、この判断に当たっては、他の事業者の行動も考慮の対象となる。例えば、複数の事業者がそれぞれ並行的にこのような制限を行う場合には、一事業者のみが行う場合と比べ市場全体として価格維持効果が生じる可能性が高くなる。
> 　なお、「価格維持効果が生じる場合」に当たるかどうかの判断において、非価格制限行為により、具体的に上記のような状態が発生することを要するものではない。

[解説]

1　価格維持効果が生じる場合

　制定当時のガイドラインは、非価格制限行為が問題となる場合の1つとして、「当該商品の価格が維持されるおそれがある場合」を挙げていたが、平成27年のガイドラインの改正により、そのような場合とは、「非価格制限行為により流通業者間の競争が妨げられ、流通業者がその意思で価格をある程度自由に左右し、当該商品の価格を維持し又は引き上げることができるような

状態をもたらすおそれが生じる場合」であると明確化された。平成29年のガイドライン改正では、非価格制限行為によりこのような状態をもたらすおそれが生じる場合を「価格維持効果が生じる場合」と定義するとともに、「流通業者間の競争」を「当該行為の相手方とその競争者間の競争」と改めるなど、メーカーと流通業者間の関係を念頭に置いた記載から、より一般的な記載に変更したが、従来の考え方に変更はない。

なお、非価格制限行為が行われ、「価格維持効果が生じる場合」に当たるときに違反に問われるのは、非価格制限行為を行った事業者であり、制限の対象となる当該行為の相手方ではない。

2 価格維持効果が生じる場合に当たるか否かの判断

❶ 5つの考慮事項を総合的に判断

垂直的制限行為が「価格維持効果が生じる場合」に当たるか否かについては、ガイドライン第1部の3(1)の垂直的制限に係る適法・違法性判断基準に従って、判断することになる。ガイドラインでは、この記述に続き、市場が寡占的であったり、ブランドごとの製品差別化が進んでいて、ブランド間競争が十分に機能しにくい状況の下で、市場における有力な事業者によって厳格な地域制限（ガイドライン第1部第2の3(2)）が行われると、当該ブランドの商品を巡る価格競争が阻害され、価格維持効果が生じることとなると述べられている。ブランド間競争が十分に機能していれば、制限の相手方が当該事業者のブランドの商品の価格を維持したり引き上げたりすると、顧客は他の事業者のブランドの商品を購入することとなるため、価格を維持したり引き上げたりするインセンティブは生じないが、ブランド間競争が機能していなければ、こうしたインセンティブが働くためである。

ガイドラインは、その他の考慮事項と価格維持効果の生じる可能性の関係について、特に記載はないが、ガイドライン第1部3(1)の考え方からすれば、先に触れた考慮事項も含め、例えば、次頁の［図表1-9］のようにまとめることができる。

[図表1-9] 5つの考慮事項と価格維持効果（例）

	考慮事項		状況	価格維持効果が生じる場合に当たる可能性
1	ブランド間競争の状況	市場集中度	高くなるほど	高くなる
		商品特性、製品差別化の程度	商品特性等から製品差別化が進んでいるほど	高くなる
		新規参入の難易性	参入が容易であるほど	低くなる
2	ブランド内競争の状況	価格のバラツキの状況	価格のバラツキが大きいなど、価格競争が活発なほど	低くなる
		地域内の流通業者の業態	複数の流通業者が存在し、競争が活発なほど	低くなる
		地域外への顧客の移動	顧客の他の地域への移動が容易なほど	低くなる
3	垂直的制限行為を行う事業者の市場における地位	市場シェア	高いほど	高くなる
		順位	高いほど	高くなる
		ブランド力	強いほど	高くなる
4	垂直的制限行為の対象となる取引先事業者の事業活動に及ぼす影響	制限の程度・態様	制限の程度が強くなるほど（例えば、地域外への積極的販売に加え、地域外からの顧客の求めに応じた受動的な販売をも制限する。）	高くなる
		制限の期間	期間が長くなるほど	高くなる
5	垂直的制限行為の対象となる取引先事業者の数及び市場における地位		制限行為の対象となる取引先が、制限の対象となるブランドの商品について独占的な地位に近づくほど	高くなる

❷ 他の事業者の行動

　ガイドラインは、「価格維持効果が生じる場合」に当たるかどうかを判断するに当たっては、他の事業者の行動も考慮の対象となるとし、複数の事業者がそれぞれ並行的に制限を行う場合には、一事業者のみが行う場合と比べ価格維持効果が生じる可能性が高くなるとしている。複数の事業者により厳格な地域制限が並行的に行われると、それぞれのブランドの商品の価格が高止まりして、ブランド間競争も減少・消滅することとなり、ある1つの事業者により厳格な地域制限が行われる場合と比較して、価格維効果が生じる可能

性が高まると考えられよう。

❸　効果の程度

前記ア❷❸で述べたとおり、不公正な取引方法の要件の1つである「公正な競争を阻害するおそれ」は、あくまで「おそれ」であるから、具体的に競争減殺効果が発生することを要件とするものではない。ガイドラインにおいても、「価格維持効果が生じる場合」に当たるかどうかの判断について、非価格制限行為により、「当該行為の相手方とその競争者間の競争が妨げられ、当該行為の相手方がその意思で価格をある程度自由に左右し、当該商品の価格を維持し又は引き上げることができるような状態」が発生することを要するものではない旨を明らかにしている。

(3) 垂直的制限行為によって生じ得る競争促進効果

> (3) 垂直的制限行為によって生じ得る競争促進効果
>   垂直的制限行為によって、新商品の販売が促進される、新規参入が容易になる、品質やサービスが向上するなどの場合には、競争促進的な効果が認められ得る。この典型例としては、次のような場合がある。
> ア　流通業者は、他の流通業者がある事業者の商品について販売前に実施する販売促進活動によって需要が喚起されている場合、自ら販売促進活動を行うことなく当該商品を販売することができる。このような場合に、いずれの流通業者も、自ら費用をかけて積極的な販売促進活動を行わなくなり、本来であれば当該商品を購入したであろう消費者が購入しない状況に至ることがあり得る。このような状態は、「フリーライダー問題」と称されている。フリーライダー問題が起きやすい条件の一つは、消費者の商品に対する情報が限られていることである。例えば、新商品や消費者からみて使用方法等が技術的に複雑な商品では、消費者の持つ情報は不足し、需要を喚起するためには、流通業者による当該商品についての情報提供や販売促進活動が十分に行われる必要がある。さらに、消費者が、販売促進活動を実施する流通業者から対象商品を購入せずに、販売促進活動を実施していない他の流通業者から購入することによる購入費用節約の効果が大きいことも必要である。この効果は、通常、当該商品が相当程度高額である場合に大きくなる。このような条件が満たされ、フリーライダー問題が現実に起

こるために、購入に必要な情報が消費者に十分提供されなくなる結果、商品の供給が十分になされなくなるような高度の蓋然性があるときに、当該事業者が、一定の地域を一流通業者のみに割り当てることなどが、フリーライダー問題を解消するために有効となり得る。ただし、このような制限に競争促進効果があると認められるのは、当該流通業者が実施する販売促進活動が当該商品に関する情報を十分に有していない多数の新規顧客の利益につながり、当該制限がない場合に比べ購入量が増大することが期待できるなどの場合に限られる。また、そうした販売促進活動が、当該商品に特有のものであり、かつ、販売促進活動に要する費用が回収不能なもの（いわゆる埋没費用）であることが必要である。

イ　事業者が、自社の新商品について高品質であるとの評判を確保する上で、高品質な商品を取り扱うという評判を有している小売業者に限定して当該新商品を供給することが、販売戦略上重要といえる場合がある。このような場合において、当該事業者が流通業者の販売先を当該小売業者に限定することが、当該新商品について高品質であるとの評判を確保する上で有効となり得る。

ウ　事業者が新商品を発売するために、専用設備の設置等の特有の投資を流通業者に求めることがある。このとき、他の流通業者がそのような投資を行わずに当該新商品を販売することができるとなると、投資を行った流通業者が当該投資を回収できず、結果として、そのような投資が行われなくなることがある。このような場合において、当該事業者が、一定の地域を一流通業者のみに割り当てることが、特有の投資を流通業者に求める上で有効となり得る。

エ　部品メーカーが、完成品メーカーの求める特定の要求を満たす部品を製造するための専用機械や設備の設置等の特有の投資を行う必要がある場合には、当該部品メーカーが当該完成品メーカーに対し、一定数量の当該部品の購入を義務付けることなどが、特有の投資を行う上で有効となり得る。

オ　事業者が、自社商品に対する顧客の信頼（いわゆるブランドイメージ）を高めるために、当該商品の販売に係るサービスの統一性やサービスの質の標準化を図ろうとする場合がある。このような場合において、当該事業者が、流通業者の販売先を一定の水準を満たしている者に限定したり、小売業者の販売方法等を制限したりすることが、当該商品の顧客に対する信頼を高める上で有効となり得る。

解説

1 競争促進効果を認め得る場合

垂直的制限行為に公正な競争を阻害するおそれがあるかどうかを判断するに当たっては、ブランド間競争やブランド内競争の減少・消滅といった競争を阻害する効果に加え、競争を促進する効果も考慮される。垂直的制限行為がもたらす競争促進効果は様々なものが考えられるが、ガイドラインは、典型例として次の5つの場合を挙げている。

① いわゆる「フリーライダー問題」が解消される場合
② 新商品について高品質であるとの評判を確保する上で重要といえる場合
③ 新商品を販売するために流通業者に生じる、必要な特有の投資の回収が可能となる場合
④ 完成品メーカーの求める特定の要求を満たす部品を製造するために必要な特有の投資を行う上で有効な場合
⑤ サービスの統一性やサービスの質の標準化が図られる場合

このような典型例は、欧米の競争当局のガイドライン、判決等においても記載されているものであり、主要国・地域における考え方と概ね整合的であると考えられる。また、流通・取引慣行ガイドラインで挙げられている5つの典型例は、あくまで例示であり、記載されている典型例以外であっても、競争促進効果が生じ得る場合は考えられる。

なお、垂直的制限行為がもたらす競争促進効果の例として、経済学的には「二重限界化の回避」がまず挙げられるが、ガイドラインでは取り上げられていない。「二重限界化」とは、例えば、メーカーから小売業者への卸売段階、小売業者から消費者への小売段階のいずれの段階の市場において競争が不完全である場合、メーカーや小売業者がそれぞれの段階で限界費用（＝完全競争市場においての均衡価格）を上回る価格付けをすることである。こうしたことが生じると、それぞれの市場が完全競争市場である場合に比べて、価格は二重に引き上がり供給量は二重に下回るという意味で社会的に見ても望ましくない。このため、二重限界化の回避は、垂直的制限行為や垂直的な企業結合を正当化する根拠の1つとされ、確かに、理論的にはそうである。にもかかわらず、ガイドラインにおいて二重限界化の回避についての競争促進効果

の典型例として言及がないのは、ガイドラインの見直しに向けて公正取引委員会が行った事業者ヒアリングにおいて、二重限界化のようなことを問題視している事業者がみられなかったことなどを踏まえたものである。ある垂直的制限行為の背景として、二重限界化の問題が顕在化している事情が実際に存在する場合において、当該垂直的制限行為が競争促進効果をもたらしていると認め得るときがあることまで否定する趣旨ではないと考えられる。

2 5つの典型例

垂直的制限行為によって生じ得る競争促進効果は、垂直的制限行為が公正な競争を阻害するおそれがあるかどうかの判断に当たって、ブランド間競争やブランド内競争といった競争を阻害する効果に加えて考慮されるものである。したがって、ガイドラインの5つの典型例の記載は、垂直的制限行為について、これらの典型例に該当し、かつ競争促進効果が生じた場合には、当該行為は独占禁止法上問題とならないという趣旨ではないことに留意が必要である。

❶ いわゆる「フリーライダー問題」が解消される場合
ア フリーライダー問題が生じる典型例

流通業者は、他の流通業者がある事業者の商品について販売前に実施する販売促進活動によって需要が喚起されている場合、自ら販売促進活動を行うまでもなく、いわば他の流通業者の販売促進活動にただ乗りして、当該商品を販売することができる。そして、こうした他の流通業者による販売促進活動へのただ乗りを排除できない場合、いずれの流通業者も、自ら費用をかけて積極的な販売促進活動を行うインセンティブがなくなるために、こうした活動を行わなくなり、本来であれば当該商品を購入したであろう消費者が購入しない状況に至ることがあり得る。このような状態は、「フリーライダー問題」と称されている。

フリーライダー問題が起きやすい条件として、ガイドラインは、まず、消費者の商品に対する情報が限られていることを挙げている。確かに、新商品や消費者からみて使用方法等が技術的に複雑な商品では、消費者の持つ情報は不足し、需要を喚起するためには、流通業者による当該商品についての情

報提供や販売促進活動が十分に行われる必要があろう。さらに、消費者が、販売促進活動を実施する流通業者から対象商品を購入せずに、販売促進活動を実施していない他の流通業者から購入することによる購入費用節約の効果が大きいことも必要としている。この効果は、通常、当該商品が相当程度高額である場合に大きくなる。

　イ　フリーライダー問題の解消と競争促進効果
　前記アで述べた条件が満たされ、フリーライダー問題が現実に起こるために、購入に必要な情報が消費者に十分提供されなくなる結果、商品の供給が十分になされなくなるような高度の蓋然性があるときに、事業者が、一定の地域を一流通業者のみに割り当てることなどが、フリーライダー問題を解消するために有効となり得る。割り当てられた地域において流通業者は他の流通業者と競争を回避することができるようになる結果、他の流通業者にただ乗りされることなく販売促進活動を行うことが可能となるためである。
　他方、ガイドラインは、このような制限に競争促進効果があると認められるには一定の条件を満たす必要があるとしている。つまり、当該流通業者が実施する販売促進活動が当該商品に関する情報を十分に有していない多数の新規顧客の利益につながり、当該制限がない場合に比べ購入量が増大することが期待できるなどの場合で、そうした販売促進活動が、当該商品に特有のものであり、かつ、販売促進活動に要する費用が回収不能なもの（いわゆる埋没費用）であることである。販売活動に要する費用が回収不能であることを条件付けているのは、仮に販売活動に要する費用が回収可能であるならば、ある事業者の商品に係る販売促進に係る投資を行い、他の流通業者からただ乗りされたとしても、当該投資を他の事業者の商品等の販売に活用することにより、その費用を回収することができるため、流通業者は販売促進活動を行う意欲を減少させず、その結果、フリーライダー問題は発生しないからである。当該一定の条件を満たさない場合については、競争促進効果が生じ得ると一概にはいえないと考えられる。

　❷　新商品について高品質であるとの評判を確保する上で重要といえる場合
　事業者が、自社の新商品について高品質であるとの評判を確保する上で、

高品質な商品を取り扱うという評判を有している小売業者に限定して当該新商品を供給することが、販売戦略上重要といえる場合がある。このような場合において、当該事業者が流通業者の販売先を当該小売業者に限定することが、当該新商品について高品質であるとの評判を確保する上で有効となり得る。こうした評判を確保することが可能になると、当該新商品についての良い評判を消費者に伝えることが可能となり、消費者にとっての当該新商品の魅力が増大し、その需要が喚起され、競争が促進されることとなろう。

どのような小売業者が「高品質な商品を取り扱うという評判を有している小売業者」に当たるか否かは個別具体的な事案ごとの判断となるが、例えば、一部の百貨店や老舗小売店などが想定される。

❸ 新商品を販売するために流通業者に生じる、必要な特有の投資の回収が可能となる場合

事業者が新商品を発売するために、専用設備の設置等の特有の投資を流通業者に求めることがある。このとき、他の流通業者がそのような投資を行わずに当該新商品を販売することができるとなると、投資を行った流通業者が当該投資を回収できず、結果として、そのような投資が行われなくなることがある。このような場合において、当該事業者が、一定の地域を一流通業者のみに割り当てることが、特有の投資を流通業者に求める上で有効となり得る。

その結果、流通業者は、新商品について特有の投資を行ったとしても、当該投資を回収することが可能になり、一定の地域を一流通業者に割り当てることが行われない場合に比べて、新商品の販売が促進されることとなり、競争が促進されることになると考えられる。

❹ 完成品メーカーの求める特定の要求を満たす部品を製造するために必要な特有の投資を行う上で有効な場合

部品メーカーが、完成品メーカーの求める特定の要求を満たす部品を製造するための専用機械や設備の設置等の特有の投資を行う必要がある場合に、仮に、当該完成品メーカーが当該特定の要求を満たす部品の購入を拒むようなことが懸念されれば、その部品メーカーは、特有の投資をためらうことと

なるであろう。そこで、こうした懸念を解消するため、部品メーカーが、当該完成品メーカーに対し、一定数量の当該部品の購入を義務付けることなどが考えられる。ガイドラインは、こうした義務付けは、特有の投資を行う上で有効となり得るとしている。これにより、より良い品質の商品の供給が完成品市場においてなされるなど同市場の競争促進にもつながると考えられる。

❺ サービスの統一性やサービスの質の標準化が図られる場合

　事業者が、自社商品に対する顧客の信頼（いわゆるブランドイメージ）を高めるために、当該商品の販売に係るサービスの統一性やサービスの質の標準化を図ろうとして、当該事業者が、流通業者の販売先を一定の水準を満たしている者に限定したり、小売業者の販売方法等を制限したりすることが、当該商品の顧客に対する信頼を高める上で有効となり得る。こうした制限により、商品に対する顧客の信頼が高められると、当該商品の魅力が増大し、当該商品の需要が喚起されることとなり、競争が促進されることとなると考えられる。

(4) 市場における有力な事業者

> (4) 市場における有力な事業者
> 　垂直的制限行為には、「市場における有力な事業者」によって当該行為が行われた場合に不公正な取引方法として違法となるおそれがあるものがある。後記第2の2（自己の競争者との取引等の制限）の各行為類型、同3(3)（厳格な地域制限）及び同7（抱き合わせ販売）がこれに当たる。
> 　「市場における有力な事業者」と認められるかどうかについては、当該市場（制限の対象となる商品と機能・効用が同様であり、地理的条件、取引先との関係等から相互に競争関係にある商品の市場をいい、基本的には、需要者にとっての代替性という観点から判断されるが、必要に応じて供給者にとっての代替性という観点も考慮される。）におけるシェアが20％を超えることが一応の目安となる。ただし、この目安を超えたのみで、その事業者の行為が違法とされるものではなく、当該行為によって「市場閉鎖効果が生じる場合」又は「価格維持効果が生じる場合」に違法となる。
> 　市場におけるシェアが20％以下である事業者や新規参入者がこれら

> の行為を行う場合には、通常、公正な競争を阻害するおそれはなく、違法とはならない。

解説
1　垂直的制限行為の取扱い

　ガイドライン第1部で取り上げられている垂直的制限行為は、公正な競争を阻害するおそれが生じる可能性が小さいものから大きい順に分けると、①通常問題ないとされるもの、②当該行為を行う事業者の市場における地位等から、「市場閉鎖効果が生じる場合」や、「価格維持効果が生じる場合」といった公正な競争を阻害するおそれがある場合に当たるか否かが判断されるもの、③通常、価格競争を阻害するおそれがあり、当該行為を行う事業者の市場における地位を問わず、原則として公正な競争を阻害するおそれがあると判断されるものとに分けられる。また、②については、さらに、(i)「市場における有力な事業者」によって当該行為が行われた場合に不公正な取引方法として違法となるおそれがあるもの、(ii)「市場における有力な事業者」以外の事業者が行う場合であっても不公正な取引方法として違法となるおそれがあるものとがある。ガイドラインでは、②(i)に当たる行為として、ガイドライン第1部第2の2（自己の競争者との取引等の制限）の各行為類型、同3(3)（厳格な地域制限）及び同7（抱き合わせ販売）を挙げている。具体的には、次の［図表1-10］のとおり整理できる。

2　市場における有力な事業者
❶　シェア基準

　前記**1**②(i)の「市場における有力な事業者」によって当該行為が行われた場合に不公正な取引方法として違法となるおそれがあるものに関連して、ガイドラインは、「市場における有力な事業者」と認められるかどうかについて、市場におけるシェアが20％を超えることが1つの目安となるとしている。無論、この目安を超えたのみで、その事業者の行為が違法とされるものではなく、当該行為によって「市場閉鎖効果が生じる場合」又は「価格維持効果が生じる場合」に違法となる。

　他方、市場におけるシェアが20％以下である事業者や新規参入者がこれら

[図表1-10] 垂直的制限行為の取扱い

	取扱い	行為類型
①	通常問題ないとされるもの	・責任地域制及び販売拠点制 ・選択的流通（商品を取り扱う流通業者に関して設定される基準が、当該商品の品質の保持、適切な使用の確保等、消費者の利益の観点からそれなりの合理的な理由に基づくものと認められ、かつ、当該商品の取扱いを希望する他の流通業者に対しても同等の基準が適用される場合） ・小売業者の販売方法の制限（除：販売価格、販売地域及び販売先に関する制限並びに価格に関する広告・表示の制限）（商品の安全性の確保、品質の保持、商標の信用の維持等、当該商品の適切な販売のためのそれなりの合理的な理由が認められ、かつ、他の小売業者に対しても同等の条件が課せられている場合）
②(i)	「市場における有力な事業者」が行う場合であって、「市場閉鎖効果」が生じる場合、「価格維持効果」が生じる場合に違法とされるもの	・自己の競争者等との取引の制限（◎） （取引先事業者に対する自己の競争者との取引や競争品の取扱いに関する制限、対抗的価格設定による競争者との取引の制限） ・厳格な地域制限（●） ・抱き合わせ販売（◎）
②(ii)	「市場における有力な事業者」以外が行う場合にあっても、「価格維持効果」が生じる場合に違法とされるもの	・地域外顧客への受動的販売の禁止（●） ・帳合取引の義務付け（●） ・仲間取引の禁止（●）
③	原則として違法とされるもの	・再販売価格維持行為 ・安売り業者への販売禁止 ・価格に関する広告・表示の制限

◎：市場閉鎖効果が生じる場合に違法とされるもの
●：価格維持効果が生じる場合に違法とされるもの

の行為を行う場合には、通常、公正な競争を阻害するおそれはなく、違法とはならない。これがいわゆるセーフ・ハーバーである。

このセーフ・ハーバーの市場シェア基準「20％以下」という数値は、平成28年のガイドライン改正でそれまで「10％未満」という数値を引き上げたものである。「20％以下」という数値とされたのは、非価格制限行為を違反と認定した過去の審判決例の中に行為者の市場シェアが30％を下回るものについて価格維持効果が生じるおそれがある場合に当たるとして違法と認定した

ものがあること、不公正な取引方法の観点も含めた独占禁止法上の考え方を示す「知的財産の利用に関する独占禁止法上の指針」(平成19年9月28日公正取引委員会)が、セーフ・ハーバー(競争減殺効果が軽微な場合)として、市場シェア20％以下という水準を設定していること、を踏まえたものである。

❷ EUの基準との比較

　流通・取引慣行ガイドラインのセーフ・ハーバーについては、EUにおけるセーフ・ハーバーを参考にすべきとの意見がある。しかし、日本においては、垂直的制限行為を取引先事業者に対する事業活動等の制限と捉えて不公正な取引方法(独占禁止法第19条)として規制しているのに対し、EUにおいては、このような垂直的制限行為を事業者間の協定と捉えてカルテルなどの水平的協定と同じくEU機能条約第101条第1項により規制されるものとし、その上で、同条第3項によって一定の場合には同条第1項の規定を適用しない旨を宣言できるという制度になっている。このようにEUと日本は規制体系が異なることから、EUの基準を単純に移植することは適切でない。

　さらに、EUでは、一括適用免除規則により、垂直的協定における供給者及び購入者の双方についてそれぞれ市場シェアが「30％以下」の場合にセーフ・ハーバーの適用が認められるものの、多くの例外が設けられていることに注意が必要である。例えば、一括適用免除規則の「単一ブランド制限」(日本の流通・取引慣行ガイドラインにおける「取引先事業者に対する自己の競争者との取引や競争品の取扱いに関する制限」に相当)については、「30％以下」のセーフ・ハーバーの基準が適用されるのは、契約期間が5年以下の場合に限られ、それ以外の期間の定めがない場合や契約期間が5年を超える場合には、市場シェア「15％以下」の基準が適用される。また、日本のガイドラインでセーフ・ハーバーの対象とされていない「地域外顧客への受動的販売の制限」や「帳合取引の義務付け」に相当するものについては、再販売価格維持行為と同じく一括適用免除規則第4条のハードコア制限に該当し、同規則のセーフ・ハーバーの対象とされておらず、EU機能条約第101条第1項に該当することが推定される。

　このように、仮にEUのセーフ・ハーバーを受容する立場を採るとしても、EUのセーフ・ハーバーには多くの例外が存在し、また、その適用範囲も日本

[図表1-11] 日本/EUのセーフ・ハーバーの対象行為類型比較（非価格制限行為）

日本		EU		
行為類型	セーフ・ハーバー	対応する行為類型		セーフ・ハーバー※1
競争品の取扱い制限	20%以下	単一ブランド制限（競争品の取扱い制限）	契約期間5年以下	30%以下
			契約期間5年超	15%以下※2
責任地域制・販売拠点制	なし 問題とはならない	地域制限	能動的販売制限等	30%以下
厳格な地域制限	20%以下			
地域外顧客への受動的販売の制限	なし 価格維持のおそれがある場合に違法		受動的販売制限	なし 違法性が推定
—	—	取引先制限	能動的販売制限等	30%以下
帳合取引の義務付け	なし 価格維持のおそれがある場合に違法		受動的販売制限	なし 違法性が推定
選択的流通	なし 通常、問題とならない場合のみ考え方が示されている。	選択的流通		30%以下

※1　EUでは、同様の制限を行う複数の事業者の合計市場シェアが50%超の場合には、セーフ・ハーバーを事後的に撤回（適用しない）することができる制度となっているが、日本では、そのような制度は導入されていない。
※2　デ・ミニマス告示による。なお、累積的効果が問題となる場合には、同告示によりセーフ・ハーバーの市場シェア基準は5%に減じられる。

のガイドラインの適用範囲よりも広いわけではないから、非価格制限行為全般に「30%以下」の基準を当てはめるという議論にはならないと考えられる。

3　市場における有力な事業者の「市場」の考え方

　ガイドラインは、市場における有力な事業者の「市場」について、制限の対象となる商品と機能・効用が同様であり、地理的条件、取引先との関係等から相互に競争関係にある商品の市場をいい、基本的には、需要者にとっての代替性という観点から判断されるが、必要に応じて供給者にとっての代替

性という観点も考慮されると記載し、事業者自身がセーフ・ハーバーに該当するか否かを判断するに当たっての便宜を図っている。

　この「市場」の定義はあくまで便宜的なものであり、「公正な競争を阻害するおそれ」の有無の判断に当たって検討される「垂直的制限行為に係る取引及びそれにより影響を受ける範囲」と必ずしも一致するものではない。例えば、取引先事業者に対する販売地域の制限のような場合には、「垂直的制限行為に係る取引及びそれにより影響を受ける範囲」は、行為者が供給する商品についての取引先事業者とその競争者間の競争であると考えられる。これが、前述の市場における有力な事業者の「市場」とは異なる範囲を念頭に置いていることは明らかであろう。もっとも、取引先事業者に対する自己の競争者との取引や競争品の取扱いを制限するような場合には、「垂直的制限行為に係る取引及びこれにより影響を受ける範囲」は、当該制限に係る商品の供給をする行為者とこれと競争関係にある事業者との間の競争となるが、これと市場における有力な事業者の「市場」とは一致することも多いであろうと考えられる。

第1 再販売価格維持行為

1 考え方
(1) 原則として違法

> 第1　再販売価格維持行為
> 　1　考え方
> 　(1)　事業者が市場の状況に応じて自己の販売価格を自主的に決定することは、事業者の事業活動において最も基本的な事項であり、かつ、これによって事業者間の競争と消費者の選択が確保される。
> 　　事業者がマーケティングの一環として、又は流通業者の要請を受けて、流通業者の販売価格を拘束する場合には、流通業者間の価格競争を減少・消滅させることになることから、このような行為は原則として不公正な取引方法として違法となる。

[解説]
1 原則として違法

　事業者が市場に状況に応じて自己の販売価格を自主的に決定することは、事業者が事業活動を行い、他の事業者と競争していく上で最も基本的な事項である。また、これが確保されることを通じて、事業間の競争が確保され、消費者は、より安い価格で商品を購入できることになる。特に流通業者は、商品の内容そのものをより良いものにすることによって競争する側面が商品を生み出す事業者と比べて少ないことから、価格面での競争がより重要となる。

　事業者は、マーケティングの一環として流通段階での価格の安定を図るため、又は取引先流通業者から「安売りを何とかしてほしい」という強い要請を受けて、流通業者に対し、その販売価格を一定の価格とするよう拘束する場合がある。このような行為は、流通業者間の価格競争を減少・消滅させる

ことになり、不公正な取引方法として原則として違法となる。

2 米国・EU の規制状況
❶ 米国

米国においては、連邦レベルでみると、再販売価格維持行為については、競争事業者間の水平的制限行為の場合と同様に、シャーマン法第 1 条（取引制限の禁止）によって規制され、従前は、その理由や態様を問わず行為の外形から一律に違法とする「当然違法」という考え方がとられてきた。しかし、2007 年のリージン事件連邦最高裁判決（Leegin Creative Leather Products, Inc. v. PSKS, Inc., 551 U. S. 877（2007））以降、違法性を判断するに当たって競争に与える影響を考慮する「合理の原則」の考え方が適用されるようになった。もちろん、これは再販売価格維持行為が常に合法であることを保証するものでない。競争阻害効果と競争促進効果を考慮した結果、反競争的であると判断される再販売価格維持行為については、厳しく規制されていくことになるであろう。

また、州レベルでみると、リージン事件連邦最高裁判決以降も、再販売価格維持行為については、「当然違法」の考え方を厳正に適用している州が少なからず存在している。

❷ EU

EU では、再販売価格維持行為は、価格カルテル等の水平的な競争制限的行為の場合と同様に、EU 機能条約第 101 条第 1 項（競争制限的協定等の禁止）によって規制され、競争に与える影響が大きい「ハードコア制限」に該当するものとして厳しく規制されている。EU 競争法上、同項の適用対象となる垂直的協定は、行為者等の市場シェア要件やハードコア制限がないという要件を満たせば、競争への影響を更に詳細に検討することなく、同項の適用が免除されるものが多いが、再販売価格維持行為は、ハードコア制限に該当するため、一括適用免除の対象とはならない（一括適用免除規則）。

しかし、行為者である事業者側から、EU 機能条約第 101 条第 3 項に規定された全ての要件（(i)商品の生産・販売の改善又は技術的・経済的進歩の促進に役立つこと、(ii)消費者に対しその結果として生ずる利益の公平な分配を行うもので

あること、(iii)(i)及び(ii)の目的達成のために必要不可欠でない制限を参加事業者に課すものではないこと、(iv)参加事業者に競争を排除する可能性を与えないこと）を満たすことを立証し、欧州委員会により要件の充足が認められた場合には、同項により第1項の禁止規定の適用が個別に免除され得る。

(2) 希望小売価格

> (2) 事業者が設定する希望小売価格や建値は、流通業者に対し単なる参考として示されているものである限りは、それ自体は問題となるものではない。しかし、参考価格として単に通知するだけにとどまらず、その価格を守らせるなど、事業者が流通業者の販売価格を拘束する場合には、上記(1)の行為に該当し、原則として違法となる（注4）。
>
> (注4) 事業者が希望小売価格等を設定する場合においては、再販売価格を拘束すること（再販売価格の拘束に当たるかどうかについては、下記2において述べる考え方に基づき判断される。）にならなければ、通常問題となるものではない。
> なお、希望小売価格等を流通業者に通知する場合には、「正価」、「定価」といった表示や金額のみの表示ではなく、「参考価格」、「メーカー希望小売価格」といった非拘束的な用語を用いるとともに、通知文書等において、希望小売価格等はあくまでも参考であること、流通業者の販売価格はそれぞれの流通業者が自主的に決めるべきものであることを明示することが、独占禁止法違反行為の未然防止の観点から望ましい。

[解説]

1 希望小売価格、建値

希望小売価格や建値は、流通業者や消費者にとって価格交渉や商品選択における目安となる、低価格をアピールするときの対照価格となるなどの機能がある。流通・取引慣行ガイドラインは、これらが流通業者に対し単なる参考として示されている限りは、それ自体は問題となるものではないとしている。しかし、単なる参考価格としてではなく、その価格を守らせるようにする場合には、再販売価格の拘束に該当し、原則として違法となる。

2 注書きについて

　ガイドラインには、注書きにおいて「～することが望ましい」旨の記載がある。これは、そのような行為をしなければ違反となるという違法性についての判断基準を示したものではなく、そのようにすれば、違反行為が未然に防止できるであろうとの考えから示したものである。

　例えば、「正価」、「定価」といった表示や金額のみの表示、あるいは「メーカー希望小売価格」といった表示であっても、流通業者はメーカーからの指示と受け取るおそれがある。事業者は、流通業者から近隣で安売りがあった場合に、「当店は言うことを聞いているので、他の小売店にも言うことを聞かせるようにしてもらわないと困る。」、「当社は、言われたことに素直に従ったがために、近所の安売りで当社の販売が激減してしまった。この損害をどうしてくれる。」といった苦情を受けるおそれも大きい。このような場合、営業担当者としてはそうした苦情を無視できず、安売りを行っている小売店に圧力をかけるというような形で、独占禁止法上問題を生じることにつながりやすい。

　このため、ガイドラインにおいては、事業者としては、価格表示自体についても、「参考価格」、「メーカー希望小売価格」といった「非拘束的な用語」を用いるとともに、こうした価格を流通業者や消費者に通知する場合には、通知文書等において、希望価格等は「あくまでも参考であること」、「流通業者の販売価格はそれぞれの流通業者が自主的に決めるべきものであること」を明示することが、「独占禁止法違反行為の未然防止の観点から望ましい」と記載しているものである。

　なお、ガイドライン第1部第1の1(2)(注4)の冒頭には、「再販売価格を拘束すること（再販売価格の拘束に当たるかどうかについては、下記2において述べる考え方に基づき判断される。）にならなければ、通常問題となるものではない」との記載がある。これは、研究会の議論において、希望小売価格等に拘束性がなければ問題がないという趣旨を明確化するためにもう少し書き振りを変えた方が分かりやすいとの指摘があったことを踏まえ、追加されたものである。

2　再販売価格の拘束
(1)　再販売価格の拘束の考え方

> 2　再販売価格の拘束
> (1)　事業者が流通業者の販売価格（再販売価格）を拘束することは、原則として不公正な取引方法に該当し、違法となる（独占禁止法第2条第9項第4号（再販売価格の拘束））(注5)。すなわち、再販売価格の拘束は、流通業者間の価格競争を減少・消滅させることになることから、通常、競争阻害効果が大きく、原則として公正な競争を阻害するおそれのある行為である。このため、独占禁止法においては、事業者が、流通業者に対して、「正当な理由」がないのに再販売価格の拘束を行うことは、不公正な取引方法として違法となると規定されている。換言すれば、再販売価格の拘束が行われる場合であっても、「正当な理由」がある場合には例外的に違法とはならない。
>
> (注5)　役務の提供価格を拘束する場合には、一般指定12項（拘束条件付取引）に該当する。基本的な考え方は独占禁止法第2条第9項第4号に該当する場合と同様である。

|解説|

1　再販売価格

流通・取引慣行ガイドラインは、事業者が流通業者に対しどのような価格で商品を販売するかについて拘束すること（再販売価格の拘束）は、不公正な取引方法に該当し原則として違法となるとしている（独占禁止法第2条第9項第4号）。再販売価格とは、例えばメーカーから流通業者に一旦販売された商品が、流通業者から「再び」第三者に販売されるときの価格である。

2　再販売価格の拘束の考え方

平成27年改正前のガイドラインは、再販売価格の拘束は原則として不公正な取引方法に該当し、違法となる旨を述べるのみであったが、同年のガイドライン改正により、「すなわち……違法とはならない。」との記載が追加されることにより、考え方が明確化された。内容的には、

①　再販売価格の拘束は、流通業者間の価格競争を減少・消滅させること

になることから、通常、競争阻害効果が大きく、原則として公正な競争を阻害するおそれのある行為であること
② このため、独占禁止法においては、事業者が、流通業者に対して、「正当な理由」がないのに再販売価格の拘束を行うことは、不公正な取引方法として違法となると規定されていること
③ 換言すれば、再販売価格の拘束が行われる場合であっても、「正当な理由」がある場合には例外的に違法とならないこと
が述べられている。

3 役務の提供価格を拘束する場合

　ガイドライン第1部第1の2(1)(注5)は平成29年のガイドライン改正により追加された。ガイドラインの「はじめに」の2において、「本指針は、主として商品の取引について独占禁止法上の考え方を示したものであるが、役務の取引についてもその考え方は基本的には同様である」との記載がある。しかし、独占禁止法第2条第9項第4号は、「自己の供給する商品を購入する相手方」に対する再販売価格の拘束を規制するものであり、役務の提供価格を拘束する場合には、同号の規定に該当せず、拘束条件付取引（一般指定12項）に該当することとなる。そこで、(注5)として、その旨を明らかにするとともに、基本的な考え方は再販売価格の拘束に該当する場合と同様であることを明記している。

|参考事例|

　役務の提供価格の拘束が独占禁止法違反に問われたものとして、以下の事例がある。

　○　トエンティース　センチュリー　フォックス　ジャパン、インコーポレーテッド（フォックスジャパン社）に対する件（平成15年11月25日勧告審決、平成15年（勧）第25号）
　本件では、フォックスジャパン社が、トエンティース　センチュリー　フォックス　インターナショナル　コーポレーションから配給を受けた映画作品を日本国内において上映する事業者に配給するに当たり、上映する事業

[図表 1-12] フォックスジャパン社に対する件

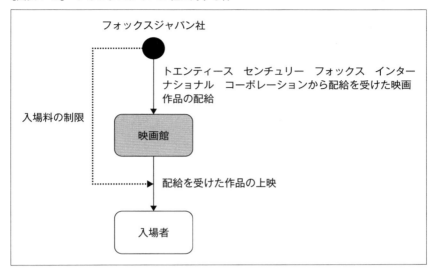

者との間で締結している「上映契約（基本契約）」と題する契約及び「上映契約付属書」と題する契約に基づき、上映する事業者が映画を鑑賞させる対価として入場者から徴収する入場料の具体的な金額を定め、入場料の割引の実施の可否を決定するなどして、入場料を制限しており、このようなフォックスジャパン社の行為が、当時の一般指定13項（現在の一般指定12項）（拘束条件付取引）に該当し、独占禁止法第19条の規定に違反するとされたものである。

(2) 正当な理由

> (2)「正当な理由」は、事業者による自社商品の再販売価格の拘束によって実際に競争促進効果が生じてブランド間競争が促進され、それによって当該商品の需要が増大し、消費者の利益の増進が図られ、当該競争促進効果が、再販売価格の拘束以外のより競争阻害的でない他の方法によっては生じ得ないものである場合において、必要な範囲及び必要な期間に限り、認められる。
> 　例えば、事業者が再販売価格の拘束を行った場合に、当該再販売価格

> の拘束によって前記第 1 部の 3(3)アに示されるような、いわゆる「フリーライダー問題」の解消等を通じ、実際に競争促進効果が生じてブランド間競争が促進され、それによって当該商品の需要が増大し、消費者の利益の増進が図られ、当該競争促進効果が、当該再販売価格の拘束以外のより競争阻害的でない他の方法によっては生じ得ないものである場合には、「正当な理由」があると認められる。

|解説|
1　例外としての「正当な理由」

　平成 27 年のガイドライン改正では、再販売価格の拘束が原則として違法であることを確認した上で、「再販売価格の拘束が行われる場合であっても、『正当な理由』がある場合には例外的に違法とはならない」と、例外としての「正当な理由」についての考え方が明確化された。

　「正当な理由」とは、独占禁止法の趣旨・目的からすると消費者利益の確保に資する場合に認められるものであり、こうした観点から、ガイドラインにおいては、「正当な理由」は、「メーカーによる自社商品の再販売価格の拘束によって実際に競争促進効果が生じてブランド間競争が促進され、それによって当該商品の需要が増大し、消費者の利益の増進が図られ、当該競争促進効果が、再販売価格の拘束以外のより競争阻害的でない他の方法によっては生じ得ないものである場合において、必要な範囲及び必要な期間に限り、認められる」と明確化している。ただし、これまでの審判決例において、再販売価格の拘束の事案で「正当な理由」が認められたものはない。

　なお、「正当な理由」については、ブランド間競争が活発であれば「正当な理由」を認めるべきとの指摘がなされることがあるが、再販売価格の拘束は、一般に、市場の寡占化あるいは商品差別化が進んでいるなどのためブランド間競争が活発ではない場合でなければ機能しないであろうと考えられ、こうした議論は適当でない。再販売価格の拘束は、通常、競争阻害効果が大きいため、「正当な理由」が認められるのは、ガイドラインが示すような例外的な場合に限られるべきものと考えられ、新商品の発売時に限られた期間で行う再販売価格の拘束であるからといって、「正当な理由」があるとは通常認められないであろう。

2 「正当な理由」の主張責任

再販売価格の拘束に「正当な理由」があることについて、主張責任を負うのは、当該再販売価格の拘束をする事業者である。

3 再販売価格維持行為の競争促進効果に対する米国・EUの考え方

再販売価格維持行為による競争促進効果に対する米国とEUの考え方をみると、米国では、リージン事件連邦最高裁判決において、再販売価格維持行為によって競争促進効果が生じ得る旨が判示されている。また、EUでは、垂直的制限ガイドラインにおいて、製造業者が新製品を投入する際に、販売業者の販売努力を高める手段を提供することによって、当該商品の需要全体を拡大させ、新製品の導入を促し、消費者の利益となる場合などに、再販売価格維持行為が効率性の向上につながり得る旨の記載がある。ただし、垂直的制限ガイドラインでは、再販売価格維持行為が適用免除の要件を満たすことを事業者が証明する中で、当該再販売価格維持行為が小売業者間のフリーライダー問題を克服する手段だけでなくインセンティブを提供するものであり、販売前サービスが全体として消費者利益を及ぼすものであることを説得力をもって証明しなければならないとされている（垂直的制限ガイドライン・パラグラフ225）。

なお、米国、EUのいずれにおいても、競争当局の個別事件処理や判例で、再販売価格維持行為によって競争促進効果が生じていることが認められた事例の存在は確認できていない（平成30年5月23日脱稿時点）。

(3) 再販売価格拘束の有無

> (3) 再販売価格の拘束の有無は、事業者の何らかの人為的手段によって、流通業者が当該事業者の示した価格で販売することについての実効性が確保されていると認められるかどうかで判断される。
> 　次のような場合には、「流通業者が事業者の示した価格で販売することについての実効性が確保されている」と判断される。
> ① 例えば次のように、文書によるか口頭によるかを問わず、事業者と流通業者との間の合意によって、当該事業者の示した価格で販売するようにさせている場合

a　事業者の示した価格で販売することが文書又は口頭による契約において定められている場合
　　b　事業者の示した価格で販売することについて流通業者に同意書を提出させる場合
　　c　事業者の示した価格で販売することを取引の条件として提示し、条件を受諾した流通業者とのみ取引する場合
　　d　事業者の示した価格で販売し、売れ残った商品は値引き販売せず、当該事業者が買い戻すことを取引の条件とする場合

（具体例）
　　Ｘ社は、Ｘ社製キャンプ用品について、翌シーズンに小売業者が販売を行うに当たっての販売ルール（以下「販売ルール」という。）を次のとおり定めていた。
　　　ア　販売価格は、Ｘ社製キャンプ用品ごとにＸ社が定める下限の価格以上の価格とする。
　　　イ　割引販売は、他社の商品を含めた全ての商品を対象として実施する場合又は実店舗における在庫処分を目的として、Ｘ社が指定する日以降、チラシ広告を行わずに実施する場合に限り認める。
　　Ｘ社はＸ社製キャンプ用品について、自ら又は取引先卸売業者を通じて
　　　ア　継続して取引を行う小売業者に対しては、翌シーズンの取引について商談を行うに当たり、Ｘ社が定めた下限の価格を記載した見積書を提示するなどして、販売ルールに従って販売するよう要請し
　　　イ　新たにＸ社製キャンプ用品の取引を希望する小売業者に対しては、取引開始に当たり、販売ルールに従って販売するよう要請し
　　Ｘ社が他の小売業者にも販売ルールに従って販売させることを前提に、小売業者から販売ルールに従って販売する旨の同意を得て、当該小売業者に販売ルールに従って販売するようにさせていた。
　　　このようなＸ社の行為は、独占禁止法第2条第9項第4号イ及びロに該当し、独占禁止法第19条の規定に違反する。（平成28年6月15日排除措置命令、平成28年（措）第7号）

②　例えば次のように、事業者の示した価格で販売しない場合に経済上

の不利益を課し、又は課すことを示唆する等、何らかの人為的手段を用いることによって、当該価格で販売するようにさせている場合
> a 事業者の示した価格で販売しない場合に出荷停止等の経済上の不利益(出荷量の削減、出荷価格の引上げ、リベートの削減、他の製品の供給拒絶等を含む。以下同じ。)を課す場合、又は課す旨を流通業者に対し通知・示唆する場合
> b 事業者の示した価格で販売する場合にリベート等の経済上の利益(出荷価格の引下げ、他の製品の供給等を含む。以下同じ。)を供与する場合、又は供与する旨を流通業者に対し通知・示唆する場合
> c 事業者の示した価格で販売しているかどうかを調べるため、販売価格の報告徴収、店頭でのパトロール、派遣店員による価格監視、帳簿等の書類閲覧等の行為を行うことによって事業者の示した価格で販売するようにさせている場合
> d 商品に秘密番号を付すなどによって、安売りを行っている流通業者への流通ルートを突き止め、当該流通業者に販売した流通業者に対し、安売り業者に販売しないように要請することによって事業者の示した価格で販売するようにさせている場合
> e 安売りを行っている流通業者の商品を買い上げ、当該商品を当該流通業者又はその仕入先である流通業者に対して買い取らせ、又は買上げ費用を請求することによって事業者の示した価格で販売するようにさせている場合
> f 安売りを行っている流通業者に対し、安売りについてのその他の流通業者の苦情を取り次ぎ、安売りを行わないように要請することによって事業者の示した価格で販売するようにさせている場合

解説
1 再販売価格の拘束の有無

再販売価格の拘束の有無は、「事業者の何らかの人為的手段によって、流通業者が当該事業者の示した価格で販売することについての実効性が確保されている」かどうかで判断される。流通・取引慣行ガイドラインにおいては、①合意による場合、②何らかの人為的手段による場合の2つの形態が示されている。

① 合意による場合
文書によるか口頭によるかを問わず、事業者と流通業者との合意に

よって、当該事業者の示した価格で販売するようにさせている場合
　②　何らかの人為的手段による場合
　　事業者の示した価格で販売しない場合に経済上の不利益を課し、又は課すことを示唆する等、何らかの人為的手段を用いることによって、当該価格で販売するようにさせている場合

2　合意による場合

　仮に事業者が示した価格を守らない場合の制裁事項が定められていなくても、事業者間で一旦約束をした場合には、通常、約束を守らなくてはならないという拘束が働くこととなり、このような場合にも、流通業者間の価格競争を減少・消滅させるおそれがある。これはその約束が文書によるものであるか口頭によるものであるかにはかかわらない。例えば、次のような場合がこれに該当する。
　a　事業者の示した価格で販売することが文書又は口頭による契約において定められている場合
　b　事業者の示した価格で販売することについて流通業者に同意書を提出させる場合
　c　事業者の示した価格で販売することを取引の条件として提示し、条件を受諾した流通業者とのみ取引する場合
　d　事業者の示した価格で販売し、売れ残った商品は値引き販売せず、当該事業者が買い戻すことを取引の条件とする場合
　このうち、dについては、返品を義務付けていること自体が問題なのではなく、値引き販売させないことが問題なのであるが、売れ残り品を引き取ることとして、価格維持を徹底させようとする場合があるので、そのような場合も再販売価格の拘束となることを明確にするために例示したものである。売れ残り品が安売りされる可能性をより小さくするため、このような条件も併せて付けられるものと考えられる。

具体例
　公正取引委員会が法的措置をとった事例では、再販売価格の拘束の認定は、事業者が直接小売業者に対して又は卸売業者を通じて、当該事業者が示した

販売価格で販売するよう要請し、要請に応じなければ出荷を停止するなど後記3で述べる人為的手段を講じていたことにより認定されたものが多いが、ガイドラインでは、事業者と流通業者との合意によって再販売価格の拘束が行われた最近の事例の概要が紹介されている。

○ コールマンジャパン株式会社に対する件（平成28年6月15日排除措置命令、平成28年（措）第7号）

本件は、コールマンジャパンが、同社の商標が付されたキャンプ用品の実店舗における販売又はインターネットを利用した販売に関し、自ら又は販売先卸売事業者を通じて、小売業者に①キャンプ用品ごとに定める下限価格以

[図表1-13] コールマンジャパン株式会社に対する件

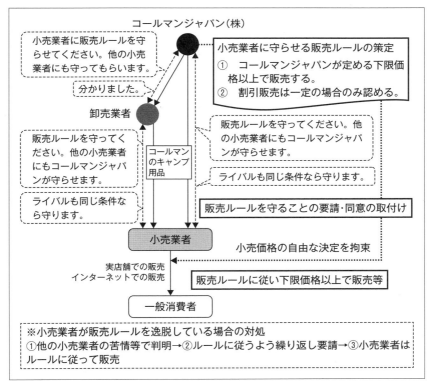

2 再販売価格の拘束 83

上の価格で販売すること、②割引販売は、在庫処分を目的として同社が指定する期日以降、チラシ広告を行わないなどの場合に限り行うこと、といった内容のルールに従って販売するようにさせていた行為が、独占禁止法第2条第9項第4号イ及びロに該当し、独占禁止法第19条の規定に違反するとされたものである。

本件では、小売業者の再販売価格の拘束性について、コールマンジャパン社が自ら又は取引先卸売業者を通じて、小売業者に対し、同社が他の小売業者にも販売ルールに従って販売させることを前提に、小売業者から販売ルールに従って販売ルールに従って販売する旨の同意を得て、当該小売業者に販売ルールに従って販売するようにさせていた旨が認定されており、メーカーと小売業者との間の合意により再販売価格の拘束性（＝流通業者が当該事業者の示した価格で販売することについての実効性が確保されている。）が認定された例ということができる。

3 人為的手段による場合

❶ 制裁等による場合（第1の2(3)②aの場合）

通常、流通業者の中にも様々な考え方をする者があり、なるべく事業者の示した価格どおりに販売しようという者もいれば、少しでも安く販売しようとする者もいる。このように安く販売しようとする流通業者が現れると、結局、流通業者間で価格競争が生じ、値崩れが起きることとなる。

事業者としては、このようなことを防ごうとして、「このまま安売りをすれば、出荷停止せざる得ません。」、「販売促進リベートはカットさせてもらいます。」などと流通業者に圧力をかけたり、実際にそのような制裁手段を講じることがある。ガイドライン第1部第1の2(3)②aのような場合であるが、このような場合にも、再販売価格の拘束として違法となる。

事業者が示した価格で販売しない場合に採る制裁手段として用いる経済上の不利益としては、出荷停止、出荷量の削減、出荷価格の引上げ、リベートの削減、他の製品、特に他の主力商品や新製品の供給拒絶等、様々な形態のものがある。

また、こうした制裁手段が問題となる場合としては、①事業者の示した価格で販売しない流通業者に対し、実際にそのような制裁を課す場合のほか、

②事業者の示した価格で販売しない場合にはそうした制裁を課す旨を流通業者に対し通知したり、何らかの形で示唆するだけの場合も含まれる。

例えば、「この価格を守っていただけないのであれば、不本意ですが、当方としてもしかるべく対応をさせてもらわなければならなくなります。」というように、どのようなことになるのかを明確に言わなくても十分に相手方に言わんとすることを伝えることは可能であり、明確に通知したのか、暗に示唆したのかにはかかわらない。

参考事例

制裁等により、再販売価格の拘束をさせていた事例は多いが、最近のものとしては以下の事例がある。

○　アディダスジャパン株式会社に対する件（平成24年3月2日排除措置命令、平成24年（措）第7号）

本件では、アディダスジャパンが、同社が販売するトーニングシューズである「イージートーン」の販売に関し、自ら又は取引先卸売業者を通じて、小売業者に対し、自らが定めた値引き限度価格（本体価格の10％引き）以上の価格又は本体価格どおりの価格で販売させていた行為が、再販売価格の拘束（独占禁止法第2条第9項第4号）に該当し、独占禁止法第19条に違反するとされた。同社は、小売業者に対し、値引き限度価格以上の価格又は本体価格どおりでの価格での販売を要請し、要請に従わない場合にはイージートーンの出荷停止等を行う旨を示唆するとともに、それでも要請に反する価格での販売を継続する小売業者に対しては、イージートーンの出荷を停止する、在庫を返品させるなどすることにより、値引き限度価格以上の価格で又は本体価格を維持して販売するようにさせていた。

❷　守った場合に利益を与える場合（第1の2⑶②bの場合）

ガイドライン第1部第1の2⑶②bに記載されているように、制裁ではなく、「事業者の示した価格で販売する場合にはリベートを出しましょう、あるいは出荷価格を引き下げましょう。」というように、何らかの経済上の利益を供与する場合も、問題となる。取引において、「価格を守ればリベートを出し

[図表1-14] アディダスジャパン株式会社に対する件

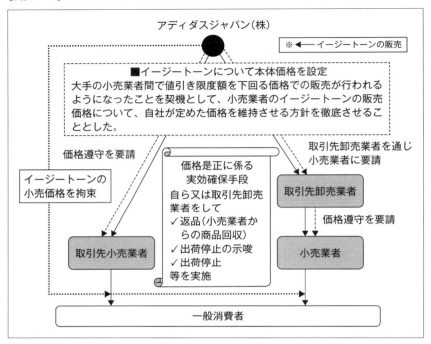

ましょう。」ということは、結局は、守らなければ通常得られるべきリベートが得られない、カットされるということである。守れば利益が得られるというのは、守らなければ不利益があるということと単に言い方が異なっているだけであって、その実質は同様であり、再販売価格の拘束として問題となる。

参考事例

以下に紹介する事例では、再販売価格の拘束の実効確保手段として、遵守しなかった場合の課される不利益（出荷停止）のほか、遵守した事業者に対し与えられる利益（インセンティブの付与）が含まれている。

[図表 1-15] 日本移動通信株式会社に対する件

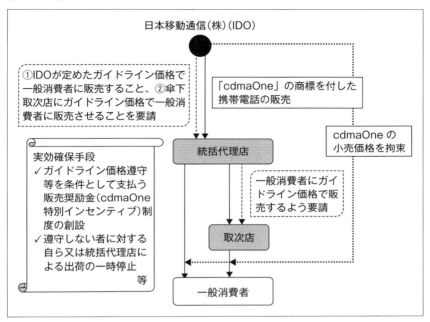

○ 日本移動通信株式会社に対する件（平成 11 年 12 月 22 日勧告審決、平成 11 年（勧）第 26 号）

　本件では、日本移動体通信が、「cdmaOne」の商標を付した携帯電話機の茨城県、栃木県、群馬県、埼玉県、千葉県、東京都、神奈川県及び山梨県の区域における販売に関し、取引先代理店及び取引先代理店から直接又は間接に仕入れて小売販売を行う販売店に対し、同社の定めた販売価格（ガイドライン価格）で、一般消費者に販売するようにさせていた行為が、当時の一般指定 12 項第 1 号及び第 2 号（再販売価格の拘束）（現在の独占禁止法第 2 条第 9 項第 4 号イ及びロ）に該当し、独占禁止法第 19 条に違反するとされた。

　本件では、日本移動通信が、取引先代理店等に対し、ガイドライン価格での一般消費者への販売を要請したことのほか、ガイドライン価格遵守の実効確保のため、ガイドライン価格の遵守等を条件として支払う販売奨励金（cdmaOne 特別インセンティブ）の創設、ガイドライン価格を遵守しない者に対

する出荷の一時停止等の措置を講じていたことが認定されている。

❸ 様々な形で圧力をかける場合（第1の2(3)②c〜fの場合）

　ガイドラインの第1部第1の2(3)②cからfにおいては、これまで違反事件として問題となったケースにおいて実際に行われていた様々な行為を参考に、事業者が示した価格で販売するようにさせるために採られる具体的な行為を例示している。これらの行為は、その行為のみで違法となるものではないが、こうした行為によって、事業者の示した価格で販売するように圧力をかけていることとなっている場合には、再販売価格の拘束として問題となる。

　なお、従前は「c　次のような行為を行い、これによってメーカーの示した価格で販売するようにさせている場合」という項目の下に(a)から(d)として行為類型を記載するという構造になっていたが、平成29年の改正により、分かりやすさの観点からそれぞれの行為類型ごとに書き下し、cからfとして並列的に記載する形となった。

ア　販売価格の報告徴収、店頭でのパトロール、派遣店員による価格監視、帳簿等の書類閲覧等の行為（cの場合）

　自己の商品が小売段階等において、いくらで販売されているかは、事業者がマーケティングを行っていく上で重要な要素と考えられ、事業者が単にその状況について調査すること自体が再販売価格の拘束として問題となるものではない。そうした調査のために流通業者からデータを集めること自体も問題とはならない（ガイドライン第1部第1の3「流通調査」）。

　しかし、そのような調査を、流通業者に、事業者の要請を遵守しているかどうかのチェックとして受け取られるような形で行う場合には、流通業者に対する圧力となり、再販売価格の拘束として問題となる。

イ　秘密番号、安売りルートの解明（dの場合）

　商品に番号を付すことも、それ自体が独占禁止法上問題となるものではない。欠陥品が発生した場合などに、その商品が、いつ、どこで、どのように製造されたのかを知るために、製造番号が必要な場合もあろう。また、デザイン上の都合から、商品の見えにくいところに番号を付すことも考えられる。

問題となるのは、そのような製品番号から、安売りされた商品はどの卸売業者から販売されたのか、その後どのようなルートで流れたのかを調査し、その流通ルートを断とうとすることである。

参考事例

　次に紹介する事例は、前記ア及びイの問題が現れたものと考えられる。

○　日産化学工業株式会社に対する件（平成18年5月22日排除措置命令、平成18年（措）第4号）

　本件では、日産化学工業が、「ラウンドアップハイロード」の商標を付した茎葉処理除草剤の販売に関し、自ら又は取引先卸売業者を通じて、ホームセンターに対し、次の①及び②の行為により希望小売価格で販売するようにさせている行為が、当時の一般指定12項第1号及び第2号（再販売価格の拘束）（現在の独占禁止法第2条第9項第4号イ及びロ）に該当し、独占禁止法第19条

[図表1-16]　日産化学工業株式会社に対する件

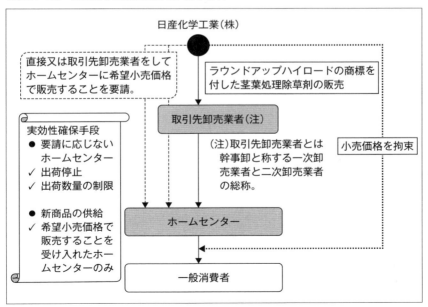

2　再販売価格の拘束　89

に違反するとされた。
① 要請に応じないときは出荷を停止することを示唆して、同社が定めた希望小売価格で販売するよう要請し、この要請に応じないホームセンターに対し、自ら又は取引先卸売業者を通じて、出荷を停止又はその数量を制限する。
② 新規に「ラウンドアップハイロード」の商標を付した5リットル入りボトル又は500ミリリットル入りボトル3本パックを供給するに当たり、希望小売価格で販売することを取引条件として提示し、これを受け入れたホームセンターに対し当該除草剤を供給する。

排除措置命令においては、日産化学工業が、自ら又は取引先卸売業者を通じて、ラウンドアップハイロードの小売価格を把握するとともに、ホームセンターが同製品を希望小売価格を下回る価格で販売している場合には、同品のボトルに付されたロット番号を利用するなどしてホームセンターに供給する取引先卸売業者を調査していたことや、ロット番号を調査することなどにより希望小売価格を下回る価格で販売するホームセンターに同製品を出荷していた二次卸売業者を突き止めて、他の取引先卸売業者をして、当該二次卸売業者の出荷を停止させ、これにより当該二次卸売業者に同製品を当該ホームセンターへ出荷させないようにしたことが認定されている。

ウ 安売り商品の買上げ等（ｅの場合）
ここでも、事業者が自社商品を試買すること自体を問題としているものではない。

しかし、事業者が、店頭などで安売りされている自社商品を大量に買い占める場合には、当該事業者による何らかの強い意思表示と受け取られるおそれがあり、安売りをする旨の広告を信じて買いに来た消費者にとっては「おとり広告ではないか。」との不満を与えることともなり、安売りを行っていた流通業者の営業を妨害することにもなりかねない。

また、事業者は買い取った商品を、その流通業者の仕入先である卸売業者に買い取らせたり、買上げ費用を払うよう請求する場合がある。こうした行為は、当該事業者が卸売業者に対し、安売りを行う者に売るなと指示することになるものであり、再販売価格の拘束として問題となる。例えば、卸売業

者に買い取らせるときに、事業者が定めた希望小売価格で引き取れというように、明らかに当該卸売業者に不利益を与えることとなる場合もあるが、買い取った商品を買い取らせること自体、当該事業者の「安売りは許さない。」という強い意思表示となると考えられる。

エ　安売りについてのその他の流通業者の苦情の取次ぎ（ｆの場合）
　例えば、取引先流通業者に対し、その流通業者が安売りをしていることについて、「近所の小売店が大変だと言ってましたよ。」と言っただけで問題となるということではないが、安売りについての近隣の流通業者の苦情を取り次ぐことが、個別の取引においてどのような意味合いを持っているかが問題となる。このような行為によって、安売りを行っていた流通業者に圧力をかけ、事業者の示した価格で販売するようにさせている場合には再販売価格の拘束として問題となる。

参考事例
　前記ウ及びエで述べた場合に関連する比較的最近の事例としては、以下を挙げることができる。

○　ハマナカ株式会社に対する件（平成23年4月22日東京高裁判決、平成22年（行ケ）第12号）
　本件では、ハマナカが、小売業者に対し、その販売するハマナカ毛糸の値引き限度価格を定めてこれを維持させるという拘束の条件を付けてハマナカ毛糸を供給し、また、卸売業者に対し当該卸売業者をして小売業者に値引き限度価格を維持させるという拘束の条件を付けてハマナカ毛糸を供給している行為が、当時の一般指定12項第1号及び第2号（再販売価格の拘束）（現在の独占禁止法第2条第9項第4号イ及びロ）に該当し、独占禁止法第19条に違反するとされた。
　判決では、同社が、
① 　値引き限度価格以上の販売するようにとの申入れに従わない小売業者の店頭からハマナカ毛糸を全て買い上げたりしたこと
② 　当該小売業者にハマナカ毛糸を出荷している二次卸売業者の仕入先で

[図表1-17] ハマナカ株式会社に対する件

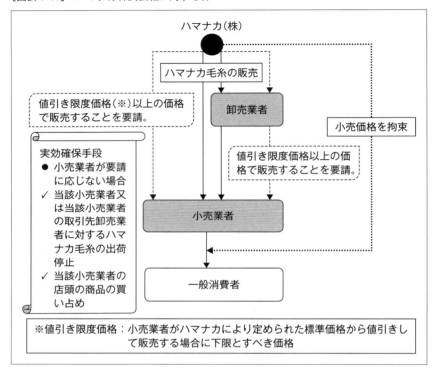

　　ある一次卸売業者に対して当該二次卸売業者に対するハマナカ毛糸の出荷を停止させたこと
③　値引き限度価格を維持させるとの方針に従った小売事業者から、インターネットを利用した方法によりハマナカ毛糸が値引き限度価格を下回る価格で販売されていることについて是正すべきであるとの苦情がハマナカに寄せられ、これを受けて、同社が、各社の販売価格を調査し、値引き限度価格を下回るインターネット小売業者を中心に少なくとも15社のインターネット小売業者に対し、値引き限度価格以上の価格での販売を申し入れ、この申入れを受けた小売業者は、概ねこれに応じて小売価格を引き上げたこと

などが認定されている。

(4) 手段自体の違法性

> (4) 再販売価格の拘束の手段として、取引拒絶やリベートの供与等についての差別取扱いが行われる場合には、その行為自体も不公正な取引方法に該当し、違法となる（一般指定 2 項（その他の取引拒絶）又は 4 項（取引条件等の差別取扱い））。

【解説】

再販売価格の拘束自体が違反行為として問題となることから実質的には重要な問題ではないが、再販売価格の拘束の手段として、取引拒絶やリベートの供与等についての差別取扱いが行われる場合には、その行為自体も不公正な取引方法に該当し違法となる（一般指定 2 項（その他の取引拒絶）又は 4 項（取引条件等の差別取扱い））。

(5) 事業者が流通業者に対し示す価格

> (5) 上記(3)において、事業者が流通業者に対し示す価格には、確定した価格のほか、例えば次のような価格も含まれる。
> a 希望小売価格の○％引き以内の価格
> b 一定の範囲内の価格（□円以上△円以下）
> c 事業者の事前の承認を得た価格
> d 近隣店の価格を下回らない価格
> e 一定の価格を下回って販売した場合には警告を行うなどにより、事業者が流通業者に対し暗に下限として示す価格

【解説】

事業者が流通業者に対し示す価格としては、「1,000 円」といった確定した価格のほか、例えば、

① 「希望小売価格の 20％引き以内の価格」
② 「800 円以上の価格」
③ 「800 円以下で販売する場合には○○の事前の承認が必要」というように、事業者の事前の承認を得た価格
④ 「近隣店の価格を下回らない価格」
⑤ 800 円以下で販売した場合には事業者からクレームが来る、これを繰

り返すようであれば出荷停止がなされるというような形で、事業者が流通業者に対し暗に下限として示す価格

も含まれる。

(6) 間接の取引先事業者に対する再販売価格の拘束

> (6) 上記(3)、(4)及び(5)の考え方は、事業者が直接の取引先事業者に（例えばメーカーが卸売業者に）対して行う場合のみならず、事業者が間接の取引先事業者に（例えばメーカーが小売業者や二次卸等に）対し、直接の取引先事業者を通じて、あるいは自ら直接に、その販売価格を拘束する場合にも当てはまる（独占禁止法第2条第9項第4号、一般指定2項又は4項）。

解説

　流通・取引慣行ガイドラインでは、基本的には、事業者が直接の取引先事業者に対して行う再販売価格の拘束を念頭に置いて考え方を述べているが、間接の取引先に対して再販売価格を拘束する場合にも当てはまるので、ここではその旨を明らかにしている。

　例えば、メーカーの商品が、卸売業者やメーカーの販売会社を通じて小売業者に販売される場合に、こうした卸売業者やメーカーの販売会社を通じて、間接の取引先である小売業者の販売価格を拘束したり、あるいは自ら、当該小売業者との間で契約したり、小売業者に対するリベートを用いてその販売価格を拘束することも、不公正な取引方法に該当し違法となる（独占禁止法第2条第9項第4号、一般指定2項（その他の取引拒絶）又は4項（取引条件等の差別的取扱い））。

　なお、平成29年のガイドライン改正により、それまでメーカー、小売業者及び二次卸としていた文言を事業者・取引先事業者として一般化するとともに、従来の具体的な文言は括弧内に「例えば」として記載している。

(7) 再販売価格の拘束として違法とならない場合

> (7) なお、次のような場合であって、事業者の直接の取引先事業者が単な

る取次ぎとして機能しており、実質的にみて当該事業者が販売していると認められる場合には、当該事業者が当該取引先事業者に対して価格を指示しても、通常、違法とはならない。

① 委託販売の場合であって、受託者は、受託商品の保管、代金回収等についての善良な管理者としての注意義務の範囲を超えて商品が滅失・毀損した場合や商品が売れ残った場合の危険負担を負うことはないなど、当該取引が委託者の危険負担と計算において行われている場合

② メーカーと小売業者（又はユーザー）との間で直接価格について交渉し、納入価格が決定される取引において、卸売業者に対し、その価格で当該小売業者（又はユーザー）に納入するよう指示する場合であって、当該卸売業者が物流及び代金回収の責任を負い、その履行に対する手数料分を受け取ることとなっている場合など、実質的にみて当該メーカーが販売していると認められる場合

（具体例）

① インターネットを用いた音楽配信業務において、コンテンツプロバイダーA社が、ポータルサイトを運営するプラットフォーム事業者B社との間で、A社が指示する価格で音楽配信することを定めた委託販売契約を締結することは、A社がB社に対し、A社の提供する楽曲のB社のサーバーへのアップロード及び代金徴収業務のみを委託するものであり、実質的にはA社が自らの保有する楽曲を利用者に直接提供するものと認められ、直ちに独占禁止法上問題となるものではない。（平成16年度相談事例集「3　音楽配信サービスにおけるコンテンツプロバイダーによる価格の指定」）

② 産業用部品AのメーカーであるX社が、同社のユーザーであるZ社との間で、産業用部品Aの販売価格を取り決め、X社の代理店であるY社に対し、当該価格でZ社に納入するよう指示すること（具体的には、Y社にZ社向け産業用部品Aの物流、代金回収及び在庫保管の責任を負ってもらうこととし、その履行に対する手数料は、Y社のZ社への納入価格とY社のX社からの購入価格との差額とする。）は、Y社は物流、代金回収及び在庫保管の責任を負うが、Y社が負う在庫管理に伴う危険負担は極めて低いと考えられることから、実質的にみてX社がZ社へ直接販売していると認められる。ま

た、X社が指示するのはY社がZ社に納入する価格のみであり、Y社がZ社以外のユーザーに販売する際の価格や、Y社以外の代理店が販売する際の価格を指示するものではないことから、X社の産業用部品Aについての価格競争に与える影響はほとんどないと考えられる。したがって、独占禁止法上問題となるものではない。(平成21年度相談事例集「2　代理店の再販売価格の拘束」)

[解説]
1　再販売価格の拘束として違法とならない場合
　後記**2**及び**3**のような取引においては、外見上、AがBに販売し、BがCに再販売する形あるいはこれと類似した形になっているが、Bは単なる取次ぎとして機能しており、実質的にはAがCに販売していると認められる場合があり、このような場合には、AがBに販売価格を指示しても、通常、違法とはならない。

2　所有権が委託者に留保された委託販売（受託者は商品が第三者に販売された時点で販売代金を委託者に引き渡す義務が生じる）であって、委託者の危険負担と計算によって取引が行われている場合（第1の2⑺①の場合）
　ガイドラインは、再販売価格の拘束として違法とならない場合の1つめの例示として、
　(a)　商品が受託者Bに引き渡されても所有権は委託者Aに留保され、したがってBに代金支払義務がなく、商品が第三者Cに販売された時点で販売代金を委託者Aに引き渡す義務が受託者Bに発生する委託販売の場合であって、
　(b)　Bは、受託商品の保管、代金回収等についての善良な管理者としての注意義務の範囲を超えて商品が滅失・毀損した場合や商品が売れ残った場合の危険負担を負うことはないなど、Aの危険負担と計算において取引が行われている場合
を挙げている。商品が第三者Cに販売された時点で、AがBに販売し、BがCに再販売したという形で伝票上処理する場合も、実質的に①の場合に当たれば、これと同様に判断される。

また、前記(b)の「善良な管理者としての注意義務」については、その範囲内の義務であればBに負わせていても、「Aの危険負担と計算において取引が行われている」と認められるとの趣旨である。Bが商品の物流、保管を行うことは要件となっていない。

3　メーカーと小売業者（又はユーザー）との間で直接交渉し、納入価格が決定される取引において、卸売業者に対し、その価格で当該小売業者（又はユーザー）に納入させる場合（第1の2(7)②の場合）

　ガイドラインは、再販売価格の拘束として違法とならない場合の2つめの例示として、

(a)　メーカーと小売業者（又はユーザー）との間で直接交渉し、納入価格が決定される取引において、

(b)　卸売業者に対し、その価格で当該小売業者（又はユーザー）に納入させる場合

を挙げている。

　これは、大規模な小売業者が、従来の卸売業者との間の価格交渉では満足せず、あるいは全国的な店舗網を背景に本社で一括仕入れをするため、メーカーと直接交渉するようになり、卸売業者はその取引においては、主として物流や個々の顧客要求への対応、決済業務を担当する場合や、また、同様に大口のユーザーがより有利な価格での購入を希望して、メーカーとの間で価格交渉し、実際の納入は地元の卸売業者に対応してもらうような場合を念頭に置いたものである。通常は、メーカーが直接交渉するのは、比較的大きな小売業者やユーザーが中心となると考えられるが、考え方としては、相手方の大小は問題ではない。

　なお、当然のことであるが、メーカーが小売業者（又はユーザー）と直接価格交渉する場合に、卸売業者が自己の独自の計算により小売業者（又はユーザー）に対し更に安い価格で販売しようとするのを妨げることは、再販売価格の拘束として問題となる。ただし、通常は、小売業者（又はユーザー）はメーカーと直接交渉することにより、卸売業者から引き出せる価格より安く購入するようになっており、そのような場合には、それより卸売業者が独自により安く売ることはないであろう。

[図表1-18] 相談事例（音楽配信プロバイダーによる価格指定）

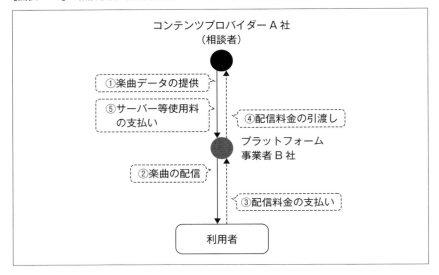

具体例

　平成29年のガイドラインの改正により、事業者の直接の取引先事業者が単なる取次ぎとして機能しており、実質的にみて当該事業者が販売していると認められる場合について、事業者の利便の観点から、次の2つの相談事例がガイドラインに盛り込まれている。

　○　平成16年度相談事例集「3　音楽配信サービスにおけるコンテンツプロバイダーによる価格の指定」

　本件は、インターネットを用いた音楽配信サービスにおいて、コンテンツプロバイダーA社が、ポータルサイトを運営するプラットフォーム事業者B社との間で、A社が指示する価格で音楽配信することを定めた委託販売契約を締結することは、直ちに独占禁止法上問題となるものではないと回答された事例である。本件においては、A社がB社に対し、A社の提供する楽曲のB社のサーバーへのアップロード及び代金徴収業務のみを委託するものであり、実質的にはA社が自らの保有する楽曲を利用者に直接提供するものと認められることがこの判断の背景にあると考えられる。

なお、ガイドライン上では、問題とならないという判断のみ引用しているが、本件相談の判断には続きがあることに注意が必要である。すなわち、例えば、プラットフォーム事業者Ｂ社が自社の音楽配信サービスへの利用者の誘因を目的として、利用者に対して、自らの計算において配信料金の一定割合をキャッシュバックし、実質的に配信価格を引き下げるサービスを提供することまでをコンテンツプロバイダーであるＡ社が禁止することは、プラットフォーム事業者間の競争を不当に阻害し、独占禁止法上問題となるおそれがあるとの考え方が示されている。確かに、Ａ社とＢ社が本件委託販売契約により、Ｂ社自らの計算による配信サービスの改善自体が妨げられるべきではないと考えられる。

○　平成21年度相談事例集「2　代理店の再販売価格の拘束」
　本件は、産業用部品メーカーが、ユーザーとの間で、産業用部品の販売価格を取り決め、代理店に対し、当該価格でユーザーに納入することは独占禁止法上問題となるものではないと回答された事例である。
　具体的には、産業用部品ＡのメーカーであるＸ社（相談者）が、同社のユーザーであるＺ社からこれまで工場ごとに行っていた価格交渉を本社が一括して行い全ての工場における購入価格を一律にしたい旨の申入れがあったことを踏まえ、①Ｘ社が、Ｚ社との間で、産業用部品Ａの販売価格を取り決め、Ｘ社の代理店であるＹ社に対し、当該価格でＺ社に納入するよう指示すること、②Ｙ社にＺ社向け産業用部品Ａの物流、代金回収及び在庫保管の責任を負ってもらうこととし、その履行に対する手数料は、Ｙ社のＺ社への納入価格とＹ社のＸ社からの購入価格との差額とすることを検討しているとして、相談があったものである。相談に際して、Ｘ社は、③取引変更後は、Ｙ社はＺ社の納入指示を受けてからＸ社に産業用部品Ａを発注し、それをＺ社に納入するようになり、Ｙ社は、Ｚ社からの急な納入指示に備えて少量のＺ社向けの在庫をもっていれば足りるため、Ｙ社が負う在庫保管に伴う危険負担は極めて低くなる、④Ｘ社が指示するのはＹ社が納入するＺ社に納入する価格のみであると主張していた。
　回答においては、以下の点を踏まえ、Ｘ社のＹ社に対する指示は、再販売価格の拘束に該当せず、独占禁止法上問題ないとされた。

[図表 1-19] 相談事例（代理店の販売価格の拘束）

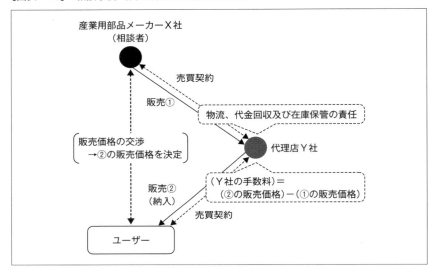

- X社はZ社との間であらかじめ取り決めた価格で納入するようY社に指示すること、Y社は物流、代金回収及び在庫保管の責任を負うが、Y社が負う危険負担は極めて低いと考えられることから、実質的にみてX社がZ社に販売していると認められる。
- また、X社が指示するのはY社がZ社に納入する際の価格のみであり、Y社がZ社以外のユーザーに販売する際の価格や、Y社以外の代理店が販売する際の価格を指示するものではないことから、X社の産業用部品Aについての価格競争に与える影響はほとんどない。

参考事例

これらガイドラインに盛り込まれている事例のほかにも、平成29年のガイドライン改正後に公表された次の事例が参考になる。

○ 平成28年度相談事例集「1　メーカーによる小売業者への販売価格の指示」
　本件は、家電メーカーが、商品売れ残りのリスク等を自ら負うことを前提として、小売業者に対して家電製品の販売価格を指示することについて、独

占禁止法上問題となるものではないと回答された事例である。

　家電メーカーであるＸ社（相談者）は、自社ブランドの家電製品Ａを小売業者を通じて消費者に販売している。家電製品Ａは高価であり売上げの予測はつきにくいことから、小売業者は売れ残りのリスク等を懸念してその仕入れに消極的である。他方、Ｘ社は、家電製品Ａは実物を手に取り試すことで初めてその品質・価値が消費者に伝わる商品であり、それを実現する販売方法を小売業者を通じて行うことで販売促進に資すると考えており、自ら理想とする販売方法を実現するため、自社が販売主体となる委託販売を検討している。しかし、小売業者は、委託販売の場合には、商品販売による小売業者の売上げが販売手数料のみとなることが一般的であることから、商品販売代金が全て小売業者の売上げとなる通常の買取り販売の場合と比べその売上高が大きく目減りすることを懸念し、契約締結に消極的である。

　そこで、Ｘ社は、概要次のような契約を締結することを検討しているとして、このような取組みが独占禁止法上問題ないか照会したものである。

①　Ｘ社は、家電製品Ａの販売業務を小売業者に委託し、小売業者はこれを受託する。

②　小売業者の店舗への家電製品Ａの納入・補充は、Ｘ社と小売業者との個別に売買契約を成立させることにより行う。

③　前記②により、小売業者は、自ら所有する家電製品Ａを消費者に対して販売することになるところ、これに伴うリスクは、次のとおり分担する。

・　商品の売れ残りリスクについて、小売業者は、家電製品Ａの納入代金の支払日以降、自らの判断でいつでも返品できることとする。Ｘ社は、小売業者から返品を受けた場合には、これに応じることとし、納入代金に相当する金額を当該小売業者に支払う。

・　在庫管理リスクについて、Ｘ社は、小売業者の責に帰すべき事由によるものを除き、商品の滅失・棄損その他の損害を負担することとし、小売業者は、善良な管理者としての注意義務の範囲内で責任を負う。

・　消費者への商品販売に係る代金回収のリスクについては、小売業者が負う。

[図表1-20] 相談事例（メーカーによる小売業者への販売価格の指示）

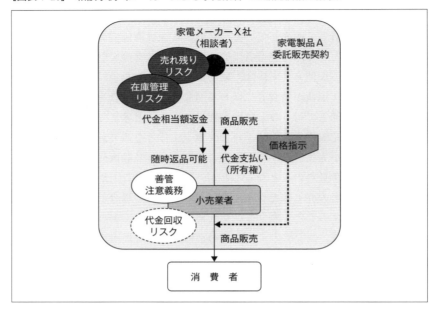

④ 小売業者が消費者に販売する家電製品Aの価格は、X社が指示する。

委託販売といってもその契約内容には様々なものがあり得るが、本件契約は、委託販売の対象となる家電製品Aの小売業者への供給が売買契約により行われる点に特徴がある。

一般に、小売業者がメーカーから製品を買取りにより仕入れれば、メーカーに対し代金支払義務を負うとともに当該製品の所有権を有することとなる。通常であれば、このような状況で当該メーカーが当該小売業者にその小売価格を指示することは委託契約との名目があるとしても、ガイドラインが示すとおり、原則として違法との考え方がとられることになる。

しかし、本件契約については、前記③から、小売業者が所有権者として通常負うこととなるリスクについて、実質的にX社が負っていると判断され、「メーカーの直接の取引先が単なる取次ぎとして機能しており、実質的にみてメーカーが販売していると認められる場合には、……通常、違反とならない」との考え方に該当するとされた。また、この判断の前提としては、本件

契約に伴いX社に想定されるリスクを全て負うだけの実行能力が十分にあるとの判断があったものと考えられる。

3 流通調査

> 3 流通調査
> 　事業者が単に自社の商品を取り扱う流通業者の実際の販売価格、販売先等の調査（「流通調査」）を行うことは、当該事業者の示した価格で販売しない場合に当該流通業者に対して出荷停止等の経済上の不利益を課す、又は課す旨を通知・示唆する等の流通業者の販売価格に関する制限を伴うものでない限り、通常、問題とはならない。

解説

1 流通調査

「流通調査」の項目は、平成27年の流通・取引慣行ガイドライン改正により追加された。ガイドラインでは「流通調査」を「事業者が単に自社の商品を取り扱う流通業者の実際の販売価格、販売先等の調査」と定義し、その考え方を明確化している。流通調査そのものは、垂直的制限行為でもなく、それ自体は競争を制限するような行為ではないことは明らかであるが、「規制改革実施計画」（平成26年6月24日閣議決定）において、事業者が単に実際の流通価格や販売先等を調査することは独占禁止法に違反しないことについて、明確化することとされていたことなどを踏まえ、再販売価格維持行為の項目の最後に追加されたものである。

具体的には、事業者が単に流通調査を行うことは、「当該事業者の示した価格で販売しない場合に当該流通業者に対して出荷停止等の経済上の不利益を課す、又は課す旨を通知・示唆する等の流通業者の販売価格に関する制限を伴うものでない限り、通常、問題とはならない」としている。

参考事例
　メーカーによる小売業者の販売価格等の調査については、次の事例が参考になる。

○ 平成25年度相談事例集「1 玩具メーカーによる小売業者の販売価格調査」

　本件は、市場における有力な玩具メーカーが、商品開発及び営業戦略の参考とするため、店舗販売業者の過去1年間の販売価格及び陳列方法を卸売業者を通じて報告させることについて、独占禁止法上問題となるものではないと回答された事例である。

　本件相談において、玩具メーカーX社（相談者）は、玩具Aの新商品を定期的に販売しており、新商品の開発や営業戦略の参考にするため、小売業者における過去1年間の玩具Aに関する種類別の販売価格及び陳列方法についての調査を検討しているところ、インターネット販売業者の販売価格はホームページ等から自ら確認することは可能であるが、店舗販売業者の販売価格及び陳列方法について自社のみで店舗調査をすることは不可能であることから、卸売業者を通じて確認したいと説明していた。また、玩具AはX社により希望小売価格を設定しているが、小売業者に対し希望小売価格で販売するようにさせることはないと説明していた。

［図表1-21］　相談事例（玩具メーカーによる小売業者の販売価格調査）

回答においては、X社が、メーカー希望小売価格を設定している商品の店舗販売業者の過去1年間の販売価格及び陳列方法の調査を行うこと自体が、小売業者に対し、メーカー希望小売価格で販売するようにさせるものではなく、独占禁止法上問題となるものではないとの判断が示されている。

2　注意すべき点

　他方、流通調査を、流通業者に、事業者の販売価格に関する要請を遵守しているかどうかのチェックとして受け取られるような形で行う場合には、流通業者に対する圧力となり、再販売価格の拘束として問題となることに注意が必要である。無論、自己の商品が小売段階等において、いくらで販売されているかは、事業者がマーケティングを行っていく上で重要な要素と考えられ、事業者が単にその状況について調査すること自体は否定されるものではない。しかし、こうした調査を行う際には、調査の対象となる流通業者等に対しその価格設定について圧力がかけられていると受け取られないように進めることが重要である。

第2 非価格制限行為

1 考え方

> 第2 非価格制限行為
> 1 考え方
> (1) 事業者の非価格制限行為は、前記第1部の3のとおり、その行為類型及び個別具体的なケースごとに市場の競争に与える影響をみて、違法となるか否かが判断される。以下では、主な行為類型ごとにその適法・違法性判断基準の考え方等を示す。
> (2) 事業者が非価格制限行為を行っているかどうかについては、前記第1の2で述べた再販売価格についての拘束と同様、事業者が取引先事業者に対し契約等で制限している場合だけでなく、事業者の要請に従わない取引先事業者に対し経済上の不利益を課すなど何らかの人為的手段を用いることによって制限の実効性が確保されている場合にも、制限行為が行われていると判断される。

解説

1 非価格制限行為

事業者の非価格制限行為は、流通・取引慣行ガイドライン第1部の3(2)で述べられているとおり、その行為類型及び個別具体的なケースごとに市場の競争に与える影響をみて、違法となるか否かが判断される。ガイドライン第1部第2においては、自己の競争者との取引等の制限、販売地域に関する制限、流通業者の取引先に関する制限、選択的流通、小売業者の販売方法に関する制限及び抱き合わせ販売について、その適法・違法性判断基準の考え方等を示している。

2 制限の有無についての判断

　事業者が非価格制限行為を行っているかどうかについては、既に述べた「再販売価格の拘束」と同様、事業者の何らかの人為的手段によって、取引先事業者に対し、一定の行為をするようにさせている、又はしないようにさせているかどうかで判断され、具体的には次の2つの形態に分けられる。

　① 合意による場合

　　　文書によるか口頭によるかを問わず、事業者と取引先事業者との合意によって、取引先事業者に対し、一定の行為をするようにさせている、又はしないようにさせている場合。

　② 人為的手段による場合

　　　事業者の要請に応じない場合に経済上の不利益を課し、又は課すことを示唆する等、何らかの人為的手段を用いることによって、取引先事業者に対し、一定の行為をするようにさせている、又はしないようにさせている場合。

　①及び②のさらに具体的な態様については、「再販売価格の拘束」において述べた例示（第1の2(3)）が同様に当てはまる。

3 米国・EUの規制状況

❶ 米国

　米国においては、垂直的制限行為は、事業者間の共同行為として、シャーマン法第1条（取引制限の禁止）の規制対象となる。ガイドライン第1部第2で取り上げているような非価格制限行為も同条の規制対象となる。また、行為の内容等によっては、クレイトン法第3条（不当な排他条件付取引の禁止）や連邦取引委員会法（FTC法）第5条（不公正な競争方法）によっても規制される。このほか、独占力を有する事業者によりこうした行為が行われる場合にはシャーマン法第2条（独占化行為の禁止）の適用があり得る。

　米国では、競争者との取引や競争品の取扱いを制限する行為、販売地域や取引先を制限する行為などの違法性の評価は、「合理の原則」によることが判例上確立している。こうした行為の違法性については、事案ごとに、行為の性格、その他の要素を総合的に考慮し、違法要素と合理的要素とを比較考量した上で判断が行われる。

他方、抱き合わせ販売については、判例上「当然違法」により違法性を判断する行為類型とされる。しかし、裁判所は抱き合わせ販売が常に反競争的とは限らないという立場を採っている。「当然違法」の適用には、原告が、①2つの別々の商品・役務が抱き合わされていること、②ある商品（主たる商品）の購買は抱き合わされる商品（従たる商品）の追加購入が条件とされていることといった行為要件を満たすことを立証するのみならず、③抱き合わせ販売の行為者が主たる商品の市場において十分な市場支配力を有すること、④抱き合わせ販売により従たる商品の市場の少なからぬ取引が影響を受けることを立証することが必要とされており、事実上、抱き合わせ販売の効果を踏まえて違法性が判断されているといえる。下級審の判決の中には従たる市場における反競争効果を立証することが必要とするものもあるとされている。

❷ EU

EUにおいては、垂直的制限行為は、事業者間の垂直的協定として、EU機能条約第101条第1項（競争制限的協定等の禁止）の適用対象とされる。EUの垂直的制限ガイドラインは、流通・取引慣行ガイドラインで取り上げられているようなものも含め様々な非価格制限行為を取り上げているが、その違法性は、ハードコア制限と位置付けられている一部のものを除き、次のような検討を経て判断される。

① 供給者と購入者の市場シェアが一括適用免除規則上のセーフ・ハーバーを満たすかどうかを確認する（満たす場合にはEU機能条約第101条第1項の適用免除の対象となり違法とならない。）。

② 供給者又は購入者の市場シェアがセーフ・ハーバーを超えた場合には、協定の性質や当事者の市場における地位等様々な考慮要素を踏まえ、競争への影響を検討し、協定がEU機能条約第101条第1項に該当するか（反競争性を有するか）否か判断する。

③ 協定がEU機能条約第101条第1項に該当する場合、事業者側からの立証を受けて、同条第3項の下で適用免除の条件（(i)商品の生産・販売の改善又は技術的・経済的進歩の促進に役立つこと、(ii)消費者に対しその結果として生ずる利益の公平な分配を行うことものであること、(iii)(i)及び(ii)の目的達成のために必要不可欠でない制限を参加事業者に課すものではないこと、

(iv)参加事業者に競争を排除する可能性を与えないこと)を充足するか否かを判断する。

　他方、排他的な地域又は排他的顧客グループへの受動的販売の制限は、一部の例外を除き、再販売価格維持行為と同様、ハードコア制限とされ、EU機能条約第101条第1項該当性が推定されるなど厳しく規制されている。ただし、協定の当事者である事業者側から、同条第3項に規定された全ての要件を満たすことを立証し、欧州委員会により要件の充足が認められる場合には、同条第1項の禁止規定の適用が個別に免除され得る。選択的流通の参加者に対する能動的又は受動的な販売の制限、選択的流通参加者間の相互供給の制限、部品製造業者に対する、消費者又は独立系修理業者への部品供給の制限も、また、ハードコア制限と位置付けられている。

　なお、市場支配的地位を有する事業者によって、排他的な取引、抱き合わせ等の行為が行われた場合には、EU機能条約第102条(市場支配的地位の濫用の禁止)の適用があり得る。

2　自己の競争者との取引等の制限

(1)　取引先事業者に対する自己の競争者との取引や競争品の取扱いに関する制限

　ア　競争への影響

> 2　自己の競争者との取引等の制限
> (1)　取引先事業者に対する自己の競争者との取引や競争品の取扱いに関する制限
> 　ア　事業者は、例えば、マーケティングの一環として、取引先事業者に対し、自己の競争者との取引等の制限を行うことがあり、これらについては経営上の利点も指摘される。しかし、このような制限を行う事業者の市場における地位等によっては、このような制限が、既存の競争者の事業活動を阻害したり、参入障壁を高めたりするような状況をもたらす可能性がある。

[解説]

　事業者は、例えば、マーケティングの一環として、取引先事業者に対し、自己の競争者との取引や競争品の取扱いを制限することがある。事業者は、

こうした制限により、取引先事業者に、自己の商品の販売に専念させることができるほか、各種の販売支援策を講じやすくなる。なぜなら、取引先事業者の販売促進活動が自己の商品の売上げ増ではなく自己の競争者の商品の売上げ増につながるような状況、すなわち自己の競争者が流通業者の販売促進活動にただ乗りする状況を気にする必要がなくなるためである。したがって、事業者が取引先事業者に対し競争者との取引や競争品の取扱いを制限することは、自己の販売力を強化につながるなど経営上の利点が考えられ、また、事業者間の競争（ブランド間競争）にとってプラスとなる場合が考えられる。
　しかし、このような制限を行う事業者の市場における地位等によっては、既存の競争者の事業活動を阻害したり、参入障壁を高めたりするような状況をもたらす可能性がある。

　イ　独占禁止法上問題となる場合

> 　イ　市場における有力な事業者が、例えば次のように、取引先事業者に対し自己又は自己と密接な関係にある事業者（注6）の競争者と取引しないよう拘束する条件を付けて取引する行為、取引先事業者に自己又は自己と密接な関係にある事業者の競争者との取引を拒絶させる行為、取引先事業者に対し自己又は自己と密接な関係にある事業者の商品と競争関係にある商品（以下「競争品」という。）の取扱いを制限するよう拘束する条件を付けて取引する行為を行うことにより、市場閉鎖効果が生じる場合には、当該行為は不公正な取引方法に該当し、違法となる（一般指定2項（その他の取引拒絶）、11項（排他条件付取引）又は12項（拘束条件付取引））。
> 　なお、「市場閉鎖効果が生じる場合」に当たるかどうかについては、前記第1部の3(1)及び(2)アにおいて述べた考え方に基づき判断される。例えば、このような制限を行う事業者の商品が強いブランド力を有している場合や競争者の供給余力が総じて小さい場合には、そうでない場合と比較して、取引先事業者にとって当該事業者から商品の供給を受けることがより重要となり、当該制限の実効性が高まることから、市場閉鎖効果が生じる可能性が高くなる。また、制限の期間が長期間にわたるほど、制限の相手方の数が多いほど、競争者にとって制限の相手方との取引が重要であるほど、そうでない場合と比較して、市場閉鎖効果が生じる可能性が高くなる。複数の事業者がそれぞれ並行的

にこのような制限を行う場合には、一事業者のみが制限を行う場合と比べ市場全体として市場閉鎖効果が生じる可能性が高くなる。

① 市場における有力な原材料メーカーが、完成品メーカーに対し、自己以外の原材料メーカーと取引する場合には原材料の供給を打ち切る旨通知し、又は示唆して、自己以外の原材料メーカーとは取引しないよう要請すること（一般指定 11 項）
② 市場における有力な完成品メーカーが、有力な部品メーカーに対し、自己の競争者である完成品メーカーには部品を販売せず、又は部品の販売を制限するよう要請し、その旨の同意を取り付けること（一般指定 11 項又は 12 項）
③ 市場における有力なメーカーが、流通業者に対し、取引の条件として自社商品のみの取扱いを義務付けること（一般指定 11 項）
④ 市場における有力なメーカーが、流通業者に対し、競争品である輸入品など特定の商品又は特定事業者の商品の取扱いを制限する条件を付けて取引すること（一般指定 12 項）
⑤ 市場における有力なメーカーが、取引の条件として流通業者の取扱能力の限度に近い販売数量の義務付けを行うことによって、競争品の取扱いを制限すること（一般指定 12 項）
⑥ 市場における有力なメーカーが、流通業者に対し、新規参入しようとする特定のメーカーからの取引の申込みに応じないようにさせること（一般指定 2 項）

(注 6)　「自己と密接な関係にある事業者」とは、自己と共通の利害関係を有する事業者をいい、これに該当するか否かは、株式所有関係、役員兼任・派遣関係、同一のいわゆる企業集団に属しているか否か、取引関係、融資関係等を総合的に考慮して個別具体的に判断される。以下において同じ。

解説
1　自己の競争者との取引や競争品の取扱いに関する制限
ガイドラインは、市場における有力な事業者が、
① 取引先事業者に対し自己又は自己と密接な関係にある事業者の競争者との取引をしないよう拘束する条件を付けて取引する行為（排他条件付

取引・拘束条件付取引）
② 取引先事業者に対し自己又は自己と密接な関係にある事業者の競争者との取引を拒絶させる行為（単独の間接取引拒絶）
③ 取引先事業者に対し自己又は自己と密接な関係にある事業者の商品と競争関係にある商品（競争品）の取扱いを制限するよう拘束する条件を付けて取引する行為（排他条件付取引・拘束条件付取引）

を行うことにより、市場閉鎖効果が生じる場合には、不公正な取引方法に該当し、独占禁止法第19条の規定に違反するとしている。

　ここで、「市場における有力な事業者」と認められるかどうかについては、ガイドライン第1部の3(4)に記載のとおり、市場におけるシェアが20%を超えることが目安となる。行為の主体が「市場における有力な事業者」とされているのは、前記①～③の行為を行う事業者の市場シェアが20%以下であれば、このような行為を行っても、通常、既存の競争者の事業活動を阻害したり、参入障壁を高めたりするような状況をもたらすことはなく、市場閉鎖効果が生じる場合に当たることはないと考えられるためである。

2　条件性

　前記**1**の①～③のような行為の制限類型である排他条件付取引や拘束条件付取引は、取引先事業者の自己（又は自己と密接な関係にある事業者）の競争者との取引に対する拘束が取引の条件となっているものである。

　自己の競争者と取引しないこと（排他条件付取引）や競争品の取扱いを制限すること（排他条件付取引又は拘束条件付取引）等は、契約等で取り決められている場合だけでなく、何らかの人為的手段によりその実効性が確保されている場合にも、それらの拘束が取引の条件となっていると認められる。契約等で取り決められている場合とは、自己の競争者と取引しないこと等について、文書によるか口頭によるかを問わず、取引先事業者との間で合意している場合をいう。何らかの人為的な手段によってその実効性が確保されている場合には、取引先事業者に対し、例えば、自己の競争者と取引をした場合に、取引を停止したり、その旨を通知又は示唆する場合、商品に付した秘密番号、帳簿の閲覧等により自己の競争者と取引しないことについて実効性を確保している場合がこれに当たる。

なお、単独の間接取引拒絶の場合には、自己の競争者と取引しないということが、取引の条件になっている必要はない。

3 市場閉鎖効果が生じる場合

市場における有力な事業者が、自己の競争者との取引や競争品の取扱いに関する制限を行うことにより、「市場閉鎖効果が生じる場合」に当たるかどうかは、ガイドライン第1部の3(1)及び(2)アで述べられた考え方に従って判断される。ガイドラインでは、幾つかの考慮事項を取り上げて、「市場閉鎖効果」が生じる可能性が高くなる場合を例示している。

❶ 制限を行う事業者のブランド力、競争者の供給余力

事業者は、一般的に、商品の品揃えをより魅力的なものとしてその販売力を強化していく上で、強いブランド力を有する商品を取り扱うことを重視すると考えられる。このため、自己の競争者との取引や競争品の取扱いに関する制限を行う事業者の商品が強いブランド力を有するほど、そうでない場合と比較して、当該事業者から商品の供給を受けることがより重要となり、当該制限の実効性が高まることから、市場閉鎖効果が生じる可能性が高くなる。

また、事業者が商品の購入先を切り替えようとしても、購入先と競争関係にある事業者の当該商品の供給余力が総じて小さい場合には、切り替えが難しくなると考えられる。このため、自己の競争者との取引や競争品の取扱いに関する制限を行う事業者の競争者の供給余力が総じて小さい場合には、そうでない場合と比較して、当該事業者から商品の供給を受けることがより重要となり、当該制限の実効性が高まることから、市場閉鎖効果が生じる可能性が高くなる。

❷ 制限の期間、制限の相手方の数・重要性

ある事業者や自己の競争者との取引や競争品の取扱いに関する制限の期間が長期間にわたるほど、一般に、その制限の影響は長期間継続することとなると考えられることから、市場閉鎖効果が生じる可能性が高まる。

さらに、これらの制限の相手方の数が多いほど、新規参入者や当該事業者の競争者は、そうでない場合と比較して、通常、代替的な取引先を確保する

ことがより困難となりやすいと考えられ、市場閉鎖効果が生じる可能性が高まる。また、制限の相手方の中に新規参入者や競争者が自己の商品を販売する上で重要な取引先が含まれる場合には、市場閉鎖効果が生じる可能性が高まる。このような場合においては、仮に制限の相手方の数自体は少ない場合であっても、当該重要な取引先と販売力等からみて同等の他の取引先を見いだすことが困難となる、あるいは、制限の対象とならない取引先の販売力を強化していく上で追加的な投資が必要になるなどのため、新規参入者や既存の競争者が排除される又はこれらの取引機会が減少するような状態をもたらすおそれが生じると考えられるためである。

❸ 複数の事業者がそれぞれ並行的に制限を行う場合

ガイドライン第1部の3(2)アは、「市場閉鎖効果が生じる場合」に当たるかどうかを判断するに当たっては、他の事業者の行動も考慮の対象となるとし、複数の事業者がそれぞれ並行的に制限を行う場合には、一事業者のみが行う場合と比べ市場閉鎖効果が生じる可能性が高くなる旨記述しているが、ここでも改めてその旨を繰り返している。例えば、複数の事業者が、それぞれの取引先に対し競争品の取扱いを禁止した結果、流通業者の大部分が当該複数の事業者の専売店となり、新規参入者や市場シェア下位の事業者が販売ルートを確保することが困難となるおそれが生じるといったことが考えられる。

4 ガイドラインが挙げる行為の例（第1の2(1)イ①～⑥）

①及び②は、原材料メーカーや部品メーカーと完成品メーカーとの間における原材料や部品の供給制限に関するものであり、①は原材料メーカー（川上メーカー）による、②は完成品メーカー（川下メーカー）による制限行為に関するものである。

①は、原材料メーカーが、完成品メーカーに対し、自己の競争者である原材料メーカーとは取引を禁止すること、②は完成品メーカーが、部品メーカーに対し、自己の競争者である完成品メーカーに部品供給の禁止や制限をさせることである。

③～⑤の例は、流通業者の競争品の取扱いに関する取引制限に関するものである。

③は、競争品の取扱いを禁止すること（競争品以外の他社商品について取扱いを制限しているかどうかは関係ない）、④は、特定の競争品の取扱いを制限することである。

⑤は、例えば、一定の種類の商品について、流通業者の取扱い能力の8割ないし9割以上を自社商品の販売に当てるよう義務付けることで、事実上、競争品の取扱いを一定程度以下に制限することである。この場合、義務付ける販売数量が大きいこと自体が問題となるのではなく、これに現実に競争品の取扱いを制限することとなるかどうかが問題になる。

⑥の例は、流通業者に対し、新規に市場に参入しようとするメーカーからの取引の申込みがあっても拒絶させるという例である。

5　自己と密接な関係にある事業者

自己と共通の利害関係を有する事業者をいい、これに該当するか否かは、株式所有関係、役員兼任・派遣関係、同一のいわゆる企業集団に属しているか否か、取引関係、融資関係等を総合的に考慮して、事案に応じて個別具体的に判断されることとなろう。

ウ　独占禁止法上正当と認められる場合

> ウ　一方、例えば、次のように、自己の競争者との取引や競争品の取扱いに関する制限について独占禁止法上正当と認められる理由がある場合には、違法とはならない。
> ①　完成品メーカーが部品メーカーに対し、原材料を支給して部品を製造させている場合に、その原材料を使用して製造した部品を自己にのみ販売させること
> ②　完成品メーカーが部品メーカーに対し、ノウハウ（産業上の技術に係るものをいい、秘密性のないものを除く。）を供与して部品を製造させている場合で、そのノウハウの秘密を保持し、又はその流用を防止するために必要であると認められるときに自己にのみ販売させること

【解説】
独占禁止法上正当と認められる理由がある場合には、取引先事業者に対す

る自己の競争者との取引の制限は違法とはならない。

　例えば、部品の製造を委託している場合に、製造を委託した数量について自己にのみ引き渡すようにさせることは当然である。この場合、原材料を支給しているときには、その原材料の流用を防止するために、自己の支給した原材料を使用して製造した部品を自己にのみ販売させることも独占禁止法上正当な理由があると認められる。また、部品の製造を委託するに当たり、ノウハウを供与している場合には、部品製造業者がそのノウハウを流用してその部品の競争品を製造し、自己の競争者に供給することを防止するために、自己の競争者からその部品の競争者の製造の委託を受けることを制限することも同法上正当な理由があると認められる。

　なお、いずれの場合も、自己の競争者との取引を制限し得るのは、製造を委託した部品と同じ部品や競争品に限られる。自己の競争者と取引することを全て制限する場合には、市場閉鎖効果が生じる場合に当たるか否かにより、適法・違法性が判断されることとなる。

　　エ　間接の取引先に対する制限

> 　　エ　上記ア、イ及びウの考え方は、事業者が直接の取引先事業者をしてその取引の相手方に（例えばメーカーが卸売業者をして小売業者に）自己の競争者との取引や競争品の取扱いに関する制限をさせる場合にも当てはまる（一般指定2項又は12項）。

　解説

　ガイドライン第1部第2の2(1)ア～ウで述べられた考え方は、事業者が直接の取引先事業者をしてその取引の相手方に自己の競争者との取引や競争品の取扱いに関する制限をさせる場合――例えば、メーカーから卸売業者、卸売業者から小売業者というように商品が販売される場合に、メーカーが卸売業者をして小売業者に自己の競争者との取引や競争品の取扱いを制限させる場合――にも当てはまる（一般指定2項（その他の取引拒絶）又は12項（拘束条件付取引））。

参考事例

　取引先事業者に対する自己の競争者との取引や競争品の取扱いに関する制限に関連する事例としては、例えば、以下の事例がある。

○　株式会社学習研究社に対する件（昭和54年12月20日同意審決、昭和53年（判）第3号）

　本件は、学習商品（児童向け学習雑誌、学習参考書等の商品）、家職商品（学習用百科事典、図鑑等の商品）及び保育用品の訪問販売において、株式会社学習研究社（学研）の多数の取引先販売業者に対する専売制が、当時の一般指定の7（現在の一般指定11項（排他条件付取引）に相当）に該当し、独占禁止法第19条に違反するとされたものである。

　審決では、大要次の事実が認定されており、学研の行為により市場閉鎖効果が生じるものと考えられる。

① 学研は、これらの商品の販売において、格段に高い販売割合を占めるとともに、極めて高い知名度を有していることから、最も有力な事業者である。

（注：審決では学研のシェアや順位は明らかにされていないが、当時の文献によれば、学習商品、家職商品等の訪問販売でシェア4割強・1位、保育用品の訪問販売でシェア3割強・1位を占めていたとされている。）

② 中小規模の訪問出版業者の販路の開拓や新設が容易でない。

③ 学研は、取引先訪問販売業者による競争者の商品の取扱いを阻止するため、取引先訪問販売業者に対し、学研の商品の販売を専業とし、書面による承諾なしに他社商品を一切取り扱わないこと及びこれに違反した場合には即時解約されても異議を申し立てないこと等を内容とする念書を大部分の販売業者に提出させるに至っている。

④ 学研は、前記③の実効を確保するため競争品を取り扱っている販売業者に対し今後は取り扱わない旨の誓約書を提出させ、場合によっては取引を全面的に禁止する措置を講じている。

[図表 1-22] 株式会社学習研究社に対する件

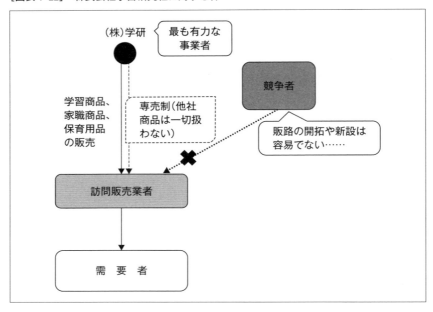

○ 大分大山町農業協同組合に対する件（平成 21 年 12 月 10 日排除措置命令（平成 21 年（措）第 24 号）
1．大分大山町農業協同組合（大山農協）は、大分県日田市等において「木の花ガルテン」と称する農産物直売所（以下「木の花ガルテン」という。）を運営し、木の花ガルテンの出荷登録者が木の花ガルテンに出荷した直売用農産物の販売を受託しているところ、日田市内において「日田天領水の里元氣の駅」と称する農産物直売所（以下「元氣の駅」という。）が営業を開始することしたことから、
① 木の花ガルテン及び元氣の駅出荷登録者（双方出荷登録者）に対し、元氣の駅に直売用農産物を出荷させないようにすること
② その手段として、双方出荷登録者に対し、元氣の駅に直売用農産物を出荷した場合には木の花ガルテンへの直売用農産物の出荷を取りやめるよう申し入れること

[図表1-23] 大分大山町農業協同組合に対する件

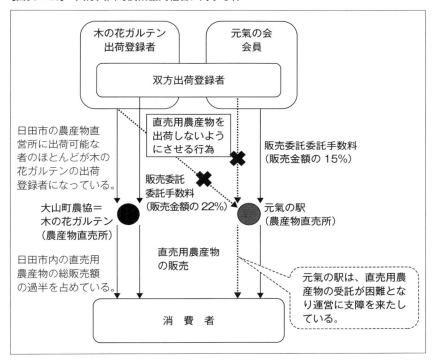

を内容とする基本方針に基づき、双方出荷登録者に対して元氣の駅に直売用農産物を出荷した場合には木の花ガルテンへの直売用農産物の出荷を取りやめるよう申し入れるとともに、木の花ガルテンの出荷登録者に対して当該基本方針を周知すること等により、木の花ガルテンの出荷登録者に対し、元氣の駅に直売用農産物を出荷しないようにさせている。

本件では、この大山農協の行為が当時の一般指定13項（現在の一般指定12項）（拘束条件付取引）に該当し、独占禁止法第19条に違反するとされた。

2．排除措置命令では、大要、以下の事実が認定されている。
　① 日田市内の既存の農産物直売所8店舗及び元氣の駅の9店舗においては、主に日田市内で生産された直売用農産物を、生産者名を明示し

た上で販売する方法が採られており、当該9店舗にとっては直売用農産物を多種類にわたってそろえることが重要となっている。このような直売用農産物の中には梅干し等の地元の特産品であって青果市場には供給されないため、当該9店舗でしか購入できないものがある。
② 木の花ガルテンは、日田市内に所在する農産物直売所で販売される直売用農産物の総販売額の過半を占め、日田市に所在する農産物直営所に出荷可能な者のほとんどが木の花ガルテンの出荷登録者になっている。
③ 多くの木の花ガルテンの出荷登録者にとって、木の花ガルテンの知名度やブランド力の高さなどから他の農産物直売所に比して集客力があること等から、重要な出荷先となっている。
④ こうした状況において、大山農協は、前記1.の行為により、出荷登録者に対し元氣の駅への出荷しないようにさせることでその事業活動を拘束し、その結果、元氣の駅はその運営に必要な量の直売用農産物の販売を確保することが困難な状態となり、近隣の青果市場を通じて直売用農産物でない農作物を仕入れざるを得なくなり、さらには大山町の特産品である梅干しを目玉商品とする催事を中止せざるを得なくなるなど、元氣の駅の運営に支障を来たしている。

このような事実認定から、大山農協の行為は、新規参入者（元氣の駅）にとって、代替的な取引先を容易に確保することができなくなり、新規参入者が排除されるような状態をもたらすおそれが生じる場合（＝市場閉鎖効果が生じる場合）に当たるといえるであろう。

3．なお、本件は、農産物の品揃えの良い農産物直売所はより魅力的であるため消費者を引き付ける一方、直売用農産物を生産する農家としても集客力の高い農産物直売所に出荷することが販売機会も多くなるためより有利であるというように、双方向に間接ネットワーク効果が働いているといえる事案である。違反の認定に当たっては、前記2.のとおり、大山農協が運営する農産物直売所（木の花ガルテン）の市場における地位については、消費者にとっての知名度・ブランド力、集客力等が考慮されている。

(2) 対抗的価格設定による競争者との取引の制限

> (2) 対抗的価格設定による競争者との取引の制限
> ア 事業者が、自社商品の価格を市場の状況に応じて引き下げることは、正に競争の現れであり、競争政策の観点から積極的に評価できよう。しかし、次のイのように競争者に対抗して価格を引き下げた場合には自己との取引を継続することを相手方に約束させることは、競争者の取引の機会を減少させるおそれがある。
> イ 市場における有力な事業者が、取引先事業者に対し、自己の競争者から取引の申込みを受けたときには必ずその内容を自己に通知し、自己が対抗的に販売価格を当該競争者の提示する価格と同一の価格又はこれよりも有利な価格に引き下げれば、当該取引先事業者は当該競争者とは取引しないこと又は自己との従来の取引数量を維持することを約束させて取引し、これによって市場閉鎖効果が生じる場合には、当該行為は不公正な取引方法に該当し、違法となる（一般指定11項又は12項）。
> なお、「市場閉鎖効果が生じる場合」に当たるかどうかについては、上記(1)「取引先事業者に対する自己の競争者との取引や競争品の取扱いに関する制限」において述べた考え方と同様である。

解説

　ガイドラインでも明記されているとおり、競争者に対抗して価格を引き下げることは、価格競争そのものであり、独占禁止法上これを問題とするものではないことはもちろん、むしろ、積極的に促進されるべきものと考える。
　したがって、ここで問題としているのも当然のことながら、価格引下げそのものではなく、価格を引き下げた場合には他と取引しないこと又は従来の取引数量を維持することを約束させることである。この行為が価格競争にとどまり、独占禁止法に抵触しないためには、価格を引き下げた時点においても相手方の取引選択の自由が確保されてなければならないが、本件では、その時点で相手方に他と取引しないこと又は従来の取引数量を維持することを義務付けているのであり、相手方の取引先選択を拘束しているものと見ることができる。したがって、市場における有力な事業者がこのような取引を広範に行うことにより市場閉鎖効果が生じる場合には不公正な取引方法（排他

条件付取引又は拘束条件付取引）として違法となる。

なお、市場閉鎖効果が生じるかどうかの考え方は、ガイドライン第1部第2の2(1)「取引先事業者に対する自己の競争者との取引や競争品の取扱いに関する制限」の場合と同様に考えられることから、ガイドラインではその旨のみ記載している。

3　販売地域に関する制限
(1)　行為類型

> 3　販売地域に関する制限
> (1)　事業者は、例えば、マーケティングの一環として、流通業者に対し、販売地域に関し次のような制限を課すことがある。
> ①　事業者が流通業者に対して、一定の地域を主たる責任地域として定め、当該地域内において、積極的な販売活動を行うことを義務付けること（主たる責任地域を設定するのみであって、下記③又は④に当たらないもの。以下「責任地域制」という。）
> ②　事業者が流通業者に対して、店舗等の販売拠点の設置場所を一定地域内に限定したり、販売拠点の設置場所を指定すること（販売拠点を制限するのみであって、下記③又は④に当たらないもの。以下「販売拠点制」という。）
> ③　事業者が流通業者に対して、一定の地域を割り当て、地域外での販売を制限すること（以下「厳格な地域制限」という。）
> ④　事業者が流通業者に対して、一定の地域を割り当て、地域外の顧客からの求めに応じた販売を制限すること（以下「地域外顧客への受動的販売の制限」という。）

解説

流通・取引慣行ガイドラインは、事業者がマーケティングの一環として流通業者に対して課する販売制限として、①責任地域制、②販売拠点制、③厳格な地域制限、④地域外顧客への受動的販売の制限の4つを取り上げている。

(2) 責任地域制及び販売拠点制

> (2) 責任地域制及び販売拠点制
> 　事業者が商品の効率的な販売拠点の構築やアフターサービス体制の確保等のため、流通業者に対して責任地域制や販売拠点制を採ることは、厳格な地域制限又は地域外顧客への受動的販売の制限に該当しない限り、通常、これによって価格維持効果が生じることはなく、違法とはならない。
> 　例えば、インターネットを利用した販売において、事業者が流通業者に対し、一定の地域や顧客を対象として、当該流通業者のウェブサイト又は第三者（プラットフォーム事業者等）のウェブサイト上に広告を掲載させたり、メールマガジンを配信させたりするなど、当該一定の地域や顧客を対象として積極的な販売活動を行うことを義務付けることは、通常違法とはならない。しかし、当該一定の地域や顧客以外の地域や顧客を対象とした販売を制限するなど、厳格な地域制限又は地域外顧客への受動的販売の制限に該当する場合には、下記(3)又は(4)において述べる考え方に基づき判断される。

解説

1 責任地域制・販売拠点制

　事業者は、商品の販売促進、効率的な販売拠点の構築、アフターサービス体制の確保等のため、流通業者に対して、一定の地域を主たる責任地域として定め、当該地域内において、積極的な販売活動を行うことを義務付けたり（責任地域制）、店舗等の販売拠点の設置場所を一定地域内に限定し、あるいは販売拠点の設置場所を指定する（販売拠点制）ことがある。

　ガイドラインは、このような責任地域制や販売拠点制を採ることは、後述する厳格な地域制限又は地域外顧客への受動的販売の制限に該当しない限り、通常、価格維持効果を生じることはなく違法とはならないとしている。

2 インターネット販売における一定の地域や顧客を対象とした販売活動

　インターネットを利用した販売においても、事業者が流通業者に対し、一定の地域や顧客を対象として積極的な販売活動を行わせるべく、当該地域又は顧客を対象に、ウェブ広告を当該流通業者のウェブサイト又は第三者（プラットフォーム事業者等）のウェブサイト上に掲載するよう求めたり、メール

マガジンを配信するよう求めたりすることがある。こうした行為は、責任地域制の一形態と考えられ、通常違法とはならない。平成29年のガイドライン改正において、オンライン取引に関する考え方の明確化の趣旨で、その旨が追記された。ただし、当該一定の地域や顧客以外の地域や顧客を対象とした販売を制限するなど、厳格な地域制限又は地域外顧客への受動的販売の制限に該当する場合には、以下それぞれにおいて述べる考え方に基づき判断されることに注意が必要である。

(3) 厳格な地域制限

> (3) 厳格な地域制限
>   市場における有力な事業者が流通業者に対し厳格な地域制限を行い、これによって価格維持効果が生じる場合には、不公正な取引方法に該当し、違法となる（一般指定12項（拘束条件付取引））（注7）。
>   なお、「価格維持効果が生じる場合」に当たるかどうかについては、前記第1部の3(1)及び(2)イにおいて述べた考え方に基づき判断される。例えば、市場が寡占的であったり、ブランドごとの製品差別化が進んでいて、ブランド間競争が十分に機能しにくい状況の下で、市場における有力な事業者によって厳格な地域制限が行われると、当該ブランドの商品を巡る価格競争が阻害され、価格維持効果が生じることとなる。また、複数の事業者がそれぞれ並行的にこのような制限を行う場合には、一事業者のみが行う場合と比べ市場全体として価格維持効果が生じる可能性が高くなる。
>
> （注7） 新商品のテスト販売や地域土産品の販売に当たり販売地域を限定する場合は、通常、これによって価格維持効果が生じることはなく、違法とはならない。

解説

1 厳格な地域制限

　事業者が流通業者に対して、販売地域を割り当て、地域外での販売を制限することがある（厳格な地域制限）。このような行為は、流通業者に対し一定の販売地域を与える代わりに、その地域内での積極的な販売を行わせ、販売を促進させるという面があるが、他方、流通業者が一定地域内で、その事業

者の商品の販売について独占的な地位を得て、価格を高く維持することにつながりやすい面もある。

　ガイドラインは、市場における有力な事業者が流通業者に対し厳格な地域制限を行い、これによって価格維持効果が生じる場合には、不公正な取引方法に該当し違法となる（一般指定 12 項（拘束条件付取引））としている。

　ここで、「市場における有力な事業者」と認められるかどうかについては、ガイドライン第 1 部の 3(4)に記載のとおり、市場におけるシェアが 20％を超えることが目安となる。厳格な地域制限の行為の主体が「市場における有力な事業者」とされているのは、厳格な地域制限の場合には、あるブランドの商品について消費者が地域ごとの価格の違いを見てより安い価格で販売している地域で購入することが可能である分だけ、ブランド内競争を制限する効果が弱く、市場における有力な事業者に当たらない事業者が厳格な地域制限を行っても、通常、ブランド間競争が機能するために価格維持効果が生じる場合に当たることはないと考えられるためである。

2　価格維持効果が生じる場合

　市場における有力な事業者が、流通業者に厳格な地域制限を行うことにより、「価格維持効果が生じる場合」に当たるかどうかは、ガイドライン第 1 部の 3(1)及び(2)イで述べられた考え方に従って判断される。そして、本項目においても、厳格な地域制限により価格維持効果が生じることとなる例として、市場が寡占的であったり、ブランドごとの製品差別化が進んでいて、ブランド間競争が十分に機能しにくい状況の下で市場における有力な事業者によって厳格な地域制限が行われると、当該ブランドを巡る価格競争が阻害され、価格維持効果が生じることとなる旨を繰り返し述べている。逆に、厳格な地域制限が行われても、ブランド間競争が十分機能している状況が認められれば、価格維持効果が生じることは通常ないであろう。

3　違法とはならない場合

　新商品のテスト販売や地域土産品の販売に当たり販売地域を限定する場合のように、事業者としてある商品の販売地域自体を一定地域内に限定することは、その行為自体は、直ちにブランド内競争の制限につながるものではな

いことから、通常、価格維持効果が生じることはなく、違法とはならない。

(4) 地域外顧客への受動的販売の制限

> (4) 地域外顧客への受動的販売の制限
> 　事業者が流通業者に対し地域外顧客への受動的販売の制限を行い、これによって価格維持効果が生じる場合には、不公正な取引方法に該当し、違法となる（一般指定12項）。
> 　地域外顧客への受動的販売の制限は、厳格な地域制限と比較して、地域外の顧客からの求めに応じた販売をも制限している分、ブランド内競争を制限する効果が大きい。
> 　例えば、インターネットを利用した販売において、流通業者のウェブサイトを見た顧客が当該流通業者に注文し、その結果販売につながった場合、これは受動的販売に当たる。メールマガジンを受信するなど、当該流通業者からの情報を継続して受け取ることとした顧客が、当該情報を見て当該流通業者に注文し、その結果販売につながった場合も同様である。このような場合において、事業者が流通業者に対し一定の地域を割り当て、顧客の配送先情報等から当該顧客の住所が地域外であることが判明した場合、当該顧客とのインターネットを利用した取引を停止させることは、地域外顧客への受動的販売の制限に当たり、これによって価格維持効果が生じる場合には、不公正な取引方法に該当し、違法となる。

|解説|

1　地域外顧客への受動的販売制限

　ガイドラインは、事業者が流通業者に対して、一定の販売地域を割り当て、地域外からの顧客の求めに応じた販売をも制限すること（地域外顧客への受動的販売の制限）は、市場における有力な事業者が行うか否かを問わず、これによって価格維持効果が生じる場合には、不公正な取引方法に該当し違法となる（一般指定12項（拘束条件付取引））としている。

　厳格な地域制限は他地域への積極的な販売を制限するものであるが、地域外顧客への受動的販売の制限は他地域の顧客の求めに応じた、いわば消極的な販売をも制限するものである。このため、平成29年のガイドライン改正で追記されたとおり、地域外顧客への受動的販売の制限は、厳格な地域制限と

比較して、ブランド内競争を制限する効果が大きいと考えられる。

2 価格維持効果が生じる場合

　ガイドラインでは特に明記していないが、地域外顧客への受動的販売の禁止が「価格維持効果が生じる場合」に当たるかどうかは、ガイドライン第1部の3(1)及び(2)イで述べられた考え方に従って判断されることになる。ただし、厳格な地域制限と比べてブランド内競争を阻害する効果が大きいことに留意が必要であろう。

　また、顧客が他の地域で購入しようとするのは、その地域の方が価格が安いためであることが多く、地域外の顧客からの求めに応じた販売をも制限することは、こうした地域間の価格差を維持することにつながりやすいと考えられる。

3 インターネット販売における受動的販売

　近年インターネットを利用した販売がますます伸びている。消費者は、自ら様々な流通業者のウェブサイトにアクセスし、サイト上に示された商品の価格や品質・内容等に関する情報を考慮し、商品を購入している。このように、流通業者のウェブサイトを見た顧客が当該流通業者に注文し、その結果販売につながった場合、これは受動的販売に当たる。メールマガジンを受信するなど、当該流通業者からの情報を継続して受け取ることとした顧客が、当該情報を見て当該流通業者に注文し、その結果販売につながった場合、これも受動的販売に当たる。

4 インターネット販売と地域外顧客への受動的販売の制限

　前記3のような場合において、事業者が流通業者に対し一定の地域を割り当て、顧客の配送先情報等から当該顧客の住所が地域外であることが判明した場合、当該顧客とのインターネットを利用した取引を停止させることは、当該地域外の顧客の求めに応じた、一切の販売を禁止するものであり、地域外顧客への受動的販売の制限に該当する。ガイドラインは、これによって価格維持効果が生じる場合には、不公正な取引方法に該当し、違法となるとしている。

なお、この記述も、平成29年のガイドライン改正により、オンライン取引に関する考え方の明確化の趣旨で追加されたものである。

(5) 間接の取引先に対する制限

> (5) 上記(2)、(3)及び(4)の考え方は、事業者が直接の取引先事業者をしてその取引の相手方の（例えばメーカーが卸売業者をして小売業者の）販売地域を制限させる場合にも当てはまる（一般指定12項）。

[解説]

ガイドライン第1部第2の3(2)～(4)で述べられた考え方は、事業者が直接の取引先事業者をしてその取引の相手方の販売地域を制限される場合——例えば、メーカーから卸売業者、卸売業者から小売業者というようなに商品が販売される場合に、メーカーが卸売業者をして小売業者の販売地域を制限させる場合——にも当てはまる（一般指定12項（拘束条件付取引））。

[参考事例]

これまでのところ、販売地域の制限のみ行った事業者が独占禁止法違反とされた事例はないが、再販売価格維持行為と販売地域の制限を行った事業者が、再販売価格維持行為とともに販売地域の制限も不公正な取引方法に該当するとして違法とされたものとして、以下の事例がある。

○ 富士写真フイルム株式会社ほか1名に対する件（昭和56年5月11日勧告審決、昭和56年（勧）第7号）

本件では、富士フイルムがエックス線フィルム市場において約53％のシェアを占め、同製品の事業分野において卓越した地位にあり、同社の国内におけるエックス線フィルムの総販売額の約9割は、専門特約店6社によって取り扱われている状況において、富士エックスレイ（エックス線フィルムの販売業者で株式は富士フイルムが全て保有）が、専門特約店との間で、エックス線フィルムの取引に関する専門特約店取引契約書等を締結し、同契約書等において、販売地域、小売価格、競合製品の取扱いの制限等を定め、また、準特約店との間で同趣旨の契約を定めて、それぞれ取引している行為が問題と

[図表 1-24] 富士写真フイルム株式会社ほか 1 名に対する件

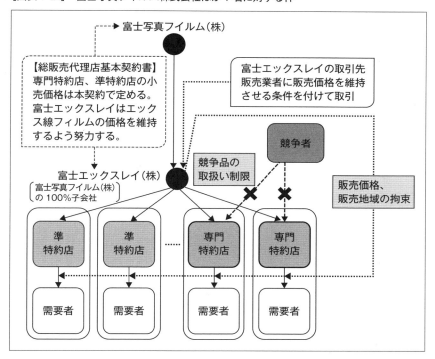

なった。これらの富士エックスレイの行為のうち、販売地域の制限について
も、当時の一般指定の 8（現在の一般指定 12 項（拘束条件付取引）に相当）に該
当し、独占禁止法第 19 条に違反するものとされた。

4 流通業者の取引先に関する制限

(1) 行為類型

> 4 流通業者の取引先に関する制限
> (1) 事業者は、流通業者に対しその取引先を特定の事業者に制限し、販売
> 活動を行わせることがある。例えば
> ① 事業者が卸売業者に対して、その販売先である小売業者を特定させ、
> 小売業者が特定の卸売業者としか取引できないようにすること（以下
> 「帳合取引の義務付け」という。）

> ② 事業者が流通業者に対して、商品の横流しをしないよう指示すること（以下「仲間取引の禁止」という。）
> ③ 事業者が卸売業者に対して、安売りを行う小売業者への販売を禁止すること
>
> 等が挙げられる。

[解説]

ガイドラインは、事業者が、流通業者に対しその取引先を特定の事業者に制限し、販売活動を行わせる例として、①帳合取引の義務付け、②仲間取引の禁止、③安売り業者への販売禁止の3つを取り上げている。

(2) 帳合取引の義務付け

> (2) 帳合取引の義務付け
> 　事業者が流通業者に対し帳合取引の義務付けを行い、これによって価格維持効果が生じる場合には、不公正な取引方法に該当し、違法となる（一般指定12項（拘束条件付取引））。
> 　帳合取引の義務付けは、卸売業者に対して、取引先として一定の小売業者を割り当て、他の卸売業者の帳合先となっている小売業者から取引の申出があっても、その申出に応じてはならないこととなり、これは、流通業者に対し割り当てられた地域外の顧客の求めに応じた販売を制限するのと同様の行為である。このため、「価格維持効果が生じる場合」に当たるかどうかについては、上記3(4)「地域外顧客への受動的販売の制限」において述べた考え方と同様である。

[解説]

1 帳合取引の義務付け

流通業者の取引先に関する制限として、事業者が卸売業者に対して、その販売先である小売業者を特定させ、小売業者が特定の卸売業者としか取引できないようにすることがある（帳合取引の義務付け）。このような行為は、厳格な地域制限と同様、事業者にとって一定の販売先である小売業者を割り当てる代わりに、その販売先への積極的な販売を行わせ、販売を促進させるという面があるが、他方、卸売業者がその取引先小売業者に対して独占的な地位を得て、価格を高く維持することにつながりやすい面もある。

特に、帳合取引の義務付けを行う場合には、卸売業者に対し、一定の取引先小売業者を割り当て、他の卸売業者の帳合先になっている小売業者から取引の申出があっても、その申出に応じてはならないということとなる。これは、既に述べた、流通業者に対し一定の地域を割り当て地域外の顧客からの求めに応じた販売を制限する「地域外顧客への受動的販売の制限」と同様の行為である。
　このため、帳合取引の義務付けは、地域外顧客への受動的販売の制限と同様、市場において有力な事業者が行うか否かを問わず、価格維持効果が生じる場合には、不公正な取引方法に該当し違法となる（一般指定 12 項（拘束条件付取引））。

2 価格維持効果が生じる場合

　ガイドライン上では特に明記されていないが、帳合取引の義務付けが「価格維持効果が生じる場合」に当たるかどうかは、ガイドライン第1部の3(1)及び(2)イで述べられた考え方に従って判断されることとなる。

参考事例

　ガイドライン制定以降の審決や排除措置命令で、帳合取引の義務付けの事案はない。しかし、ガイドライン制定前の審決の中には、例えば、以下のとおり、再販売価格維持行為とともに帳合取引の義務付けが行われ、それぞれが不公正な取引方法に該当し、違法とされたものがある。

○　株式会社白元に対する件（昭和 51 年 10 月 8 日勧告審決、昭和 51 年（勧）第 19 号）
　本件では、保冷袋、液体靴下止め及び防虫防臭剤で市場シェア第1位、脱臭剤で市場シェア第2位を占めていた白元が、同社のこれらの製品（以下「白元製品」という。）の値下がりを防ぐため、二次卸売業者向け販売価格、小売業者向け販売価格及び最低小売価格をそれぞれ定め、これらを維持するため、各種の措置を講じていた（再販売価格維持行為）ほか、一次卸売業者及び二次卸売業者の主要な販売先が競合しないようにするため、自ら又は販社を通じて、一次卸売業者に対して、次のことを実施させている（一店一帳合制）。
　①　白元製品の年間仕入額が一定額以上の二次卸業者を、一次卸売業者ご

[図表 1-25] 株式会社白元に対する件

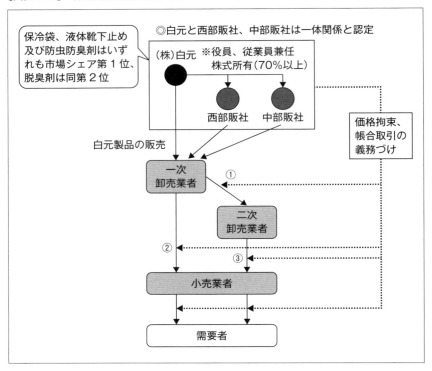

とにそれぞれの取引先として登録させ、他の一次卸売業者の取引先として登録されている二次卸売業者とは取引させないこと
② 白元製品の年間仕入額が一定以上の小売業者を、一次卸売業者ごとにそれぞれの取引先として登録させ、他の一次卸売業者又は二次卸売業者の取引先として登録されている小売業者とは取引させないこと
③ 取引先二次卸売業者に対し、白元製品の年間仕入額が一定額以上の小売業者を、当該二次卸売業者ごとにそれぞれの取引先として登録させ、一次卸売業者又は他の二次卸売業者の取引先として登録されている小売業者とは取引させないようにすること

以上の白元の行為については、いずれも、当時の一般指定の8に該当するとして、独占禁止法第19条に違反するとされた（現在の規定では、再販売価格

維持行為については独占禁止法第 2 条第 9 項第 4 号に、一店一帳合制については一般指定 12 項（拘束条件付取引）に相当）。

(3) 仲間取引の禁止

> (3) 仲間取引の禁止
> 　仲間取引の禁止は、取引の基本となる取引先の選定に制限を課すものであるから、その制限の形態に照らして販売段階での競争制限に結び付く可能性があり、これによって価格維持効果が生じる場合には、不公正な取引方法に該当し、違法となる（一般指定 12 項）。
> 　なお、仲間取引の禁止が、下記(4)の安売り業者への販売禁止のために行われる場合には、通常、価格競争を阻害するおそれがあり、原則として不公正な取引方法に該当し、違法となる（一般指定 12 項）。

解説

1　仲間取引の禁止

　事業者は、自己の商品の流通経路を何らかの目的を達成するために管理しようとすることがあり、その一環として、商品の転売や横流しを禁止しようとする場合がある。ガイドラインは、こうした仲間取引の禁止は、取引の基本となる取引先の選定に制限を課すものであるから、その制限の形態に照らして販売段階での競争制限に結び付く可能性があり、これによって価格維持効果が生じる場合には、不公正な取引方法に該当し、違法となる（一般指定 12 項拘束条件付取引）としている。

　なお、仲間取引の禁止については、平成 29 年のガイドライン改正により、まず、①「価格維持効果が生じる場合」には、不公正な取引方法に該当し、違法となるとした上で、②仲間取引の禁止が安売り業者への販売禁止のために行われる場合（後記**3**）には、通常、価格競争を阻害するおそれがあり、原則として不公正な取引方法に該当し、違法となることを示すことで、考え方を明確化した。

2　価格維持効果が生じる場合

　ガイドライン上、特に明記していないが、仲間取引の禁止が「価格維持効

果が生じる場合」に当たるかどうかは、ガイドライン第1部の3(1)及び(2)イで述べられた考え方に従って判断されることとなる。

3 安売り業者への販売禁止のために行われる仲間取引

安売り業者は、事業者から商品を直接購入することができなくても、様々な流通ルートを通じて商品を入手し、低価格で販売を行うことが多い。このため、当該事業者としてこのような低価格での販売を阻止しようとする場合には、例えば、卸売業者は一定の小売業者のみに販売し、小売業者は消費者のみに販売するという形で流通ルートを厳しく管理し、これ以外の商品の転売、横流しを規制し、商品が安売り業者に流れるのを防止しようとする場合がある。

このような安売りを行っている小売業者に対して自己の商品が販売されるのを防止するための仲間取引の禁止は、通常、価格競争を阻害するおそれがあり、原則として不公正な取引方法に該当し、違法となる（一般指定12項（拘束条件付取引））。

参考事例

仲間取引の禁止に関連する事例としては、以下の事例がある。

○　株式会社ソニー・コンピュータエンタテインメントに対する件（平成13年8月1日審判審決、平成10年（判）第1号）

本件は、ソニー・コンピュータエンタテインメント（SCE）が、プレイステーションと称する家庭用ゲーム機、同ゲーム機用のソフト（PSソフト）、同ゲーム機用の周辺機器の販売に当たり、直接小売業者と取引し、これら小売業者が一般消費者に販売するという「直取引」を基本とし、取扱店舗を限定するなどの流通政策を具現化するとともに、これらの製品の流通を委ねる小売業者との関係で、①値引き販売の禁止、②中古品販売の禁止、③横流しの禁止の3つの行為が問題となった。

このうち、審決においては、③の行為は、当時の一般指定13項（現在の一般指定12項）（拘束条件付取引）に該当するとして、大要次の判断が示されている。

① 被審人の流通政策の一環としての横流し禁止の販売方針は、それ自体、取扱い小売業者に対してPSソフトの値引き販売を禁止する上での前提ないしはその実効確保措置として機能する閉鎖的流通経路を構築するという側面及び閉鎖的流通経路外の販売業者への製品の流出を防止することにより外からの競争要因を排除するという側面の両面において、PSソフトの販売段階での競争が行われないようにするとの効果を有しているものである。
② 横流し禁止行為は、販売業者の取引先選択を制限し、販売段階での競争に結び付きやすいものであり、それにより当該商品の価格が維持されるおそれがあると認められる場合には、原則として、一般指定13項（筆者注：現在の一般指定12項）の拘束条件付取引に該当する。
③ 被審人によるPSソフトの値引き禁止行為が消滅したことによって、横流し禁止行為の公正競争阻害性の根拠のうち、閉鎖的流通経路内での

[図表1-26] 株式会社ソニー・コンピュータエンタテインメント（SCE）に対する件

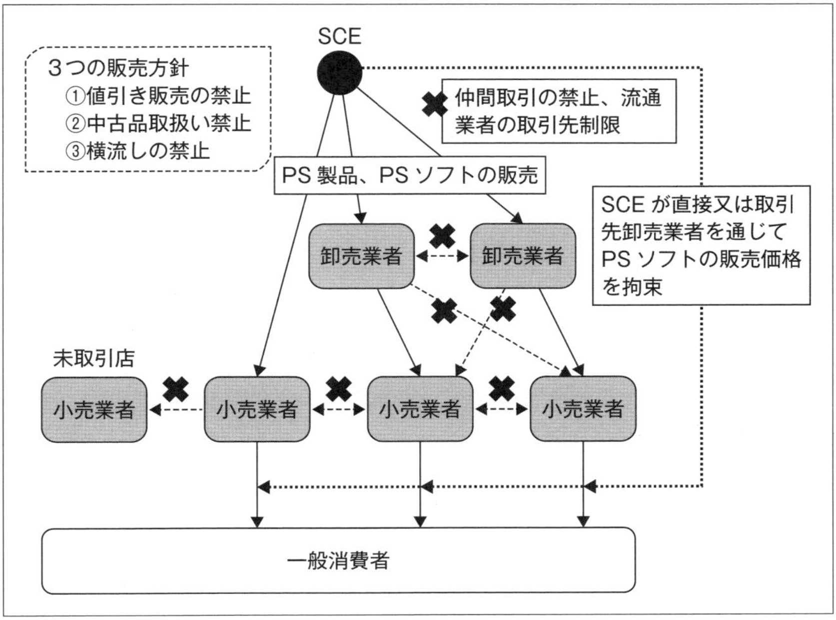

値引き販売禁止の前提ないし実効確保としての意味が失われたとしても、閉鎖的流通経路外への製品の流出を防止し、外からの競争要因を排除する効果が直ちに失われるものではないから、PSソフトの販売段階での競争を制限するPSソフトの横流し禁止行為には、現時点（筆者注：審決時点）においても公正競争阻害性が認められる。

(4) 安売り業者への販売禁止

> (4) 安売り業者への販売禁止
> 　事業者が卸売業者に対して、安売りを行うことを理由（注8）に小売業者へ販売しないようにさせることは、事業者が市場の状況に応じて自己の販売価格を自主的に決定するという事業者の事業活動において最も基本的な事項に関与する行為であるため、前記第1「再販売価格維持行為」において述べた考え方に準じて、通常、価格競争を阻害するおそれがあり、原則として不公正な取引方法に該当し、違法となる（一般指定2項（その他の取引拒絶）又は12項）。
>
> 　なお、事業者が従来から直接取引している流通業者に対して、安売りを行うことを理由（注8）に出荷停止を行うことも、通常、価格競争を阻害するおそれがあり、原則として不公正な取引方法に該当し、違法となる（一般指定2項）。
>
> (注8)　「安売りを行うことを理由」にしているかどうかは、他の流通業者に対する対応、関連する事情等の取引の実態から客観的に判断される。

解説

1　安売り業者への販売禁止

　ガイドラインは、事業者が卸売業者に対し安売りを行うことを理由に小売業者へ販売しないようにさせることは、事業者が市場の状況に応じて自己の販売価格を自主的に決定するという事業者の事業活動において最も基本的な事項に関与する行為であるため、再販売価格維持行為において述べた考え方（第1の2(1)）に準じて、通常、価格競争を阻害するおそれがあり、原則として不公正な取引方法に該当し、違法となる（一般指定2項（その他の取引拒絶）又は12項（拘束条件付取引））としている。

2 「安売りを行うことを理由」にしているかどうかの判断

　ここで、「安売りを行うことを理由」にしているかどうかは、他の流通業者に対する対応、関連する事情等の取引の実態から客観的に判断される。例えば、「小売業者が安売りをしたからではなく、メーカーの要求する販売方法をとらないから、卸売業者に対し、その小売業者に販売させないこととした。」という場合であっても、他にその販売方法をとらない小売業者がいても問題にされず、安売りを行っていた小売業者のみが出荷停止されたという場合には、それはメーカーの求める販売方法を遵守しないことが理由なのではなく、「安売りを行うことを理由」にしていると認められる。

　もっとも、直接の取引先に対して取引を行うか否かは、通常、取引先選択の自由の範囲内の行為であり、ある事業者と取引しないとしてもそのこと自体は独占禁止法上問題とならない。事業者は、基本的に、相手方に売るか売らないか判断する自由を有しており、求めるものには全て取引しなければならないということはない。しかし、直接の取引先であっても、メーカーが従来取引のあった流通業者に対して、安売りを行ったことを理由に出荷停止を行うことは、事業者が市場の状況に応じて自己の販売価格を自主的に決定するという事業者の事業活動において最も基本的な事項に関与する行為であるため、「再販売価格維持行為」において述べた考え方（第1の2(1)）に準じて、通常、価格競争を阻害するおそれがあり、原則として不公正な取引方法に該当し違法となる（一般指定2項（その他の取引拒絶）又は12項（拘束条件付取引））。ここで「安売りを行ったことを理由」にしているかどうかについても、上記と同様、取引の実態から客観的に判断される。

3 「原則として違法」の考え方の明確化

　平成29年のガイドライン改正では、改正前のガイドラインで「価格が維持されるおそれがあり」としていたものを「事業者が市場の状況に応じて自己の販売価格を自主的に決定するという事業者の事業活動において最も基本的な事項に関与する行為であるため、前記第1『再販売価格維持行為』において述べた考え方に準じて、通常、価格競争を阻害するおそれがあり」に改正した。

　これは、研究会報告書の「非価格制限行為のうち、原則違法となる行為類

型(『安売り業者への販売禁止』及び『価格に関する広告・表示の制限』)については、『事業者が市場の状況に応じて自己の販売価格を自主的に決定する』という事業者の事業活動の自由において最も基本的な事項に関与する行為であるため、事業者間の価格競争を減少・消滅させる再販売価格維持行為の考え方に準じ、『通常、価格競争を阻害するおそれがあり、原則として違法』となるという、これまでの考え方を維持することが適当である。」との提言を受けたものである。

参考事例

安売り業者への販売禁止に関連するものとしては、例えば、以下の事例がある。

○ 松下電器産業株式会社に対する件(平成13年7月27日勧告審決、昭和13年(勧)第8号)

[図表1-27] 松下電器産業株式会社に対する件

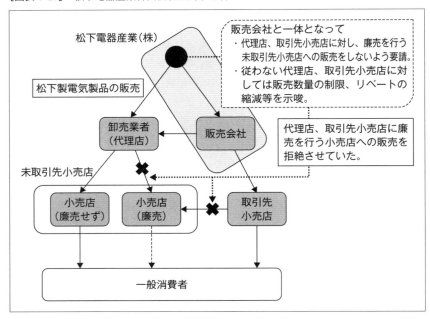

本件は、松下電器産業が、同社製電気製品の取引に関し、同社が出資する販売会社と一体となって、
① 販売会社の取引先小売業者から、販売会社と継続的な取引契約を締結していない小売業者による同社製電気製品の廉売に関する苦情を受けて、その流通経路を調査し
② 取引先卸売業者及び小売業者に対し、①の廉売を行う小売業者に対する同社製電気製品の販売を拒絶させていた

ことが、一般指定2項（その他の取引拒絶）に該当し、独占禁止法第19条に違反するとされたものである。

5 選択的流通

> 5 選択的流通
> 　事業者が自社の商品を取り扱う流通業者に関して一定の基準を設定し、当該基準を満たす流通業者に限定して商品を取り扱わせようとする場合、当該流通業者に対し、自社の商品の取扱いを認めた流通業者以外の流通業者への転売を禁止することがある。「選択的流通」と呼ばれるものであり、前記第1部の3(3)のような競争促進効果を生じる場合があるが、商品を取り扱う流通業者に関して設定される基準が、当該商品の品質の保持、適切な使用の確保等、消費者の利益の観点からそれなりの合理的な理由に基づくものと認められ、かつ、当該商品の取扱いを希望する他の流通業者に対しても同等の基準が適用される場合には、たとえ事業者が選択的流通を採用した結果として、特定の安売り業者等が基準を満たさず、当該商品を取り扱うことができなかったとしても、通常、問題とはならない。

[解説]

1 選択的流通

　流通・取引慣行ガイドラインでは、「選択的流通」とは、「事業者が自社の商品を取り扱う流通業者に関して一定の基準を設定し、当該基準を満たす流通業者に限定して商品を取り扱わせようとする場合、当該流通業者に対し、自社の商品の取扱いを認めた流通業者以外の流通業者への転売を禁止すること」であるとしている。ガイドラインでは、一定の基準について特に言及はないが、選択的流通が広く行われている欧州では、選択的流通の基準として、

販売スタッフの訓練、販売時に提供されるサービス、販売される商品の範囲のように商品の性質により求められる客観的な基準（質的基準）と最小販売額や最大販売額の義務付け、ディーラー数の固定等の潜在的ディーラー数をより直接的に制限する基準（量的基準）があるとされている（垂直的制限ガイドライン・パラ175）。

　選択的流通の項目は、「規制改革推進計画」（平成26年6月24日閣議決定）において、選択的流通の適法・違法性判断基準を明確化することが盛り込まれていたこと等を受けて、平成27年の流通・取引慣行ガイドライン改正において新たに盛り込まれたものである。平成29年の改正では、「選択的流通については、事業者の販売戦略におけるオンライン取引の位置付けなど、世界的にも活発な議論が行われている論点であるため、具体的事例の蓄積等を踏まえつつ、引き続き検討を行っていくことが重要である。」との研究会報告書の提言を受け、一部技術的な修正を除き改正は行われていない。選択的流通については、具体的な事例の蓄積等に応じて、今後も検討が行われていくことになるものと考えられる。

2　選択的流通が通常問題とならない場合

　ガイドラインは、垂直的制限行為に公正な競争を阻害するおそれがあるかどうかについては、競争を阻害する効果に加え、競争促進効果も考慮するとしている。そして、このような考え方の下、選択的流通については、競争促進効果を生じることがあるとした上で、次の2つの条件を満たせば、通常問題とならないとしている。

　すなわち、①「商品を取り扱う流通業者に関して設定される基準が、当該商品の品質の保持、適切な使用の確保等、消費者の利益の観点からそれなりの合理的な理由に基づくものと認められ」、かつ、②「当該商品の取扱いを希望する他の流通業者に対しても同等の基準が適用される場合」には、「たとえメーカーが選択的流通を採用した結果として、特定の安売り業者等が基準を満たさず、当該商品を取り扱うことができなかったとしても、通常、問題とはならない」とされている。

❶　消費者利益の観点からのそれなりの合理性

　ガイドラインは、消費者の利益の観点からそれなりの合理的な理由として、商品の品質の保持、適切な使用の確保の2つを挙げているが、これらはあくまで例示であり、他の理由が直ちに排除されるものではない。ただし、設定される基準が「量的な基準」に基づくものである場合、消費者利益の観点からそれなりの合理性があるとはいえないであろう。

　なお、ブランドイメージの維持・向上について、消費者の満足を高めるという広い意味での消費者の「利益」を高めることになり、ここでいう「それなりの合理性」としてガイドラインにおいて例示すべきとの指摘がある。しかし、ブランドイメージの維持・向上は、事業者の商品の競争力の向上につながると考えられるものの、消費者の利益とは一概にはいえないものと考えられることから、例示に含まれなかったと考えられる。

❷　流通業者に対する同等の基準の適用

　選択的流通が通常問題とならないためには、事業者により設定される基準が前記❶を満たすものと認められるのみならず、商品の取扱いを希望する他の流通業者に対しても同等の基準が適用される必要がある。

　ここでいう「同等の基準」とは、完全に同一の基準であることを意味するものではなく、消費者利益の観点から同様の効果が期待できるのであれば、異なる基準であっても「同等の基準」に当たると考えられる。このため、例えば、実店舗販売を行う流通業者とインターネット販売を行う流通業者との間で、取扱いを希望する流通業者に対する基準が全く同一である必要はないと考えられる。

　流通業者間で同等の基準が適用されているといえるかは、個別事案ごとにそれを取り巻く状況を踏まえて判断されることになるが、当該基準が等しく適用された場合に当該事業者の商品の取扱いができなくなる流通業者の範囲と比較して、実際に排除された流通業者は、当該事業者の指示に従わない流通業者など当該範囲の一部に限られていると認められるような場合には、同等の基準が適用されていないと判断されることとなろう。

3 「通常問題とならない」条件を満たさない場合

　ガイドラインには、選択的流通が問題とならない条件を満たさない場合、独占禁止法上どのように取り扱われるのか言及はないが、そのような場合には、他の垂直的制限行為と同様、ガイドライン第1部の3(1)から(3)で述べられている考え方に従って、その適法・違法性が判断されることとなろう。

4 安売り業者への販売禁止と選択的流通の関係

　ガイドラインの安売り業者への販売禁止の記載と選択的流通の記載の関係について矛盾があるのではないかとの意見が、平成29年のガイドライン改正の意見募集手続の際にみられた。これについては、前者は、安売りを行うことを理由に小売業者へ販売しないようにさせることが通常価格競争を阻害するおそれがあり、原則として不公正な取引方法に該当し、違法であるとしているのに対し、後者は、選択的流通が適切に行われる場合（その条件については前記**2**）にはその結果として安売り業者が商品を取り扱うことができなくなっても、それだけをもって直ちに問題となるものではないとしているものである。したがって、両者で想定している場面が異なっており、2つの記載の間には何ら矛盾はない。

6 小売業者の販売方法に関する制限

(1) 典型例

> 6 小売業者の販売方法に関する制限
> (1) 小売業者の販売方法に関する制限として、具体的には、事業者が小売業者に対して、
> ① 商品の説明販売を指示すること
> ② 商品の宅配を指示すること
> ③ 商品の品質管理の条件を指示すること
> ④ 自社商品専用の販売コーナーや棚場を設けることを指示すること
> 等が挙げられる。

解説

　流通・取引慣行ガイドラインは、小売業者の販売方法に関する制限の例示として、4つの事例を挙げているが、それぞれ具体的には、事業者が小売業者

に対して、
① 商品の販売に当たっては、使用方法などについて十分に顧客に説明すること
② 新聞などのように、商品を個々の顧客の家庭に宅配すること
③ この商品は、温度や日射によって品質が劣化するおそれがあるとして、一定の品質管理条件のもとで管理すること
④ 自社のブランドイメージを維持するため、自社商品専用の販売コーナーや棚場を設けること

を求めることなどが考えられる。

(2) 独占禁止法上の考え方

ア それ自体問題とならない場合

> (2) 事業者が小売業者に対して、販売方法（販売価格、販売地域及び販売先に関するものを除く。）を制限することは、商品の安全性の確保、品質の保持、商標の信用の維持等、当該商品の適切な販売のためのそれなりの合理的な理由が認められ、かつ、他の小売業者に対しても同等の条件が課せられている場合には、それ自体は独占禁止法上問題となるものではない。
>
> （具体例）
> ① 医療機器AのメーカーであるX社が、取引先事業者に対し、自社ブランドの医療機器Aについて、通信販売及び通信販売を行う事業者への販売を禁止すること（具体的な方法として、取引先事業者が、X社の医療機器Aの通信販売を行っている、又は通信販売業者にX社の医療機器Aを販売しているとの情報に接した場合には、当該取引先事業者に対し、通信販売をやめるよう、又は通信販売業者への販売をやめるよう要請し、それでもやめない事業者に対しては、X社の医療機器Aの出荷を停止する。）は、
>   ア(ｱ) X社の医療機器Aは、調整が行われないままで販売されると性能の発揮が著しく阻害され、消費者に不利益を与える蓋然性が高いこと
>   (ｲ) X社の医療機器Aの調整は通信販売では行うことができないこと

(ウ)　消費者が販売時の調整を必要としない機器に限定して行う通信販売についてまで禁止するものではなく、必要最小限の制限であること

　からすれば、本件取組を行う合理的な理由があると考えられること
イ　全ての取引先事業者について同等の制限が課せられること
ウ　店舗販売を行うX社の取引先事業者の中には、希望小売価格より相当程度低い価格で販売を行う者も存在し、本件が、取引先事業者の販売価格について制限を行うものであるとは考えられないこと

から、X社が取引先事業者の事業活動を不当に制限するものではなく、独占禁止法上問題となるものではない。(平成23年度相談事例集「1　医療機器メーカーによる通信販売の禁止」)

②　機械製品Aのメーカーであるx社が、小売業者に対して、一般消費者に新商品の機能を説明することを義務付けること(具体的な方法として、店員による説明又は自社が作成した動画の小売業者のショッピングサイトへの掲載を求める。)は、
ア　義務付ける内容が過度なものではなく、新商品の適切な販売のための合理的な理由が認められること
イ　実質的に同等の条件が全ての小売業者に対して課せられていること

から、独占禁止法上問題となるものではない。(平成26年度相談事例集「6　機械製品メーカーによる新商品の機能の説明の義務付け」)

[解説]

1　それ自体問題とならないとされるための要件

　ガイドラインは、事業者が小売業者に対し販売方法を制限することについて、「商品の安全性の確保、品質の保持、商標の信用の維持等、当該商品の適切な販売のためのそれなりの合理的な理由が認められ、かつ、他の小売業者に対しても同等の条件が課せられている場合」には、それ自体は独占禁止法上問題となるものではないとしている。

　ここで、「当該商品の適切な販売のためのそれなりの合理的な理由」としている点については、当該事業者が必要と判断し、一般的に考えてもそれなりに合理的なものであればよい。

2 選択的流通が通常問題とならない場合との相違

　小売業者の販売方法に関する制限は、流通業者の取引先を制限するものではなく、自社の商品の取扱いを認めた流通業者以外への転売を禁止することを内容に含む選択的流通とは制限内容が異なる。このため、通常問題とならない場合の制限の合理性について、小売業者の販売方法の制限では、「当該商品の適切な販売のためのそれなりの合理的な理由」を要求しているのに対し、選択的流通では「消費者の利益の観点からそれなりの合理的な理由」を要求しているものである。

具体例

　平成29年のガイドライン改正においては、可能な限り事業者の理解の助けになるような事例を追加しており、特に、事業者の萎縮効果を緩和し一層の利便性の向上に資する観点から、相談事例において独占禁止法上問題となるものではないと回答した事例を追記している。小売業者の販売方法の制限については、問題とならないとの判断が示された2つの具体例が示されている。

○　平成23年度相談事例集「1　医療機器メーカーによる通信販売の禁止」
　本件は、医療機器メーカーが、取引先事業者に対し、当該メーカーの医療機器のうち、通信販売では行うことができない調整を行った上で販売することが不可欠なものについて、通信販売及び通信販売を行う事業者への販売を禁止することは、独占禁止法上問題となるものではないと回答した事例である。
　X社（相談者）の医療機器Aは、人体に装着して使用するものであるが、その販売方法について特段の規制はない。しかし、同製品は、特殊な機器を用いて消費者の体の状態を実際に測定し、その計測値に合わせて機器の設定等を修正した上で、消費者に対し、使用感を聞き、それに応じてさらなる微修正を行うといったプロセスを経る調整を行わなければ性能が発揮できないものであり、その調整はX社の医療機器Aの消費者が自ら行うことは困難なものである。
　回答においては、以下の点から、X社による医療機器Aの通信販売の禁止

[図表 1-28]　相談事例（医療機器メーカーによる通信販売の禁止）

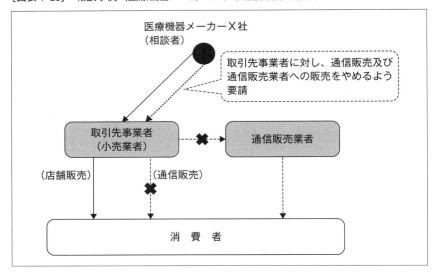

は、ガイドラインでも記載されているとおり、X社の取引先事業者の事業活動を不当に制限するものではなく、独占禁止法上問題となるものでないとの判断が示されている。

① (i)X社の医療機器Aは、調整が行われないままで販売されると性能の発揮が著しく阻害され、消費者に不利益を与える蓋然性が高いこと、(ii)X社の医療機器Aの調整は通信販売では行うことができないこと、(iii)消費者が販売時の調整を必要としない機器に限定して行う通信販売についてまで禁止するものではなく、必要最小限の制限であることからすれば、本件取組みを行う合理的な理由があると考えられる。
② 全ての取引先事業者について同等の制限が課せられる。
③ 店舗販売を行うX社の取引先事業者の中には、メーカー希望小売価格より相当程度低い価格で販売を行う者も存在し、本件が、取引先事業者の販売価格について制限を行うものであるとは考えられない。

[図表1-29] 相談事例（機械製品メーカーによる新商品の機能の説明の義務付け）

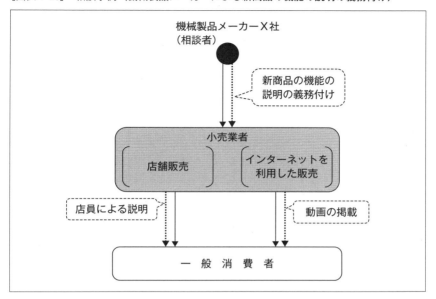

○ 平成26年度相談事例集「6 機械製品メーカーによる新商品の機能の説明の義務付け」

本件は、機械製品メーカーが、小売業者に対し、一般消費者に新商品の機能の説明を義務付けることについて、独占禁止法上問題となるものではないと回答した事例である。

具体的には、機械製品Aのメーカーである X 社（相談者）（市場シェア約40％：第1位）が、新商品を販売するに当たり、小売業者に対し、当該新商品の機能を一般消費者に説明することを義務付けることとし、具体的な方法として、①店員による説明又は②自社が作成した動画の小売業者のショッピングサイトへの掲載を求める取組みが独占禁止法上問題ないかが相談されたものである。

回答においては、①説明付ける内容が過度なものではなく、新商品の適切な販売のための合理的な理由が認められること、②実質的に同等の条件が全ての小売業者に課せられていることから、独占禁止法上問題となるものでないとの判断が示されている。

6 小売業者の販売方法に関する制限　147

イ　他の制限の手段として行っている場合

> しかし、事業者が小売業者の販売方法に関する制限を手段として、小売業者の販売価格、競争品の取扱い、販売地域、取引先等についての制限を行っている場合（注9）には、前記第1及び第2の2から4において述べた考え方に従って違法性の有無が判断される（独占禁止法第2条第9項第4号（再販売価格の拘束）、一般指定11項（排他条件付取引）又は12項（拘束条件付取引））。
>
> （注9）　例えば、当該制限事項を遵守しない小売業者のうち、安売りを行う小売業者に対してのみ、当該制限事項を遵守しないことを理由に出荷停止等を行う場合には、通常、販売方法の制限を手段として販売価格について制限を行っていると判断される。

解説

　事業者が小売業者の販売方法に関する制限を手段として、他の制限を行っている場合には、その内容に応じて、ガイドライン第1部第1及び第2の2から4において述べた考え方に従って、違法性の有無が判断される。
　第2の6(2)の（注9）にあるように、例えば、事業者の求める販売方法についての条件を遵守しない流通業者のうち、安売りを行う流通業者に対してのみ、当該条件を遵守しないことを理由に出荷停止等を行う場合には、通常、販売方法の制限を手段として販売価格について制限を行っていると判断される（第2の4(3)「安売り業者への販売禁止」）。

(3)　価格に関する広告・表示の制限

> (3)　また、販売方法の一つである広告・表示の方法について、次のような制限を行うことは、事業者が市場の状況に応じて自己の販売価格を自主的に決定するという事業者の事業活動において最も基本的な事項に関与する行為であるため、前記第1「再販売価格維持行為」において述べた考え方に準じて、通常、価格競争が阻害されるおそれがあり、原則として不公正な取引方法に該当し、違法となる（一般指定12項）。
> ①　事業者が小売業者に対して、店頭、チラシ等で表示する価格について制限し、又は価格を明示した広告を行うことを禁止すること

> ② 事業者が自己の取引先である雑誌、新聞等の広告媒体に対して、安売り広告や価格を明示した広告の掲載を拒否させること

[解説]

　ガイドラインは、「小売業者の販売方法に関する制限」の最後で「価格に関する広告・表示の制限」を取り上げている。そこに示されたような行為は、価格を直接拘束するものではないが価格の有利さを顧客にアピールする重要な手段である広告・表示を制限するものであり、再販売価格の拘束と同様、価格競争を阻害するものである。

　「非価格制限行為のうち、原則違法となる行為類型（『安売り業者への販売禁止』及び『価格に関する広告・表示の制限』）については、『事業者が市場の状況に応じて自己の販売価格を自主的に決定する』という事業者の事業活動の自由において最も基本的な事項に関与する行為であるため、事業者間の価格競争を減少・消滅させる再販売価格維持行為の考え方に準じ、『通常、価格競争を阻害するおそれがあり、原則として違法』となるという、これまでの考え方を維持することが適当である。」といった提言が、研究会においてなされた。これを受け、平成29年のガイドライン改正では、価格に関する広告・表示の制限について、「価格が維持されるおそれがあり」との記載を「事業者が市場の状況に応じて自己の販売価格を自主的に決定するという事業者の事業活動において最も基本的な事項に関与する行為であるため、前記第1『再販売価格維持行為』において述べた考え方に準じて、通常、価格競争を阻害するおそれがあり」と改め、これまでの考え方をより明確化した。

[参考事例]

　価格に関する広告・表示の制限に関する事例は多いが、最近のものとしては、例えば、以下の事例がある。

○　ジョンソン・エンド・ジョンソン株式会社に対する件（平成22年12月1日排除措置命令、平成22年（措）第20号）
　本件は、ジョンソン・エンド・ジョンソンが、
①　取引先小売業者との取引に当たり、同社の1日使い捨てタイプのコンタクトレンズ（90枚パック）に関し、当該取引先小売業者に対し広告にお

[図表1-30] ジョンソン・エンド・ジョンソン株式会社に対する件

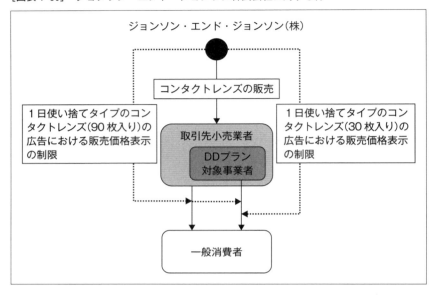

　　　いて販売価格の表示を行わないようにさせていたこと
　②　DDプランと称する販売促進策の対象事業者として同社が選定した取引先小売業者の取引に当たり、同社の1日使い捨てタイプのコンタクトレンズ（30枚パック）に関し、当該取引先小売業者に対し、ダイレクトメールを除く広告において販売価格の表示を行わないようにさせていたこと

が、一般指定12項（平成22年1月1日前においては当時の一般指定13項。拘束条件付取引）に該当し、独占禁止法第19条に違反するとされたものである。本件は、広告における販売価格の表示の制限により、広告を通じた価格競争が回避されていたものである。

(4) 間接の取引先に対する制限

> (4)　上記(2)及び(3)の考え方は、事業者が直接の取引先事業者をしてその取引の相手方の（例えばメーカーが卸売業者をして小売業者の）販売方法

> を制限させる場合にも当てはまる（一般指定12項）。

解説

　ガイドライン第1部第2の6(2)及び(3)で述べた考え方は、事業者が直接の取引先事業者をしてその取引の相手方の販売方法を制限させる場合——例えば、メーカーから卸売業者、卸売業者から小売業者というように商品が販売される場合にメーカーが卸売業者をして小売業者の販売方法を制限させる場合——にも当てはまる（一般指定12項（拘束条件付取引））。

　例えば、小売業者がある商品を販売する際に顧客である消費者に取扱い上の注意を十分に説明するようにメーカーが要求することは独占禁止法上問題とならないが、これを卸売業者を通じて販売している場合にも徹底するようにし、仮にこれに応じない小売業者があれば、卸売業者に対し、その小売業者に販売しないようにさせることも独占禁止法上問題とならない。

7　抱き合わせ販売

(1) 考え方

> 7　抱き合わせ販売
> (1) 考え方
> 　複数の商品を組み合わせることにより、新たな価値を加えて取引の相手方に商品を提供することは、技術革新・販売促進の手法の一つであり、こうした行為それ自体が直ちに独占禁止法上問題となるものではない。
> 　しかし、事業者が、ある商品（主たる商品）の供給に併せて他の商品（従たる商品）を購入させることは、当該事業者の主たる商品の市場における地位等によっては、従たる商品の市場における既存の競争者の事業活動を阻害したり、参入障壁を高めたりするような状況等をもたらす可能性がある。

解説

　複数の商品を組み合わせることにより、新たな価値を加えて取引の相手方に商品を提供することは、技術革新・販売促進の手法の1つである。最近の破壊的なイノベーションの例として、スマートフォンが挙げられるが、スマートフォンは、携帯電話にスケジュール管理、住所録、メモ管理、Eメール、

ウェブ閲覧機能等が搭載された携帯情報端末を融合させた端末である。これは、複数の商品の組み合わせがこれらと別の新たな商品を生み出し、人々の生活に様々な利便を与えている例といえよう。

また、複数の商品を組み合わせた商品の提供は販売促進の手段として用いられることがある。例えば、事業者は、新商品の販売に当たって既存の有力な商品と一緒に販売することで、流通にかかる費用を減らし、新商品の販路を容易に確保することができるであろう。さらに、抱き合わせ販売は、異なる商品の同時購入を可能にするという意味で消費者に利便を与えることもある。したがって、こうした行為それ自体が直ちに独占禁止法上問題となるものではない。

しかし、事業者が、ある商品（主たる商品）の供給に併せて他の商品（従たる商品）を購入させることは、当該事業者の主たる商品の市場における地位等によっては、従たる商品の市場における既存の競争者の事業活動を阻害したり、参入障壁を高めたりするような状況等をもたらす可能性がある。

(2) **独占禁止法上問題となる場合**

> (2) 独占禁止法上問題となる場合
> 　ある商品（主たる商品）の市場における有力な事業者が、取引の相手方に対し、当該商品の供給に併せて他の商品（従たる商品）を購入させることによって、従たる商品の市場において市場閉鎖効果が生じる場合には（注10）、不公正な取引方法に該当し、違法となる（一般指定10項（抱き合わせ販売等））。
> 　なお、「市場閉鎖効果が生じる場合」に当たるかどうかについては、前記第1部の3(1)及び(2)アにおいて述べた考え方に基づき判断される。例えば、抱き合わせ販売を行う事業者の主たる商品の市場シェアが大きいほど、当該行為が長期間にわたるほど、対象とされる相手方の数が多いほど、そうでない場合と比較して、市場閉鎖効果が生じる可能性が高くなる。また、従たる商品の市場における商品差別化が進んでいない場合には、そうでない場合と比較して、当該事業者の従たる商品が購入されることにより競争者の従たる商品が購入されなくなるおそれが高く、市場閉鎖効果が生じる可能性が高くなる。

(具体例)
　　X社及びY社はパソコン用ソフトウェアの開発及びライセンスの供与に係る事業を営む者である。X社の表計算ソフト及びY社のワープロソフトは、それぞれ、市場シェア第1位であった。
　　X社は、自社と競合するY社のワープロソフトのみがパソコン本体に搭載されて販売されることは、X社のワープロソフトの市場シェアを高める上で重大な障害となるものと危惧し、パソコン製造販売業者に対し、X社の表計算ソフトとワープロソフトを併せてパソコン本体に搭載して出荷する契約を受け入れさせた。これにより、パソコン製造販売業者はX社の表計算ソフトとワープロソフトを併せて搭載したパソコンを発売し、X社のワープロソフトの市場シェアが拡大して市場シェア第1位を占めるに至った。
　　このようなX社の行為は、一般指定10項に該当し、独占禁止法第19条の規定に違反する。(平成10年12月14日勧告審決、平成10年(勧)第21号)

(注10)　抱き合わせ販売は、顧客の選択の自由を妨げるおそれがあり、価格、品質、サービスを中心とする能率競争の観点から、競争手段として不当である場合にも、不公正な取引方法に該当し、違法となる。事業者による抱き合わせ販売が競争手段として不当であるか否かは、主たる商品の市場力や従たる商品の特性、抱き合わせの態様のほか、当該行為の対象とされる相手方の数、当該行為の反復、継続性、行為の伝播性等の行為の広がりを総合的に考慮する。

解説

1 独占禁止法上問題となる場合

　抱き合わせ販売の不当性、すなわち公正競争阻害性については、次の2つの側面があるとされている。

　まず、顧客の商品やサービスの選択の自由を妨げるおそれのある競争手段であり、価格・品質・サービスを中心とする競争(能率競争)の観点からみて、不公正であることが挙げられる。この側面からは、公正な競争を阻害するおそれがあるか否かは、能率競争の観点からみて、競争手段として不当といえるかどうかにより判断されることになり、市場全体における競争に及ぼす影

響は必ずしも考慮されない。

　次に、抱き合わせる商品（主たる商品）の市場における有力な事業者が抱き合わせ販売を行って、抱き合わされる商品（従たる商品）の市場における自由な競争を減殺するおそれがあることが挙げられる。公正な競争を阻害するおそれの判断においてこの側面を重視するときには、当該行為の競争に及ぼす影響を考慮することになるが、具体的には、後記**2**で述べるとおり、抱き合わされる商品（従たる商品）において市場閉鎖効果が生じる場合に問題となる。

　抱き合わせ販売が公正な競争を阻害するおそれがあるか判断するに当たっては、個別事案ごとに、前記の2つの側面のいずれを重視するかを判断することになる。最近20年程度の法的措置や相談事例の処理をみると、この2つの側面のうち後者の側面を重視して検討がなされていることから、流通・取引慣行ガイドラインでは、抱き合わせ販売を記載するに当たっては、後者の側面を中心に記述し、前者の側面については注において注意喚起するに止めている。

2　市場閉鎖効果が生じる場合

　ある商品（主たる商品）の市場における有力な事業者が、取引の相手方に対し、当該商品の供給に併せて他の商品（従たる商品）を購入させることにより、「市場閉鎖効果が生じる場合」に当たるかどうかは、ガイドライン第1部の3⑴及び⑵アで述べられた考え方に従って判断されるが、本項目においては、幾つかの考慮事項を取り上げて、「市場閉鎖効果」が生じる可能性が高い場合を例示している。

❶　抱き合わせ販売を行う事業者の主たる商品の市場シェア

　抱き合わせ販売を行う事業者の主たる商品の市場シェアが大きければ、そうでない場合と比較して、抱き合わせによってより多くの従たる商品が供給され、従たる商品の市場における競争者の事業活動はその分だけ困難となりやすいと考えられることから、市場閉鎖効果が生じる可能性が高くなると考えられる。

❷ 抱き合わせ販売の期間、相手方の数

抱き合わせ販売の期間が長期間にわたるほど、一般に、その影響は長期間継続することとなり、市場閉鎖効果が生じる可能性が高まると考えられる。また、抱き合わせ販売の対象となる相手方の数が多いほど、通常、代替的な取引先を確保することがより困難となりやすいと考えられ、市場閉鎖効果が生じる可能性が高まると考えられる。

❸ 従たる商品の商品差別化の程度

従たる商品の商品差別化が進んでいない場合、主たる商品と従たる商品を購入しようとする需要者は、一般に、購入の際の様々な手間を考えて、主たる商品と従たる商品を別々に購入するよりも、これらを抱き合わせ販売する事業者から同時に購入することを選択すると考えられる。このため、従たる商品の商品差別化が進んでいないほど、そうでない場合と比べ、市場閉鎖効果が生じる可能性が高まると考えられる。

具体例

ガイドラインでは、抱き合わせ販売により従たる商品の市場において市場閉鎖効果が生じたと考えられる以下の事例を具体例として記載している。

○ マイクロソフト株式会社に対する件（平成10年12月14日勧告審決、平成10年（勧）第21号）

本件では、表計算ソフトにおいて市場シェア1位を占めるマイクロソフトが、取引先のパソコン製造販売業者に対し、同社の表計算ソフトとワープロソフトを併せてパソコン本体に搭載して出荷する契約を受け入れさせている行為が、一般指定10項（抱き合わせ販売等）に該当し独占禁止法第19条の規定に違反するとされたものである。

審決では、この行為により、パソコン製造販売業者はマイクロソフトの表計算ソフトとワープロソフトを併せて搭載したパソコンを発売し、マイクロソフトのワープロソフト市場シェア第1位を占めるに至ったことが認定されている。マイクロソフトは、表計算ソフト（主たる商品）市場において最も有力な自社の表計算ソフトに自社のワープロソフト（従たる商品）を抱き合わせ

[図表1-31] マイクロソフト株式会社に対する件

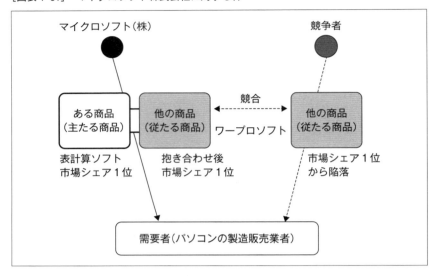

販売することで、パソコン製造業者が同社の表計算ソフトに同社の競争者のワープロソフトを合わせて搭載したパソコンを製造販売することができなくなった。このことで、競争者のワープロソフトは、マイクロソフトのワープロソフト（従たる商品）市場での競争上不利な立場に置かれ、前述のとおりマイクロソフトのワープロソフトは市場シェア1位を占めるに至っていることから、本件抱き合わせ販売は従たる商品の市場において市場閉鎖効果を生じるものと容易に認めることができると考えられる。

なお、ガイドラインでは特に触れられていないが、審決では、マイクロソフトが、スケジュール管理ソフトの販売を開始するに当たり、同社の表計算ソフト及びワープロソフトとスケジュール管理ソフトを併せてパソコン本体に搭載して出荷する契約を受け入れさせた行為も、一般指定10項（抱き合わせ販売等）に該当し独占禁止法第19条の規定に違反するとされた。この行為に伴い、スケジュール管理ソフトの市場において、同社のスケジュール管理ソフトが第1位を占めるに至ったことが認定されている。

3 競争手段として不当な場合

　ガイドラインは、抱き合わせ販売が公正な競争を阻害するおそれがあり、不公正な取引方法に該当し、違法となる場合として、従たる市場において市場閉鎖効果が生じる場合を中心に論じている。しかし、既に説明したとおり、価格、品質、サービスを中心とする能率競争の観点から、競争手段として不当である場合にも、不公正な取引方法に該当し、違法となる。ガイドラインではその旨が注記されている。抱き合わせ販売の公正競争阻害性については、一般指定に10項として盛り込まれた当時（昭和57年）は、競争手段の不公正さの側面がより意識されていた。また、既に審決例があることも踏まえ、平成29年のガイドライン改正で抱き合わせ販売の項目を追加するに当たり、（注10）の記載が盛り込まれたものである。

　事業者による抱き合わせ販売が競争手段として不当であるか否かは、個々の事案に応じて、主たる商品の市場力や従たる商品の特性、抱き合わせの態様のほか、当該行為の対象とされる相手方の数、当該行為の反復、継続性、行為の伝播性等の行為の広がりが、総合的に考慮されることになろう。

参考事例

　抱き合わせ販売が、競争手段として不当であるとして問題となった事例としては、以下の事例がある。

○　株式会社藤田屋に対する件（平成4年2月28日審判審決、平成2年（判）第2号）
　本件は、藤田屋が当時において大変人気が高かった家庭用テレビゲーム機のゲームソフトであるドラゴンクエスト（ドラクエ）Ⅳを販売する条件として、同社の在庫となっていた他の家庭用ゲーム用を抱き合わせて販売していた行為が、一般指定10項（抱き合わせ販売）に該当し、独占禁止法第19条に違反するとされたものである。
　審決では、本件抱き合わせ販売は、大要以下のことから公正な競争を阻害するおそれがあるものというべきとしている。
①　本件抱き合わせ販売は、ドラクエⅣが人気の高い商品であることから、その市場力を利用して価格・品質等によらず他のゲームソフトを抱き合わせて販売したものであり、買手の商品選択の自由を妨げ、卸売業者間

[図表1-32] 株式会社藤田屋に対する件

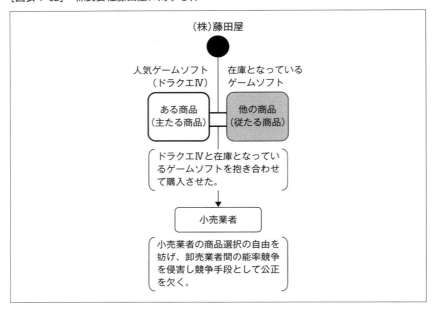

の能率競争を侵害し競争手段として公正を欠くものといわざるを得ない。
② 本件抱き合わせ販売は、ドラクエIVの市場力を利用し自己の所有する在庫品の処分を企図したもので、希望した者のみを対象とした単発的、偶発的なものではなく、組織的、計画的な計画なものであった。
③ ゲームソフトは、現実には人気商品は販売されるゲームソフトの一部であること等から、その大半は流通業者が在庫として抱えることになるのが通常であるため、人気商品が販売された場合、在庫品を処分するため人気商品と不人気商品とを抱き合わせて販売することが必ずしもまれではなく、ドラクエIVの前作であるドラクエIIIの販売に当たり、本件と同様の抱き合わせ販売を行い、公正取引委員会から警告を受けている。
④ ②及び③の事実並びに本件抱き合わせ販売は、事業者の独占的地位あるいは経済力を背景とするものではなく、ドラクエIVの人気そのものに依存するものであるため、人気商品を入手し得る立場にある者は、容易に実行することができる行為であることを考えると、本件抱き合わせ販

売は、実際に販売されたのは小売業者25店に対し被抱き合わせゲームソフト約3,500本であるが、実績配分以上の数量を希望した取引先小売業者を対象に組織的、計画的になされたもので、その性質上及び市場の実態からみて反復性、伝播性があり、更に広い範囲で本件の如き抱き合わせ販売が行われる危険性を有し、被抱き合わせ商品市場における競争秩序に悪影響を及ぼすおそれがあるものと認められる。

(3) ある商品の供給に併せて他の商品を購入させること

> (3) ある商品の供給に併せて購入させる商品が「他の商品」といえるか否かについては、組み合わされた商品がそれぞれ独自性を有し、独立して取引の対象とされているか否かという観点から判断される。具体的には、判断に当たって、それぞれの商品について、需要者が異なるか、内容・機能が異なるか(組み合わされた商品の内容・機能が抱き合わせ前のそれぞれの商品と比べて実質的に変わっているかを含む。)、需要者が単品で購入することができるか(組み合わされた商品が通常一つの単位として販売又は使用されているかを含む。)等の点が総合的に考慮される。
> 　当該商品の供給に併せて他の商品を「購入させること」に当たるか否かは、ある商品の供給を受けるに際し客観的にみて少なからぬ顧客が他の商品の購入を余儀なくされるか否かによって判断される。
> 　また、ある商品を購入した後に必要となる補完的商品に係る市場(いわゆるアフターマーケット)において特定の商品を購入させる行為も、抱き合わせ販売に含まれる。

解説

1 ある商品の供給に併せて供給させる商品が「他の商品」といえること

　ある商品の供給に併せて購入させる商品が「他の商品」といえるか否かの判断は、組み合わされた商品がそれぞれ独自性を有し、独立して取引の対象とされているか否かという観点からなされる。ガイドラインは、判断に当たって、それぞれの商品について、需要者が異なるか、内容・機能が異なるか(組み合わされた商品の内容・機能が抱き合わせ前のそれぞれの商品と比べて実質的に変わっているかを含む。)、需要者が単品で購入することができるか(組み合わされた商品が通常1つの単位として販売又は使用されているかを含む。)等の点が

総合的に考慮されるとしている。

具体例や参考事例で紹介した事案では、「他の商品」か否かは争点となっていない。しかし、事案によっては市場の状況により判断が異なるような場合も考えられる。例えば、シニア住宅（国土交通省及び厚生労働省所管の財団が定めた老人向けに配慮した居住基準に適合した住宅であり、老人ホームに比して建設の際に容積率等についての優遇措置が定められている。）の入居契約者に対し、介護専用型有料老人ホームへの入居予約を義務付けることは、独占禁止法上問題ないと回答した事例（事業者の活動に関する相談事例集（平成13年3月27日）事例3）においては、大要以下の考え方が示されている。

① A社（相談者）は、シニア住宅の契約希望者はシニア住宅への入居のみを望んでいるというよりは、要介護状態になったときには介護専用型有料老人ホームでの介護が得られることも含めて、シニア住宅の入居契約を行う予測しており、現時点（筆者注：回答時点）においては、シニア住宅と介護専用型有料老人ホームとは、一体として単一の商品であるといえ、抱き合わせ販売に該当するものではない。

② ただし、介護保険制度は始まったばかりであり、今後、A社のようなビジネスや介護のあり方がどのように発展・変化していくか必ずしも明らかでない。例えば、在宅介護が充実していけば、今後シニア住宅及び介護専用型有料老人ホームに対する顧客ニーズ及び市場の変化によっては、必ずしも単一の商品とはいえなくなる場合もある。その場合において、A社がシニア住宅における有力な事業者となり、本件の販売方法により、介護専用型有料老人ホーム市場における自由な競争が減殺される場合には、独占禁止法上問題となる。

2 ある商品の供給に併せて他の商品を「購入させること」

「ある商品の供給に併せて他の商品を購入させる」とは、抱き合わされる商品（他の商品）を購入しなければ、主たる商品（ある商品）を供給しない関係にあることをいい、明白な強要行為は必ずしも必要としない。また、2つの商品を組み合わせてセット販売する場合であっても、それぞれの商品を別々に購入する選択の自由が確保されていれば、ある商品の供給に併せて他の商品を「購入させる」とはいえないであろう。

「購入させること」に当たるか否かは、ある商品の供給を受けるに際し客観的にみて少なからぬ顧客が他の商品の購入を余儀なくされるか否かによって判断される。(2)**3**の参考事例で紹介した株式会社藤田屋に対する件の審決では、「本件抱き合わせ販売は、……ドラクエⅣの需要がその供給を大きく上回り、取引先小売業者が1本でも多く確保したいと希望し、かつ新規の取引先から容易に入手し難い状況のもとで行われたものであり、客観的にみて少なからぬ顧客が他の商品の購入を余儀なくされるものと認めることができ、……『購入させること』にあたるものといえる」との判断が示されている。

3　アフターマーケット

　ある商品を購入した後に必要となる補完的商品に係る市場（いわゆるアフターマーケット）において特定の商品を購入させる行為も、抱き合わせ販売に含まれる。このような行為として、これまでの相談事例で抱き合わせ販売の観点から検討されたものとしては、例えば、ソフトウェアとその保守サービスのセット販売（事業者の活動に関する相談事例集（平成11年3月30日）事例7）、新製品の複写機のリースの際における消耗品の購入の義務付け（事業者の事業活動に関する相談事例集（平成12年3月30日）事例6）、バイオ検査機器と検査試薬のセット販売（平成17年度相談事例集・事例3）がある。

第3 リベートの供与

1 考え方

> 第3 リベートの供与
> 1 考え方
> (1) 事業者の取引先事業者に対するリベート（一般的には、仕切価格とは区別されて取引先に制度的に又は個別の取引ごとに支払われる金銭をいう。）の供与の実態をみると、仕切価格の修正としての性格を有するもの、販売促進を目的としたもの等様々である。このように、リベートは、様々な目的のために支払われ、また、価格の一要素として市場の実態に即した価格形成を促進するという側面も有することから、リベートの供与自体が直ちに独占禁止法上問題となるものではない。
>
> （具体例）
> 　市場における有力な福祉用具メーカーX社が、福祉用具Aを販売するに当たって、インターネット販売業者を対象とせずに、店舗販売業者のみを対象とするリベートを新たに設けること（具体的な方法として、①来店した一般消費者に直接適切な商品説明を行うための販売員教育を行うこと、②種類ごとに一定の在庫を常時確保することの両方の条件を満たす場合に、当該販売方法を支援するリベートを供与する。当該リベートは、X社の福祉用具Aの販売量によって変動・増減しない固定額で供与される。）は、安値販売を行っているインターネット販売業者についてはリベートを受け取ることができないが、当該リベートは、店舗販売に要する販売コストを支援するためのものであり、インターネット販売業者に対する卸売価格を引き上げるものではなく、その事業活動を制限するものではないことから、独占禁止法上問題となるものではない。（平成25年度相談事例集「4　福祉用具メーカーによる店舗販売業者のみに対するリベートの供与」）

(2) しかし、リベートの供与の方法によっては、取引先事業者の事業活動を制限することとなり、独占禁止法上問題となる場合がある。事業者が供与の基準の不明確なリベートを裁量的に提供する場合、特に、そうした不透明なリベートが取引先事業者のマージンの大きな割合を占める場合には、取引先事業者に対して事業者の販売政策に従わせやすくするという効果を生じ、取引先事業者の事業活動を制限することとなりやすい。このため、事業者においては、リベートの供与の基準を明確にし、これを取引の相手方に示すことが望ましい。

解説

1 様々なリベート

　事業者と取引先事業者との取引条件としては、仕切価格をいくらにするかということとは別に、リベートが提供される場合がある。リベートは、「月々の取引高がいくらになったらいくら出しましょう。」というように個別の取引ごとに支払われる場合もある。このようなリベートの性格としても、

① 「仕切価格は下げられないが、リベートとしていくら出しましょう。」とか「仕切価格は一定とするが、取引高に応じてリベートを出しましょう。」というように実質的には仕切価格の修正としての性格を有するもの

② 「年間販売数量としてこれだけ達成したら、いくら出しましょう。」あるいは「この商品を重点的に販売していただくこととしましたので、特別にいくらいくらリベートを出しましょう。」というように販売促進を目的としたもの（①で例示しているリベートにも販売促進の面があり、②、③で例示しているリベートにも仕切価格の修正としての性格がある。）

③ 「弊社が指定する受発注システムを活用していただければ、リベートを出しましょう。」あるいは「返品率を○○％以下にしていただければ、リベートを出しましょう。」というように取引条件を一定の方向に誘導しようとするもの

④ 「新商品の販売促進のためのブースの設置等一定の投資を行っていただければ、リベートを出しましょう。」あるいは「来店したお客様に直接適切な商品説明を行うための販売員教育を行っていただければ、リベートを出しましょう。」というように、取引先事業者の販売コストの支援を

目的としたもの
など様々なものがある。

2　リベートの供与についての独占禁止法上の考え方

　このように、リベートは、様々な目的のために支払われるものであり、また、価格の一要素として市場の実態に即した柔軟な価格形成を促進するという側面も有することから、リベートの供与自体が直ちに独占禁止法上問題となるものではない。

　しかし、例えば、事業者が取引先事業者に対し「この価格以上で販売していただけるのであれば、リベートを出しましょう。販売いただけないのであれば、リベートはカットさせてもらいます。」という場合には、リベートの供与を通じて流通業者の再販売価格が拘束されることとなる。このようにリベートの供与の方法によっては、流通業者の事業活動を制限することとなり、独占禁止法上の問題となる場合がある。

具体例

　平成29年のガイドライン改正において、事業者の萎縮効果を緩和し、一層の利便性の向上に資する観点から、リベートの供与が問題とならなかった具体例として、以下の相談事例を追記している。

　○　平成25年度相談事例集「4　福祉用具メーカーによる店舗販売業者のみに対するリベートの供与」

　本件は、市場における有力な福祉用具メーカーが、福祉用具を販売するに当たって、インターネット販売業者を対象とせずに、店舗販売業者のみを対象とするリベートを新たに設けることについて、独占禁止法上問題ないと回答した事例である。

　福祉用具メーカーX社（相談者）は、福祉用具Aの販売において市場シェア約30％（第1位）を占めており、小売業者（店舗販売業者、インターネット販売業者）を通じて一般消費者に販売している。福祉用具Aの販売価格は、店舗販売業者よりインターネット販売業者の方が1割程度安い。

　福祉用具Aは、身体に装着して利用するものであり、効能の違いにより複

［図表1-33］ 相談事例（福祉用具メーカーによる店舗販売業者のみに対するリベートの供与）

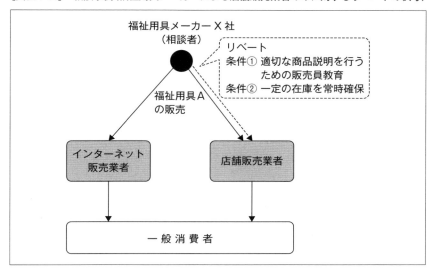

数の商品が販売され、また、一般消費者の個体差や症状に応じて多数の種類が存在する。X社の福祉用具Aの販売は年々減少しており、その要因として、①販売員が商品の効能に関する適切な説明ができていないこと、②種類ごとの在庫が十分に確保されておらず、販売機会の喪失が大きいことが考えられた。

　こうした状況の中、X社が、福祉用具Aを販売するに当たって、インターネット販売業者を対象とせずに、店舗販売業者のみを対象とするリベートを新たに設けること（具体的な方法として、①来店した一般消費者に直接適切な商品説明を行うための販売員教育を行うこと、②種類ごとに一定の在庫を常時確保することの両方の条件を満たす場合に、当該販売方法を支援するリベートを供与する。当該リベートは、X社の福祉用具Aの販売量によって変動・増減しない固定額で供与される。）について、相談がなされたものである。

　このリベートの設定については、安値販売を行っているインターネット販売業者についてはリベートを受け取ることができないが、当該リベートは、店舗販売に要する販売コストを支援するためのものであり、インターネット販売業者に対する卸売価格を引き上げるものではなく、その事業活動を制限

するものではないことから、独占禁止法上問題となるものではないとされた。

3 望ましいリベート供与基準の在り方

　リベートに関連して、「様々なリベートが支払われており、外部からみてその実態が不透明である。」ということが問題点として指摘されることがある。リベートの実態が外からみてわかりにくいとしても、そのこと自体が独占禁止法上問題となるものではない。また、どのような場合にリベートが支払われるのか、取引先流通業者にとって不明確であっても、そのこと自体も同法上問題となるものではない。

　しかし、事業者が基準の不明確なリベートを裁量的に提供する場合、言い方を変えれば、取引先事業者が何らかの点で当該事業者の意に反したことをすれば、いつでもリベートがカットされるかもしれないという場合、特に、そうした不透明なリベートが当該取引先事業者のマージンの大きな割合を占めており、リベートがカットされた場合のその経営に与える影響が大きい場合には、当該取引先事業者としては当該事業者の意向を重要視せざるをえないこととなり、当該取引先事業者に対して当該事業者の販売政策に従わせやすくするという効果が生じると考えられる。このような場合においては、事業者が取引先事業者に対して、例えば、「この商品はこの価格で販売してほしい。」というように単に希望を述べたに過ぎないようなときであっても、結果的に再販売価格の拘束など流通業者の事業活動に対する制限につながりやすい。

　このようなことを未然に防止する観点からは、事業者が取引先事業者に対しリベートを供与しようとするときは、そのリベートの供与基準を当該取引先事業者に対しあらかじめ明確にすることが望ましい。

2　独占禁止法上問題となる場合
(1)　取引先事業者の事業活動に対する制限としてのリベート

> 　2　独占禁止法上問題となる場合
> 　(1)　取引先事業者の事業活動に対する制限の手段としてのリベート
> 　　取引先事業者に対し、事業者の示した価格で販売しないためにリベートを削減する場合など、リベートを手段として、取引先事業者の販売価

格、競争品の取扱い、販売地域、取引先等についての制限が行われる場合には、前記第1及び第2において述べた考え方に従って違法性の有無が判断される（独占禁止法第2条第9項第4号（再販売価格の拘束）、一般指定11項（排他条件付取引）又は12項（拘束条件付取引））。
　また、取引先事業者がいくらで販売するか、競争品を取り扱っているかどうか等によってリベートを差別的に供与する行為それ自体も、取引先事業者に対する違法な制限と同様の機能を持つ場合には、不公正な取引方法に該当し、違法となる（一般指定4項（取引条件等の差別取扱い）以下(2)及び(3)も同様。）。
　なお、いわゆる払込制（事業者が取引先事業者からマージンの全部又は一部を徴収し、これを一定期間保管した後に、当該取引先事業者に払い戻すこと）が、取引先事業者に対する違法な制限の手段となっている場合又は違法な制限と同様の機能を持つ場合も、上記と同様に判断される。

解説

1　リベートを手段とした取引先事業者に対する事業活動の制限

　取引先事業者に対し、事業者の示した価格で販売しない場合にリベートを削減するというように、リベートを手段として再販売価格の拘束を行う場合には、前記第1の2で述べたように不公正な取引方法として原則として違法となる（独占禁止法第2条第9項第4号（再販売価格の拘束））。
　また、競争品を取り扱わなければリベートを出すというように、リベートを手段として取引先事業者の競争品の取扱いについての制限を行う場合には、前記第2の2(1)で述べたように、①当該事業者が市場において有力な事業者であり、②その行為によって市場閉鎖効果が生じる場合に不公正な取引方法として違法となる（一般指定11項（排他条件付取引）又は12項（拘束条件付取引））。
　同様に、リベートを手段として流通業者の販売地域、取引先又は販売方法についての制限を行う場合には、流通・取引慣行ガイドライン第1部第2の3、4、6で述べた考え方に従って違法性の有無が判断される（一般指定12項（拘束条件付取引））。

2　取引先事業者に対する差別的なリベートの供与

　取引先事業者がいくらで販売するか、競争品を取り扱っているかどうか等によってリベートを差別的に供与し、このことによって、流通業者に対する違法な制限が行われる場合には、リベートを手段とした制限行為であるという点に着目して、独占禁止法第2条第9項第4号（再販売価格の拘束）、一般指定11項（排他条件付取引）又は12項（拘束条件付取引）が適用されるが、違法な制限をもたらす差別的な行為であるという点に着目して、一般指定4項（取引条件等の差別取扱い）が適用されることもあり得る（法律の適用の仕方の問題であって、いずれを適用する場合であっても違法であることには変わりがない。）。

3　払込制

　なお、リベートと類似したものとして、いわゆる払込制（事業者が取引先事業者からマージンの全部又は一部を徴収し、これを一定期間保管した後に、当該流通業者に払い戻すこと）があるが、このような行為についても、取引先事業者に対する違法な制限の手段となっている場合又は違法な制限と同様の機能を持つ場合には、前記**1**及び**2**と同様に判断される。

(2)　競争品の取扱制限としての機能を持つリベート

> (2)　競争品の取扱制限としての機能を持つリベート
> 　　事業者は、取引先事業者の一定期間における取引額全体に占める自社商品の取引額の割合や、取引先事業者の店舗に展示されている商品全体に占める自社商品の展示の割合（占有率）に応じたリベート（以下「占有率リベート」という。）を供与する場合がある。また、事業者は、例えば、数量リベートを供与するに当たり、一定期間の取引先事業者の仕入高についてランクを設け、ランク別に累進的な供与率を設定する場合がある。このような場合において、リベートの供与が、競争品の取扱制限としての機能を持つことがある。
> 　　このようなリベートの供与が、競争品の取扱制限としての機能を持つものといえるかどうかを判断するに当たっては、リベートの水準、リベートを供与する基準、リベートの累進度、リベートの遡及性等を総合的に考慮して判断することとなる（注11）。

(中略)
(注11) 個々の考慮事項のより具体的な考え方は、排除型私的独占ガイドライン第2の3(3)ア〜エにおいて明らかにされている。

解説

1 競争品の取扱制限の機能を持つリベート

事業者は自社商品の販売促進のため、取引先事業者の一定期間における取引額全体に占める自社商品の取引額の割合や、取引先事業者の店舗に展示されている商品全体に占める自社商品の展示の割合（占有率）に応じたリベート（占有率リベート）を供与したり、数量リベートを供与するに当たり、一定期間の取引先事業者の仕入高についてランクを設け、ランク別に累進的な供与率を設定したりする場合がある。ガイドラインは、こうしたリベートの供与は、その態様によっては、取引先事業者による競争品の取扱いを制限する機能を有することがあるとしている。

2 競争品の取扱いを制限する機能を有するか否かの考慮事項

ガイドラインは、リベートの供与が競争品の取扱いを制限する機能を有するか否かを判断するに当たっては、リベートの水準、リベートを供与する基準、リベートの累進度、リベートの遡及性等を総合的に考慮して判断する旨を明らかにするとともに、個々の考慮事項のより具体的な考え方は、排除型私的独占ガイドライン第2の3(3)ア〜エにおいて明らかにされていると注記している。

なお、排除型私的独占ガイドライン第2の3(3)ア〜エの記載は次のとおりである。

(参考) 排除型私的独占ガイドライン第2の3(3)抜粋
ア　リベートの水準
　　リベートの金額や供与率の水準が高く設定されている場合は、そうでない場合と比較して、取引先が行為者からより多くの商品を購入する可能性が高くなる。したがって、競争品の取扱いを制限する効果が高くなる。
イ　リベートを供与する基準
　　リベートを供与する基準が取引先の達成可能な範囲内で高い水準に設定さ

れている場合は、そうでない場合と比較して、行為者の商品を競争品よりも優先的に取り扱わせる機能が強く働き、取引先が行為者からより多くの商品を購入する可能性が高くなる。したがって、競争品の取扱いを制限する効果が高くなる。

　また、取引先ごとにリベートを供与する基準が設定されている場合は、取引先全体に対して一律の基準が設定されている場合と比較して、行為者は、自らの商品を競争品よりも優先的に取り扱わせる機能が最も強く働くように、リベートを供与する基準を取引先の個別事情に応じて設定することができるため、取引先が行為者からより多くの商品を購入する可能性が高くなる。したがって、競争品の取扱いを制限する効果が高くなる。

ウ　リベートの累進度
　一定期間における取引数量等に応じて累進的にリベートの水準が設定されている場合は、そうでない場合と比較して、行為者の商品を競争品よりも優先的に取り扱わせる機能が強く働き、取引先が行為者からより多くの商品を購入する可能性が高くなる。したがって、競争品の取扱いを制限する効果が高くなる。

エ　リベートの遡及性
　実際の取引数量等がリベートを供与する基準を超えた際に、リベートがそれまでの取引数量等の全体について供与される場合は、設定された基準を超えて取引された取引数量等についてのみ供与される場合と比較して、行為者の商品を競争品よりも優先的に取り扱わせる機能が強く働き、取引先が行為者からより多くの商品を購入する可能性が高くなる。したがって、競争品の取扱いを制限する効果が高くなる。

ア　占有率リベート

> ア　占有率リベート
> 　占有率リベートの供与が、競争品の取扱制限としての機能を持つこととなる場合は、前記第2の2(1)（取引先事業者に対する自己の競争者との取引や競争品の取扱いに関する制限）において述べた考え方に従って違法性の有無が判断される。
> 　すなわち、市場における有力な事業者が占有率リベートを供与し、これによって取引先事業者の競争品の取扱いを制限することとなり、その結果、市場閉鎖効果が生じる場合には、不公正な取引方法に該当し、違法となる（一般指定4項、11項又は12項）。

解説

　事業者は、例えば、「自社商品の取扱高が同種商品全体の○○％以上になれば、いくらいくら、△△％以上になれば、いくらいくらリベートを出しましょう。」あるいは「自社商品の売り場面積を売り場面積全体の何割以上にしてくれれば、いくらいくらリベートを出しましょう。」というように、取引先事業者の一定期間における取引額全体に占める自社商品の取引額の割合や、流通業者の店舗に展示されている商品全体に占める自社商品の展示の割合（占有率）に応じてリベートを供与する場合がある。

　この場合、基準となる占有率が低かったり、リベートの額があまり魅力的でなければ、競争品を排除するような効果は生じにくいと考えられる。しかし、基準となる占有率の高さやリベートの額の大きさによっては、競争品の取扱い制限としての機能を持つこととなり得る。このような機能を持つ場合は、前記第2の2(1)において述べた考え方に従って違法性の有無が判断される。

　すなわち、占有率リベート自体が問題となるのではなく、
　① 市場における有力な事業者が占有率リベートを供与し、
　② これによって取引先事業者の競争品の取扱いを制限することとなり、
　③ 市場閉鎖効果が生じる場合に、
不公正な取引方法に該当し、違法となる（一般指定4項（取引条件等の差別取扱い）、11項（排他条件付取引）又は12項（拘束条件付取引））。

　イ　著しく累進的なリベート

> 　イ　著しく累進的なリベート
> 　　累進的なリベートは、市場の実態に即した価格形成を促進するという側面を有するものであるが、その累進度が著しく高い場合には、自社製品を他社製品よりも優先的に取り扱わせる機能を持つ。
> 　　取引先事業者に対する著しく累進的なリベートの供与が、競争品の取扱制限としての機能を持つこととなる場合は、前記第2の2(1)（取引先事業者に対する自己の競争者との取引や競争品の取扱いに関する制限）において述べた考え方に従って違法性の有無が判断される。
> 　　すなわち、市場における有力な事業者がこのようなリベートを供与

し、これによって取引先事業者の競争品の取扱いを制限することとなり、その結果、市場閉鎖効果が生じる場合には、不公正な取引方法に該当し、違法となる（一般指定4項、11項又は12項）。

解説

　事業者は、例えば、数量リベートを供与するに当たり、一定期間の取引先事業者の仕入高についてランクを設け、例えば、「年間500万円以上なら仕入高の2％のリベート、700万円以上なら3％、1000万円以上なら4％」というように、ランク別に累進的な供与率を設定する場合がある。累進的なリベートは、市場の実態に即した価格形成を促進するという側面を有するものであるが、その累進度が著しく高い場合には、自己の商品を他社商品（競争品）よりも優先的に取り扱わせる機能を持ち得る。

　取引先事業者に対する著しく累進的なリベートの供与が、競争品の取扱い制限としての機能を持つ場合は、前記第2の2(1)において述べた考え方に従って違法性の有無が判断される。

　すなわち、累進的なリベート自体が問題となるのではなく、

① 事業者は市場における有力な事業者に該当し、
② 累進的なリベートによって取引先事業者に対して競争品を取り扱わせないようにさせ、又はその取扱いを制限することとなり、
③ 市場閉鎖効果が生じる場合に、

不公正な取引方法に該当し、違法となる（一般指定4項（取引条件等の差別取扱い）、11項（排他条件付取引）又は12項（拘束条件付取引））。

参考事例

　競争品の取扱いを制限する機能を有するリベートが独占禁止法に違反するとされた事例は次の2つである。うち1つは、私的独占の事例であるが、有名なものであり、競争品の取扱いを制限する機能を有するリベートの違反事例として典型例であることから、本書で取り上げることとしたものである。

○ 山口県経済農業協同組合連合会に対する件（平成9年8月6日勧告審決、平成9年（勧）第6号）

本件は、会員農協が仕入れる農薬及び肥料の大部分を供給する山口県経済農業組合連合会（山口県経済連）が、経済連利用率（会員農協の仕入高全体に占める自己からの仕入高の比率）等を基準に会員農協に対し、

① 農薬及び肥料の双方について計画（経済連利用率90％以上）を達成した場合には、達成率100％とみなし、これに相当する奨励金を

② 農薬及び肥料のいずれか、又はいずれについても計画を達成できなかった場合には、農薬と肥料のいずれかの低い方の利用率に応じた奨励金を

支給し、奨励金が重要な収益源であった会員農協は高水準の経済連利用率を維持しているというものである。このような山口県経済連の行為は、会員農協とこれに農薬又は肥料を供給する自己の競争者との取引を不当に拘束するものであり、当時の一般指定13項（現在の一般指定12項）（拘束条件付取引）

[図表1-34] 山口県経済農業協同組合連合会に対する件

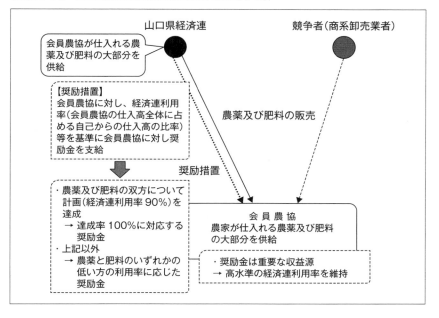

2 独占禁止法上問題となる場合　173

に該当し、独占禁止法第19条に違反するものとされた。

○ インテル株式会社に対する件（平成17年4月13日勧告審決、平成17年（勧）第1号）

インテル株式会社（日本インテル）は、インテル製CPUを輸入し国内パソコンメーカーに販売している。インテル製CPUは、CPUの国内総販売数量の大部分を占め、強いブランド力を有しており、国内パソコンメーカーにとって、パソコンの品揃えの中にインテル製CPUを掲載したパソコンを有することが重要となっている。

このような状況の中、日本インテルは、各国内パソコンメーカーのMSS（各国内パソコンメーカーが製造販売するパソコンに搭載するCPU数量のうちインテル製CPUの数量が占める割合）を最大化することを目標として、国内パソコンメーカー5社に対し、
① MSSを100%とし、競争事業者製のCPUを採用しないこと
② MSSを90%とし、競争事業者製のCPUの割合を10%に抑えること
③ 生産数量の比較的多い複数の商品群に属するパソコンに搭載するCPUについて、競争事業者製のCPUを採用しないこと
のいずれかを条件として、インテル製CPUに係る割戻し又は資金提供を行うことを約束することにより、競争事業者製CPUを採用しないようにさせる行為を行っている。

そして、このような行為の結果、国内のパソコンメーカーにより、
④ 競争事業者製CPUからインテル製CPUへの切替え
⑤ MSSの100%又は90%への引上げ
⑥ 生産数量の比較的多い複数の商品群に属する全てのパソコンへのインテル製CPUの搭載
が行われ、これらにより、競争事業者製CPUのシェアが約24%から約11%に減少している。

本件では、以上の事実によれば、日本インテルは、国内パソコンメーカー5社に対するCPUの販売に係る競争事業者の事業活動を排除することにより、国内パソコンメーカー向けCPUの販売分野における競争を実質的に制限するものであって、これは、私的独占（独占禁止法第2条第5項）に該当し、

[図表1-35] インテル株式会社に対する件

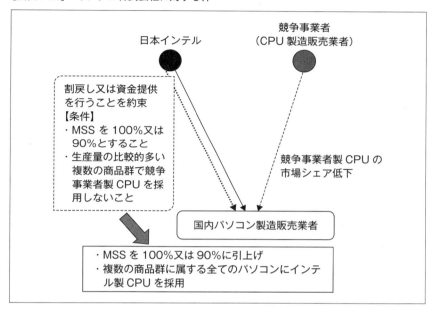

独占禁止法第3条に違反するものとされた。

(3) 帳合取引の義務付けとなるようなリベートを供与する場合

> (3) 帳合取引の義務付けとなるようなリベートを供与する場合
> 事業者は、間接の取引先である小売業者に対しても、小売業者の当該事業者の商品の仕入高に応じて、直接に、又は卸売業者を通じてリベートを供与する場合がある。事業者がこのようなリベートを供与する場合において、小売業者に対するリベートの供与額を計算するに当たって、当該事業者の商品の仕入高のうち、特定の卸売業者からの仕入高のみを計算の基礎とする場合には、帳合取引の義務付けとしての機能を持つこととなりやすい。
> このようなリベートの供与が、帳合取引の義務付けとしての機能を持つこととなる場合は、前記第2の4(2)(帳合取引の義務付け)において述べた考え方に従って違法性の有無が判断される。
> すなわち、このような機能を持つリベートの供与によって価格維持効

2 独占禁止法上問題となる場合 175

> 果が生じる場合には、不公正な取引方法に該当し、違法となる（一般指定4項又は12項）。

解説

　事業者から卸売業者、卸売業者から小売業者というように商品が販売される場合には、当該事業者にとって小売業者はいわば間接の取引先になるが、事業者は直接の取引先である卸売業者にリベートを供与するのみではなく、間接の取引先である小売業者に対しても販売促進等のため、リベートを供与する場合がある。

　このような場合において、事業者が、小売業者の仕入高（当該事業者の商品の仕入高）のうち、特定の卸売業者からの仕入高のみをリベート供与額の計算の基礎とし、他の卸売業者から仕入れた分についてはリベートの対象としない場合には、当該小売業者にとって、特定の卸売業者から仕入れるとリベートがもらえ、他の卸売業者から仕入れるとリベートがもらえず、不利になることから、帳合取引の義務付けとしての機能を持つこととなりやすい。

　このようなリベートの供与が、帳合取引の義務付けとしての機能を持つこととなる場合は、ガイドライン第2の4(2)において述べた考え方に従って違法性の有無が判断される。

　すなわち、このようなリベートの供与自体が独占禁止法上問題となるのではなく、

① このようなリベートの供与によって、事業者が卸売業者に対して、その販売先である小売業者を特定させ、小売業者が特定の卸売業者としか取引できないようにさせることとなり、その結果、

② 価格維持効果が生じる場合には、

不公正な取引方法に該当し、違法となる（一般指定4項（取引条件等の差別取扱い）又は12項（拘束条件付取引））。

第2部

取引先の選択

1 基本的考え方

> 第2部　取引先の選択
> 1　事業者は、公正かつ自由な競争を通じ、価格、品質、サービス等の取引条件の優劣に基づいた自主的判断によって取引先の選択を行う。また、事業者は取引先を選択するに当たり、個々の取引における価格、品質、サービス等の取引条件の優劣に加え、供給の安定性、技術開発力、自己の要求への対応の弾力性など購入先の事業者総体としての評価をも併せ考慮する場合がある。事業者が取引先の選択をかかる観点から行い、その結果、事業者間の取引が継続的なものとなっているのであれば、独占禁止法上問題となるものではない。
> 　しかし、事業者が、例えば、既存の取引関係を維持するために他の事業者との間で相互に既存の取引関係を尊重しこれを優先させることを話し合ったり、他の事業者と共同して競争者を排除するような行為を行えば、顧客の獲得を巡って行われる競争が制限されたり、新たな競争者の参入が妨げられ、市場における競争が制限されることとなる。

【解説】

　事業者は、個々の取引における価格、品質、サービスのほか、供給の安定性や技術開発力、自己の要求への対応の弾力性等も考慮して取引先を選定する。このような取引条件や購入先の事業者総体としての評価に基づき、事業者が自由かつ自主的な判断によって取引先の選定を行い、その結果として特定の事業者との取引が継続的なものとなっているのであれば、独占禁止法上問題はない。

　しかし、事業者が、既存の取引関係を継続するために、他の事業者との間で相互に既存の取引関係を尊重し、これを優先させることを話し合ったり、他の事業者と共同して競争者を排除するような行為、例えば、複数の事業者間で取引先又は市場を分割したり、事業者が共同して新規参入を阻止したり、既存の競争者を市場から退出させるような行為を行えば、顧客の獲得を巡る競争が制限されたり、新たな競争者の参入が妨げられ、市場における競争が制限されることとなる。

　流通・取引慣行ガイドラインは、第2部の冒頭で、取引先の選択に関連して、以上のような考え方を明らかにしている。

2　第2部の対象範囲

> 2　第2部では、自由かつ自主的に行われるべき事業者による取引先の選択において、他の事業者と共同して競争者の新規参入を阻止し又は競争者を排除するような行為等について、独占禁止法上の考え方を明らかにしている。

解説

1　第2部の対象となる行為類型

　ガイドライン第2部は、本来自由かつ自主的に行われるべき事業者の取引先の選択において、他の事業者と共同して競争者の新規参入を阻止し、又は競争者を市場から排除するような行為を中心に独占禁止法上の考え方を示している。

　具体的には、まず、取引先選択に関して行われる2つの共同行為——①顧客獲得競争の制限、②共同ボイコット——を取り上げている。

　また、第2部においては、③単独の直接取引拒絶を取り上げている。事業者が自由かつ自主的な判断により、ある事業者と取引し又は取引しないこととしても、基本的に問題となることはないが、独占禁止法上違法な行為の実効性を確保するために取引を拒絶したり、新規参入の阻止などの不当な目的のために取引を拒絶したりする場合には、例外的に同法上問題となる。単独の直接取引拒絶においては、こうした考え方が示されている。

　なお、第2部の行為類型は、複数の事業者による行為（①、②）と一事業者の行為（③）とが混在しているが、これらはいずれも事業者の取引先の選択に関して行われる行為であるという意味において共通点があるといえることから、第2部としてまとめて論じることとしたものである。

2　平成29年改正前のガイドラインとの比較

　現在のガイドライン第2部は、平成29年改正前のガイドライン第1部の第1から第3に相当する部分である。平成29年の改正に当たり、共同ボイコットにより市場における競争が実質的に制限される場合には不当な取引制限のほか私的独占にも該当し得るため、その旨が明確化されたほか、具体例が追記されたが、それ以外は同年の改正前の記述が基本的に維持されている。

第1 顧客獲得競争の制限

1 考え方

> 第1　顧客獲得競争の制限
>   1　考え方
>   事業者が他の事業者と共同して、又は事業者団体が構成事業者の活動を制限して、既存の取引関係を尊重し相互に顧客の争奪を行わないこととしたり、相互に他の事業者が既に事業活動を行っている市場に進出しないこととする行為が行われることがある。また、このような行為が行われると、その実効性を確保するため、新規参入者等を市場から排除しようとする行為が行われやすくなると考えられる。
>   このような行為は、顧客の獲得を巡って行われる競争を制限するものであり、原則として違法となる。

[解説]

1　顧客獲得競争の制限

ここで取り上げているのは、事業者が共同して相互に取引先を制限したり市場を分割する行為及び事業者団体が構成事業者の取引先を制限したり市場を分割する行為である。

独占禁止法は、「事業者が、契約、協定その他何らの名義をもつてするかを問わず、他の事業者と共同して対価を決定し、維持し、若しくは引き上げ、又は数量、技術、製品、設備若しくは取引の相手方を制限する等相互にその事業活動を拘束し、又は遂行することにより、公共の利益に反して、一定の取引分野における競争を実質的に制限すること」（独占禁止法第2条第6項）及び事業者団体が「一定の取引分野における競争を実質的に制限すること」（同法第8条第1号）を禁止している。このような行為は一般にカルテルと呼ばれ、その内容により、価格を引き上げ又は維持する価格カルテル、生産数

量や販売数量を制限する数量カルテル等に分類される。ここで取り上げている顧客獲得競争の制限は、取引先を制限する取引先制限カルテル又は市場を分割する市場分割カルテルに当たるものである。

　事業者間で顧客（販売先と購入先の両方を含む。）の争奪を制限したり、事業者団体が構成事業者間で顧客の争奪を制限する行為は、多くの事例がある。その中には、販売先の奪い合いを行うことにより価格が下落することを防止するなどのために、他のカルテル参加事業者の継続的な販売先と取引することを制限するものも多い。また、このようなカルテルは、カルテル参加者間の競争を制限してもアウトサイダーとの競争が残る場合にはその実効性が確保し難いので、カルテルと同時に新規参入者等のアウトサイダーを排除しようとする行為が行われやすくなると考えられる。したがって、このような行為によって市場への新規参入が阻害されるという面も有している。

　なお、顧客の争奪を制限する行為の1つである入札談合は流通・取引慣行ガイドラインでは取り上げられていないが、公正取引委員会は、入札談合の防止を図るとともに事業者や事業者団体の適正な活動に役立てるため、「公共的な入札に係る事業者及び事業者団体の活動に関する独占禁止法上の指針」（平成6年7月5日公正取引委員会）を公表し、入札に係る事業者及び事業者団体のどのような活動が同法上問題となるかを明らかにしている。

2　顧客獲得競争の制限の違法性

　競争とは様々な手段で顧客を奪い合うことであり、価格競争や新製品の開発競争等も、顧客を獲得するために行われるものである。したがって、市場において顧客の争奪が制限されれば、当該市場では競争そのものが消滅することになる。

　このように、事業者間の顧客獲得競争を制限する行為は、価格カルテルなど他のカルテルと同様に、行為そのものが反競争的であり、当該行為が実効性を持って行われた場合には、通常、市場における競争が実質的に制限されるものであることから、原則として違法となる。

　顧客獲得競争の制限は、①事業者が共同して行い、競争を実質的に制限する場合は不当な取引制限として、②事業者団体が行う場合は事業者団体による競争の実質的制限行為又は構成事業者の事業活動の制限として、独占禁止

法上問題となる。

3 米国・EU の規制状況
❶ 米国
　米国では、取引を制限する競争者間の協定は、シャーマン法第 1 条（取引制限の禁止）に違反し、競争への影響を考慮するまでもなく「当然違法」であるとされている。顧客制限カルテル及び市場分割カルテルも、この規定により当然違法とされている。

❷ EU
　EU では、加盟国間の取引に影響を及ぼすおそれのある協定、決定又は協調的行為であって、その目的が販売又は購買価格を直接又は間接に決定することを意図するもの、又はその効果を有するものは全て、原則として禁止されている（EU 機能条約第 101 条 1 項）。顧客制限カルテル及び市場分割カルテルも、この規定により違法とされる。

2　事業者が共同して行う顧客獲得競争の制限

> 2　事業者が共同して行う顧客獲得競争の制限
> 　事業者が他の事業者と共同して、例えば次のような行為を行い、これによって事業者間の顧客の争奪が制限され、市場における競争が実質的に制限される場合には、当該行為は不当な取引制限に該当し、独占禁止法第 3 条の規定に違反する（注 1）。
>
> （中略）
>
> （注 1）　明示の決定がなされなくても、事業者間に取引先の制限又は市場の分割に関する暗黙の了解又は共通の意思が形成され、これによって市場における競争が実質的に制限されれば独占禁止法に違反する。以下、第 2 部において同じ。

解説
1 不当な取引制限に当たる場合
　独占禁止法第 2 条第 6 項は、不当な取引制限を「事業者が……他の事業者

と共同して……取引の相手方を制限する等相互にその事業活動を拘束し、又は遂行することにより、……一定の取引分野における競争を実質的に制限する」ことと定義している。したがって、事業者間で相互に取引先を制限し、又は市場を分割することによって顧客獲得競争を制限し、市場（一定の取引分野）における競争が実質的に制限される場合には、不当な取引制限に該当し、同法第3条に違反する。

2 競争の実質的制限

「競争の実質的制限」とは、「競争自体が減少して、特定の事業者または事業者集団が、その意思で、ある程度自由に、価格、品質、数量、その他各般の条件を左右することによつて、市場を支配することができる形態が現れているか、または少くとも現れようとする程度に至つている状態をいう」（東宝・スバル事件（昭和26年9月19日東京高裁判決、昭和25年（行ナ）第21号））とされている。したがって、事業者間の合意によって、顧客の配分について、ある程度自由に左右することができる状態が生じている場合には、市場における競争が実質的に制限されているとみることができよう。

また、事業者間で顧客獲得競争を制限する合意を行うことは、顧客の配分について、ある程度自由に左右することができるだけの力を結集して行わなければ効果はなく、そのため、このような合意は、通常、そのような力を持つ事業者間で行われるであろう。したがって、このような合意が行われた場合には、例外的な場合を除き、競争の実質的制限が生じ、独占禁止法第3条違反となると考えられる。

なお、取引先制限カルテルに外見上類似するものとして、事業者が販売や購入の合理化等のために共同販売や共同購入を行うことがある。このような場合にも、参加事業者は、取引先を共同販売機関や共同購入機関に限定され、参加事業者間の顧客獲得競争はなくなることになる。しかし、競争が活発に行われている市場において、中小の事業者が大企業に互して競争するために共同販売や共同購入を行うことによって販売や購入を合理化するような場合には、共同販売機関又は共同購入機関が1つの競争単位として機能し、市場における競争を制限する効果を持たないことがあり、このようなものであれば独占禁止法第3条違反とはならない。しかし、多数の事業者が共同して、

又は有力な事業者が共同して共同販売又は共同購入を行う場合には、市場における競争が実質的に制限され、同条違反となる場合がある（日本油脂株式会社ほか産業用爆薬製造業者5名に対する件（昭和50年12月11日勧告審決、昭和50年（勧）第32号））。

3 暗黙の了解又は共通の意思の形成

不当な取引制限は、事業者が「共同して……相互にその事業活動を拘束」することが要件の1つとなっている。ここで「共同して」行ったというためには、単に行為の結果が外形上一致した事実があるだけでは不十分であり、行為者間に何らかの意思の連絡があることが必要である（湯浅木材工業㈱ほか64名に対する件（昭和24年8月30日審判審決、昭和23年（判）第2号））。その後、価格カルテル事件の裁判例では、意思の連絡について、「複数事業者間で相互に同内容又は同種の対価の引上げを実施することを認識ないし予測し、これと歩調をそろえる意思があることを意味し、一方の対価引上げを他方が単に認識、認容するのみでは足りないが、事業者間相互で拘束し合うことを明示して合意することまでは必要でなく、相互に他の事業者の対価の引上げ行為を認識して、暗黙のうちに認容することで足りると解するのが相当である」との考え方が示されている（東芝ケミカル審決取消請求事件（平成7年9月25日東京高裁判決、平成6年（行ケ）第144号））。

このように、明確な申合せや協定があれば意思の連絡があることが明らかであるが、他の者の行動を予測し、これと歩調をそろえる意思があると認められれば、暗黙の了解であっても、「共同して」行ったものと認められる。

(1) 取引先の制限

> (1) 取引先の制限
> ① メーカーが共同して、相互に他の事業者の顧客と取引しないことを取り決めること
> ② 流通業者が共同して、相互に他の事業者の販売価格を下回る価格で売り込むことによって顧客を奪取することを制限すること
> ③ 流通業者が共同して、他の事業者の顧客と取引した場合には調整金を支払うことを取り決めること

④ メーカーが共同して、各事業者が顧客を登録し、登録した顧客以外とは取引しないことを取り決めること
⑤ 流通業者が共同して、各事業者別にその販売先を制限すること

解説

　事業者間で相互に取引先を制限することは、顧客獲得競争を直接制限することになる。取引先を制限する方法としては、様々な形態のものがあり、ガイドライン第2部第1の2(1)では①から⑤までの5つの例を挙げている。①のようにお互いの顧客とは取引しないことを取り決めるのが最も典型的なものであるが、②のように、特定の方法による顧客の奪取を制限するもの、③のように、顧客を奪取した場合のペナルティーを定め、奪取を間接的に禁止するもの、④のように、組織化して登録制度を設けるもの、⑤のように、各事業者別に取引先を割り当てるもの等も取引先を制限するカルテルといえる。①から⑤は、具体例を示すという意味もあり、主語を「メーカー」又は「流通業者」と特定しているが、もちろん、各行為の行為主体がこれらの事業者に限られるということではない。

参考事例

　前記第1の2(1)①から⑤に関連して、事業者が共同して行う取引先の制限が問題となった事例としては、次のようなものがある。

○　住友化学工業株式会社ほか8名に対する件（昭和31年1月30日勧告審決、昭和30年（勧）第5号）

　本件は、住友化学工業ほかホルマリン製造業者8社が共同してホルマリンの生産量、最低販売価格等を決定するとともに、相互の販路を確認し、これを尊重して競合を回避する旨の申合せを行い、これを実施したものである。

　9社の行為は、不当な取引制限（独占禁止法第2条第6項）に該当し独占禁止法第3条に違反するとされた。

○ 自動車運送業務を行う船舶運航事業者に対する件（平成26年3月18日排除措置命令、平成26年（措）第6号～第9号）

本件は、日本郵船株式会社など自動車専用船を用いて自動車の海上運送業務を行う船舶運航事業者ら5社（ただし航路によって違反行為事業者の数及び構成は異なる）が、北米航路など4つの航路における自動車運送業務について、それぞれ既存の取引の維持及び運賃の低落防止を図るため、安値により他社の取引を相互に奪わず、荷主ごとに、運賃を引き上げ又は維持する旨を合意していたものである。

船舶運航事業者らの行為は、不当な取引制限（独占禁止法第2条第6項）に該当し独占禁止法第3条に違反するとされた。

○ 日産化学工業株式会社ほか塩素化イソシアヌル酸製造業者1名に対する件（昭和58年2月2日勧告審決、昭和57年（勧）第17号）

本件は、日産化学工業株式会社ほか塩素化イソシアヌル酸製造業者1社が、水泳プール用及びし尿浄化槽用の塩素化イソシアヌル酸の販売に関し、各々の需要先について納入実績のあるものの優先権を尊重し、必要な場合は違約金を課すこと、及び需要者向け価格を遵守することを主な内容とする基本原則等を決定したものである。

2社の行為は、不当な取引制限（独占禁止法第2条第6項）に該当し独占禁止法第3条に違反するとされた。

○ 三共株式会社ほか防疫殺虫剤製造業者14名に対する件（昭和49年9月30日勧告審決、昭和49年（勧）第34号）

本件は、三共ほか防疫殺虫剤製造業者14社が、防疫殺虫剤の販売価格の値上げを決定するとともに、その実効を期するため、「各社が、自社の取引先とする販売業者を地区会ごとに登録し、登録業者以外とは取引しない。」との趣旨の取決めを行ったものである。

15社の行為は、不当な取引制限（独占禁止法第2条第6項）に該当し独占禁止法第3条に違反するとされた。

○　関東燻蒸株式会社に対する件（平成13年9月17日勧告審決、平成13年（勧）第11号）、関東港業株式会社に対する件（平成15年11月28日審判審決、平成13年（判）第16号）

本件は、成田空港におけるくん蒸貨物のくん蒸処理業務に関し、同業務を行うくん蒸処理事業者2社が共同してくん蒸料金等を設定し、また、いずれの保税上屋に搬入されたくん蒸貨物であるかによって、2社のうちいずれの社がくん蒸処理をするかを申し合わせていたものである。

2社の行為は、不当な取引制限（独占禁止法第2条第6項）に該当し独占禁止法第3条に違反するとされた。

(2) 市場の分割

> (2)　市場の分割
> ①　メーカーが共同して、各事業者別にその販売地域を制限すること
> ②　流通業者が共同して、相互に他の事業者が既に販売活動を行っている地域で新たに販売活動を行わないことを取り決めること
> ③　メーカーが共同して、各事業者別にその製造する商品の規格・品種を制限すること
> ④　メーカーが共同して、相互に他の事業者が既に製造している種類の商品を新たに製造しないことを取り決めること

[解説]

事業者が市場を分割して相互に相手方のものとして認めた市場を尊重することを合意する場合にも、当該市場における顧客獲得競争が制限されることになる。

ガイドライン第2部第1の2(2)で掲げられている例のうち、①及び②は地域に関して市場を分割している例であり、③及び④は製品に関して市場を分割している例である。ここでも、①～④の行為主体は「メーカー」又は「流通業者」と特定しているが、各行為の行為主体がこれらの事業者に限られるということではない。

[参考事例]

事業者が共同して行う市場の分割が問題となった事例としては、次のよう

なものがある。

○ マリンホースの製造販売業者に対する件（平成20年2月20日排除措置命令、平成20年（措）第2号）

本件は、株式会社ブリヂストンほかマリンホース製造業者7社が、マリンホースの需要者がマリンホース製造販売業者の中から複数の者に対して見積価格の提示を求めた上で発注するマリンホース（以下「特定マリンホース」という。）について、

① 各社の本店所在国である日本、英国、フランス及びイタリアを特定マリンホースの使用地とする場合には、使用地となる国に本店を置く者を受注予定者とし、複数の事業者がこれに該当する場合には、これらのうちのいずれかの者を受注予定者とすること

② 本店所在国以外を使用地とする場合には、あらかじめ各社が受注すべき特定マリンホース（本店所在国で使用するものを除く。）の割合を定め、当該割合等を勘案して、コーディネーターが選定する者を受注予定者とすること

などを合意していたものである。

8社の行為は、不当な取引制限（独占禁止法第2条第6項）に該当し独占禁止法第3条に違反するとされた。

○ 日本高圧コンクリート㈱ほかヒューム管製造業者11名に対する件（昭和52年7月12日勧告審決、昭和52年（勧）第15号）

本件は、日本高圧コンクリート株式会社ほかヒューム管製造業者11社が、北海道を4地域に分け、それぞれの地域においてヒューム管を販売する者を定め、各社は指定された地域以外においては原則としてヒューム管を販売しないこと、及び各地域ごとに指定された販売事業者間の協議により各社の受注割合を決定し、これに基づいて受注量を調整することを決定し、この決定に基づき、各地域において各社の受注割合を決定するとともに、受注予定者の割り当て方法を定めたものである。

12社の行為は、不当な取引制限（独占禁止法第2条第6項）に該当し独占禁止法第3条に違反するとされた。

3 事業者団体による顧客獲得競争の制限

> 3 事業者団体による顧客獲得競争の制限
> 事業者団体が、構成事業者の活動について上記2(1)①～⑤又は(2)①～④のような行為を行い、これによって構成事業者間の顧客の争奪が制限され、市場における競争が実質的に制限される場合には、当該行為は独占禁止法第8条第1号の規定に違反する。また、これによって市場における競争が実質的に制限されるまでには至らない場合であっても、このような行為は構成事業者の機能活動を不当に制限するものであり、原則として独占禁止法第8条第4号の規定に違反する。

解説

　独占禁止法第8条各号は、事業者団体が行う競争制限行為を禁止している。ここにいう事業者団体とは、「事業者としての共通の利益を増進することを主たる目的とする二以上の事業者の結合体又はその連合体」をいう（独占禁止法第2条第2項）。具体的には、例えば、○○工業会、○○協会といった業界団体、○○師会、○○士会といった資格者団体や、これら団体の連合体などが、事業者団体に該当する。

　事業者団体が構成員の取引先を制限し、又は市場を分割することによって、市場（一定の取引分野）における競争が実質的に制限される場合には、独占禁止法第8条第1号違反となる。

　競争の実質的制限の意味については前記2の**2**で述べたとおりであるが、市場における事業者の大部分がある事業者団体の構成員となっているような場合には、当該事業者団体は当該市場における事業者の顧客の配分をある程度自由に左右できる力を持っているものであり、当該事業者団体が構成員の取引先を制限し又は市場を分割する行為を行えば、同法第8条第1号に違反することとなろう。

　また、アウトサイダーが多い等の事情により、事業者団体の行為が競争を実質的に制限するに至らない場合であっても、事業者団体がこのような行為を行うことは、構成事業者の活動を不当に制限することとなり、事業者団体が構成事業者の機能又は活動を不当に制限することを禁止する同法第8条第4号に違反する。

参考事例

　事業者団体による顧客獲得制限については、例えば、以下のような事例がある。

○　三重県社会保険労務士会に対する件（平成16年7月12日勧告審決、平成16年（勧）第17号）

　本件では、三重県社会保険労務士会が、理事会において、会員のダイレクトメール、ファクシミリ等による広告活動を制限すること及び会員に他の会員の顧客を獲得しないように求めることを確認し、会員に周知するなどして、会員のこれらの活動を制限しているとして、この同社会保険労務士会の行為が、当時の独占禁止法第8条第1項第4号（現在の第8条第4号）に違反するとされた。

○　社団法人熊本県エル・ピー・ガス保安協会に対する件（昭和46年12月27日勧告審決、昭和46年（勧）第42号）

　本件は、熊本県LPガス保安協会が、理事会において、苦情調停委員会を設置し、他の会員から販売の相手方を奪われた者から申立てを受けた場合、これを調査審議の上、申立者の損失の補償金について裁定すること等を骨子とする苦情調停委員会設置要綱を決定し、苦情調停委員会は、同協会の機関として苦情調停の申立てについて補償金を裁定している旨を認定している。

　協会の行為は、当時の独占禁止法第8条第1項第4号（現在の第8条第4号）に違反するとされた。

○　西日本特殊ゴム製版工業組合に対する件（昭和43年5月11日勧告審決、昭和43年（勧）第8号）

　本件は、西日本特殊ゴム製版工業組合が、理事会において、「販売先登録に関する規約」を定め、これに基づいて組合員にその販売先の登録申請を行わせ、新規販売先の登録に際し、既に他の組合員が当該販売先を登録している場合は、既登録者優先を原則として、組合においてその調整を行い、その可否を決定している旨を認定している。

　組合の行為は、当時の独占禁止法第8条第1項第4号（現在の第8条第4号）

に違反するとされた。

○　網走管内コンクリート製品協同組合に対する件（平成27年1月14日排除措置命令、平成27年（措）第1号）

　本件は、網走管内コンクリート製品協同組合が、コンクリート二次製品について、需要者ごとに契約予定者として組合員等のうち1社を割り当て、その販売価格に係る設計価格からの値引き率を10％以内とする決定をしていたものである。

　同組合の行為は、独占禁止法第8条第1号に違反するとされた。

第2 共同ボイコット

1 考え方

> 第2　共同ボイコット
> 　1　考え方
> 　　市場における公正かつ自由な競争の結果、ある事業者が市場から退出することを余儀なくされたり、市場に参入することができなかったとしても独占禁止法上問題となることはない。
> 　　しかし、事業者が競争者や取引先事業者等と共同して又は事業者団体が、新規参入者の市場への参入を妨げたり、既存の事業者を市場から排除しようとする行為は、競争が有効に行われるための前提条件となる事業者の市場への参入の自由を侵害するものであり、原則として違法となる。
> 　　共同ボイコットには、様々な態様のものがあり、それが事業者の市場への参入を阻止し、又は事業者を市場から排除することとなる蓋然性の程度、市場構造等により、競争に対する影響の程度は異なる。共同ボイコットが行われ、行為者の数、市場における地位、商品又は役務の特性等からみて、事業者が市場に参入することが著しく困難となり、又は市場から排除されることとなることによって、市場における競争が実質的に制限される場合には私的独占又は不当な取引制限として違法となる。市場における競争が実質的に制限されるまでには至らない場合であっても、共同ボイコットは一般に公正な競争を阻害するおそれがあり、原則として不公正な取引方法として違法となる。また、事業者団体が共同ボイコットを行う場合にも、事業者団体による競争の実質的制限行為又は競争阻害行為（一定の事業分野における事業者の数を制限する行為、構成事業者の機能活動を不当に制限する行為又は事業者に不公正な取引方法に該当する行為をさせるようにする行為）として原則として違法となる。

解説

1 「共同ボイコット」とは

　共同ボイコットは、事業者が競争者や取引先事業者等と共同して又は事業者団体が、新規参入者の市場への参入を妨げたり、既存の事業者を市場から排除しようとする行為である。共同ボイコットは、取引拒絶を手段として行われることが多いが、これに限られるものではなく、事業者団体に加入しなければ事業を営むことが困難であるという状況において、事業者団体への事業者の新規加入を拒否するという形態のものも含まれる。

2 共同ボイコットの不当性

　流通・取引慣行ガイドラインの「はじめに」で述べられているように、市場メカニズムの機能を十分に発揮し得るようにするためには、①事業者の市場への自由な参入が妨げられず、②それぞれの事業者の取引先の選択が自由かつ自主的に行われ、③価格その他の取引条件の設定がそれぞれの事業者の自由かつ自主的な判断で行われ、また、④価格、品質、サービスを中心とした公正な手段による競争が行われることが必要である。そして、市場への参入の自由は、市場メカニズムが機能していくための最も基本的な条件の1つである。

　市場における公正かつ自由な競争の結果、ある事業者が市場から退出することを余儀なくされたり、市場に参入することができなかったとしても独占禁止法上問題となるものではない。しかし、共同ボイコットは、事業者が競争者や取引先事業者等と共同して又は事業者団体が、新規参入者の市場への参入を妨げたり、既存の事業者を市場から排除しようとする行為である。すなわち共同ボイコットは、市場メカニズムが機能していくための最も基本的な条件の1つである市場への参入の自由を阻害し、市場の開放性を損なう行為であり、行為それ自体が反競争的なものであるので、原則として違法となる。

　共同ボイコットには、様々な態様のものがあり、それが事業者の市場への参入を阻止し、又は事業者を市場から排除することとなる蓋然性の程度、市場構造等によって競争に対する影響の程度は異なるが、

　①　行為者の数、市場における地位、商品又は役務の特性等からみて、事

業者が市場に参入することが著しく困難となり、又は市場から排除されることとなることによって、市場における競争が実質的に制限される場合には私的独占又は不当な取引制限として、
② 市場における競争が実質的に制限されるまでには至らない場合であっても、共同ボイコットは一般に公正な競争を阻害するおそれがあり、原則として不公正な取引方法として、
③ 事業者団体が共同ボイコットを行う場合にも、事業者団体による競争の実質的制限行為又は競争阻害行為として、

違法となる。

3 共同ボイコットの態様

共同ボイコットの態様としては、行為者に着目してみると、①競争関係にある事業者が行うもの、②事業者が取引先事業者等と共同して行うもの、③事業者団体が行うもの、に大きく分かれる。ガイドライン第2部第2では、「2 競争者との共同ボイコット」において①の類型の共同ボイコットについて、「3 取引先事業者等との共同ボイコット」において②の類型の共同ボイコットについて、「4 事業者団体による共同ボイコット」において③の類型の共同ボイコットについて、どのような場合に違法となるかが述べられている。

4 米国・EUの規制状況

❶ 米国

米国では、共同ボイコットは、「当然違法」の法理が適用され、シャーマン法第1条（取引制限の禁止）に違反するといわれるが、事案によって行為の背景や態様は様々であり、その適用される範囲は明確でないともいわれている。しかし、例えば、①複数の事業者が価格引上げを目的として特定の取引先との取引を拒絶する場合、②関連市場において市場支配力を有する共同ボイコットの当事者が、正当な理由なく、競争者に対しその事業を遂行するために必要な商品の供給、設備の利用等を拒絶する場合には、「当然違法」の法理が適用されると考えられている。当然違法の法理が適用されない場合においては、「合理の原則」により違法性が判断される。

❷ EU

EUでは、競争関係にある事業者が、競争者（潜在的なものを含む。）を排除するためにする共同ボイコットは、「目的において競争を制限する」共同行為と位置付けられ、行為の内容それ自体から競争を制限する可能性があるものとされている。よって、このような共同ボイコットは、原則として、EU機能条約第101条第1項に該当するが、同条第3項に規定された全ての要件（第1部第2の1の❸❷の③参照）を満たすことを事業者側が立証し、欧州委員会により要件の充足が認められる場合には、同条第1項の禁止規定の適用が個別に免除され得る。

2 競争者との共同ボイコット

> 2 競争者との共同ボイコット
> (1) 競争関係にある事業者が共同して、例えば次のような行為を行い、これによって取引を拒絶される事業者が市場に参入することが著しく困難となり、又は市場から排除されることとなることによって、市場における競争が実質的に制限される場合は、当該行為は私的独占又は不当な取引制限に該当し、独占禁止法第3条の規定に違反する。
> ① メーカーが共同して、安売りをする流通業者を排除するために、安売り業者に対する商品の供給を拒絶し、又は制限すること
> ② 流通業者が共同して、競争者の新規参入を妨げるために、メーカーをして新規参入者に対する商品の供給を拒絶させ、流通業者は新規参入者に対する商品の供給を拒絶すること
> ③ メーカーが共同して、輸入品を排除するために、流通業者が輸入品を取り扱う場合には商品の供給を拒絶する旨通知して、当該流通業者をして輸入品を取り扱わないようにさせること
> ④ 完成品メーカーが共同して、競争者の新規参入を妨げるために、原材料メーカーが新規参入者に対し原材料を供給する場合には取引を拒絶する旨通知して、当該原材料メーカーをして新規参入者に対する原材料の供給を拒絶させること
> (2) 共同ボイコットによって、例えば、次のような状況となる場合には、市場における競争が実質的に制限されると認められる。
> ① 価格・品質面で優れた商品を製造し、又は販売する事業者が市場に参入することが著しく困難となる場合又は市場から排除されることと

なる場合
② 革新的な販売方法を採る事業者などが市場に参入することが著しく困難となる場合又は市場から排除されることとなる場合
③ 総合的事業能力が大きい事業者が市場に参入することが著しく困難となる場合又は市場から排除されることとなる場合
④ 事業者が競争の活発に行われていない市場に参入することが著しく困難となる場合
⑤ 新規参入しようとするどの事業者に対しても行われる共同ボイコットであって、新規参入しようとする事業者が市場に参入することが著しく困難となる場合
(3) 競争関係にある事業者が共同して、上記(1)①～④のような行為を行うことは、これによって市場における競争が実質的に制限されるまでには至らない場合であっても、原則として不公正な取引方法に該当し、違法となる（独占禁止法第19条違反）（独占禁止法第2条第9項第1号又は一般指定1項（共同の取引拒絶））。

（具体例）
① X社ら5社は、レコード制作会社又はその子会社であって、着うたを提供する事業（音楽用コンパクトディスク発売用等に製作された原盤を使用して、原盤に録音された歌声等の楽曲（音源）の一部を携帯電話の着信音として設定できるように配信する事業）を営む者である。そして、X社ら5社は、着うたを提供する業務をA社に委託している。
　X社ら5社は、共同して、A社に着うたの提供業務を委託する者以外の着うたを提供する又は提供しようとする事業者に対し、原盤権の利用許諾を行わないようにすることとし、これを拒絶していた。
　このようなX社ら5社の行為は、一般指定1項第1号に該当し、独占禁止法第19条の規定に違反する。（平成20年7月24日審判審決、平成17年（判）第11号）（東京高判平成22年1月29日、平成20年（行ケ）第19号、第20号、第35号及び第36号）
② X社ら10社は、ぱちんこ機の製造に関する多くの特許権等を所有すると同時に、国内において販売されるぱちんこ機のほとんどを供給する製造販売業者である。X社ら10社は、その所有する特許権等の管理をY連盟に委託するとともに、これらに係る発明等の実施許諾の意思決定に実質的に関与していた。Y連盟が所有又は管理運営する特許権等は、ぱちんこ機の製造を行う上で重要な権利であり、これらに係る発明等の実

施許諾を受けることなくぱちんこ機を製造することは困難な状況にあった。

　X社ら10社及びY連盟は、ぱちんこ機の製造分野（川下市場）への参入を排除する旨の方針に基づき、Y連盟が所有又は管理運営する特許権等の集積を図り、これらに係る発明等の実施許諾に係る市場（川上市場）において、既存のぱちんこ機製造業者以外の者に対しては実施許諾を拒絶するなどにより、参入を希望する事業者がぱちんこ機の製造を開始できないようにした。

　このようなX社ら10社及びY連盟の行為は、ぱちんこ機を製造しようとする者の事業活動を排除するものであり、独占禁止法第2条第5項に規定する私的独占に該当し、独占禁止法第3条の規定に違反する。（平成9年8月6日勧告審決、平成9年（勧）第5号）

[解説]

1　競争者との共同ボイコット

　競争者との共同ボイコットは、競争関係にある事業者が共同して行う行為類型である。ガイドライン第2部第2の2(1)では、競争者との共同ボイコットの例として、以下の4つの行為を記載している。

> ①　メーカーが共同して、安売りをする流通業者を排除するために、安売り業者に対する商品の供給を拒絶し、又は制限すること
> ②　流通業者が共同して、競争者の新規参入を妨げるために、メーカーをして新規参入者に対する商品の供給を拒絶させ、流通業者は新規参入者に対する商品の供給を拒絶すること
> ③　メーカーが共同して、輸入品を排除するために、流通業者が輸入品を取り扱う場合には商品の供給を拒絶する旨通知して、当該流通業者をして輸入品を取り扱わないようにさせること
> ④　完成品メーカーが共同して、競争者の新規参入を妨げるために、原材料メーカーが新規参入者に対し原材料を供給する場合には取引を拒絶する旨通知して、当該原材料メーカーをして新規参入者に対する原材料の供給を拒絶させること

　このうち①は共同ボイコット参加者自らが取引を拒絶する「直接の共同ボイコット」、②から④は共同ボイコット参加者がその取引先事業者等をして取引を拒絶させる「間接の共同ボイコット」である。

[図表 2-1]　競争者との共同ボイコット

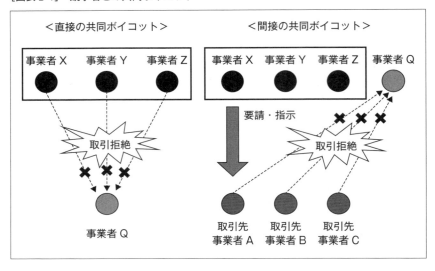

　競争者との共同ボイコットは、競争関係にある事業者が共同して行うものであるが、競争関係にある事業者間に意思の連絡があれば、「共同して」行ったものと認められる。不当な取引制限（独占禁止法第 2 条第 6 項）や不公正な取引方法の 1 つである共同の取引拒絶（独占禁止法第 2 条第 9 項第 1 号又は一般指定 1 項）は、「共同して」行うことが要件とされている。他方、私的独占（独占禁止法第 2 条第 5 項）については、その行為主体は「単独に、又は他の事業者と結合し、若しくは通謀し、その他いかなる方法をもつてするかを問わ」ないとされているところ、競争関係にある事業者間に意思の連絡があれば、「結合」又は「通謀」も認められるものと考えられる。以下では、その他の点について、共同ボイコットが①私的独占又は不当な取引制限に該当する場合と②不公正な取引方法に該当する場合に分けて、それぞれ考え方を述べる。

2　私的独占又は不当な取引制限に該当する場合

❶　基本的な考え方

　競争関係にある事業者が共同ボイコットを行い、これによって取引を拒絶される事業者が市場に参入することが著しく困難となり、又は市場から排除

されることとなることによって、市場における競争が実質的に制限される場合には、当該共同ボイコットは、私的独占又は不当な取引制限に該当し、独占禁止法第3条の規定に違反する。「事業者が市場に参入することが著しく困難となり、又は市場から排除されることとなる」か否かは、①共同ボイコットに参加する事業者の数、地位（シェア、順位等）、②取引を拒絶する事業者の数、地位（シェア、順位等）、共同ボイコットに参加する事業者との関係（間接の共同ボイコットの場合）、③商品又は役務の特性、差別化の程度（商品又は役務の供給が拒絶される場合）等を総合的に勘案して判断される。

共同ボイコットへの参加者のシェアが低く、その数も少ないために、市場に参入しようとする事業者がある事業者との取引を拒絶されても、他の取引先と容易に取引することができるなど市場に参入することができる場合には、私的独占又は不当な取引制限に該当しない。

❷ 一定の取引分野

私的独占及び不当な取引制限は、いずれも「一定の取引分野における競争を実質的に制限する」ことが要件の1つとなっている。

共同ボイコットの違法性を判断する際に検討される「一定の取引分野」は、共同ボイコットによって競争の実質的制限がもたらされる範囲をいい、具体的行為や取引の対象・地域・態様等に応じて、当該行為に係る取引及びそれにより影響を受ける範囲を検討し、その競争が実質的に制限される範囲から画定される。

共同ボイコットは、市場の開放性を損なう点に競争阻害性が求められるため、これによって競争が制限される市場（一定の取引分野）は、第一義的には取引を拒絶される事業者の属する市場が考えられる。ただし、共同ボイコットにより競争が制限される市場は、取引を拒絶される事業者の属する市場に限られるわけではなく、個別の事案によっては取引を拒絶する事業者の属する市場も含めた「一定の取引分野」が認められることもあろう。

直接の共同ボイコットの場合には、行為者の属する市場と取引を拒絶される事業者の市場が異なることになるが、行為者の属する市場と「一定の取引分野」が異なる事例としては、石油連盟東京支部に対する件（昭和45年1月21日勧告審決、昭和44年（勧）第23号）がある。また、新規参入者に対する共

同ボイコットの場合には、潜在的競争者との競争が制限されることとなるが、潜在的競争関係も含めて「一定の取引分野」をとらえた事例として、東宝・新東宝事件（昭和28年12月7日東京高裁判決、昭和26年（行ナ）第17号））、東洋製罐株式会社に対する件（昭和47年9月18日勧告審決、昭和47年（勧）第11号）がある。

❸ 競争の実質的制限

共同ボイコットは、行為者が共同することによる市場支配力を用いて、事業者の市場への参入を阻止し、又は市場から排除することによって、潜在的・顕在的競争圧力を減殺し、市場全体の競争を制限するものである。カルテルは市場における競争を直接制限し、一方、共同ボイコットは市場の開放性を損なうことによって市場における競争を制限するものであるが、いずれも、行為者が共同することによる市場支配力によって、市場における競争を制限する行為である。

ガイドライン第2部第2の2(2)に、共同ボイコットによって「市場における競争が実質的に制限される場合」の例が5つ挙げられている。このうち、最初の3つの例は以下のとおりである。

---
① 価格・品質面で優れた商品を製造し、又は販売する事業者が市場に参入することが著しく困難となる場合又は市場から排除されることとなる場合
② 革新的な販売方法を採る事業者などが市場に参入することが著しく困難となる場合又は市場から排除されることとなる場合
③ 総合的事業能力が大きい事業者が市場に参入することが著しく困難となる場合又は市場から排除されることとなる場合

---

①のような事業者の例としては、技術革新によって品質や安全性に優れた商品を製造する事業者、商品の調達・購買方法を工夫したり物流コストを節約したりすることで商品をより低価格で提供する流通業者などが考えられる。また、②のような事業者の例としては、技術革新や新たなビジネスモデルの開発により今までにない販売方法を採用する事業者などが、③のような事業者の例としては、参入すれば有効な競争単位としての機能を発揮することが見込まれる事業者や相当のシェアを有する既存事業者などが考えられる。これらの事業者は現在の市場における競争の状態を変化させるような存在であ

るといえるが、こうした事業者の参入を共同行為によって阻止し、又は排除することは、競争に対する影響が大きく、市場における競争が実質的に制限されるものである。

またこのような事業者でなくとも、共同ボイコットによって「市場における競争が実質的に制限される場合」が考えられ、ガイドライン第2部第2の2(2)では、次の2つが挙げられている。

> ④ 事業者が競争の活発に行われていない市場に参入することが著しく困難となる場合
> ⑤ 新規参入しようとするどの事業者に対しても行われる共同ボイコットであって、新規参入しようとする事業者が市場に参入することが著しく困難となる場合

④の場合としては、例えば、事業者の数が少ないなど競争が活発に行われていない市場において事業者が参入することを共同して阻止することが、⑤の場合としては、新規参入を試みるどの事業者に対してもその参入を阻止することが考えられる。これらは、市場における競争の状態を現状のままに維持しようとするものであり、市場における競争が実質的に制限されるものである。

なお、前記①から⑤は例示であって、共同ボイコットによって市場における競争が実質的に制限される場合は、これらに限られるものではない。共同ボイコットによって、

・ 取引を拒絶される事業者が市場に参入することが著しく困難となり、これによって市場における競争がより活発になることが妨げられる場合
・ 取引を拒絶される事業者が市場から排除されることとなり、これによって市場における競争がより不活発になる場合

などには、市場における競争が実質的に制限されると認められるであろう。現実には、共同ボイコットは、現時の市場における競争の状態を変えるような新規参入者や既存の事業者を対象として行われることが多いと考えられる。

3 不公正な取引方法に該当する場合

競争関係にある事業者が行う共同ボイコットは、市場における競争を実質的に制限するまでには至らない場合であっても、不公正な取引方法として原

則として違法となる。共同ボイコットは取引を拒絶される事業者の取引の機会を奪うだけでなく、共同ボイコットに参加する事業者の取引先選択の自由をも制限するものであり、通常、公正な競争を阻害するおそれがあるためである。

このような場合において、共同ボイコットが、供給に関して行われるときには独占禁止法第2条第9項第1号に、購入に関して行われるときには一般指定1項（共同の取引拒絶）に該当し、独占禁止法第19条に違反することとなる。

具体例

ガイドラインでは共同ボイコットの具体例として2つの事例が取り上げられている。1つは不公正な取引方法に該当するとされたもの、もう1つは私的独占に該当するとされたものである。

○ 株式会社ソニー・ミュージックエンタテインメントほか3名に対する件（平成20年7月24日審判審決、平成17年（判）第11号）（平成22年1月29日東京高裁判決、平成20年（行ケ）第19号、第20号、第35号及び第36号）

ソニー・ミュージックエンタテインメントら5社は、レコード制作会社又はその子会社であって、「着うた」を提供する事業を営み、5社が共同して設立したレーベルモバイル株式会社に委託していた。

本件では、こうした状況において、これら5社が、共同して、レーベルモバイルに着うたの提供業務を委託する以外の着うたを提供する又は提供しようとする事業者に対して、自己又は子会社が有する原盤権の利用許諾を行わないようにすることとし、他の着うた提供業者からの利用許諾の申し出を拒絶していたことが、当時の一般指定1項第1号（現在の独占禁止法第2条第9項第1号イに相当）に該当し独占禁止法第19条違反とされたものである。

○ 株式会社三共ほか10名に対する件（平成9年8月6日勧告審決、平成9年（勧）第5号）

三共ら10社は、ぱちんこ機の製造に関する多くの特許等を所有すると同時に、国内において販売されるぱちんこ機のほとんどを供給する製造販売業

[図表 2-2] 株式会社ソニー・ミュージックエンタテインメントほか 3 名に対する件

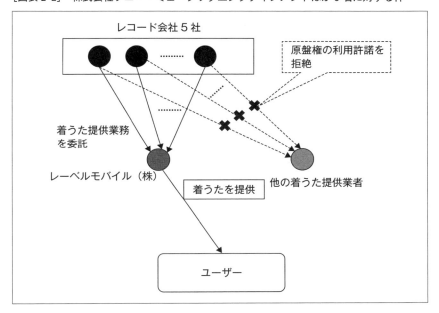

者である。10 社は、その所有する特許権等の管理を株式会社日本遊技機特許運営連盟（日特連）に委託するとともに、これらに係る発明等の実施許諾の意思決定に関与していた。日特連が所有又は管理する特許権等の実施許諾を受けることなくぱちんこ機を製造することは困難な状況であった。

このような状況下において、10 社及び日特連が、ぱちんこ機の製造分野（川下市場）への参入を排除する旨の方針に基づき、日特連が所有又は管理運営する特許権等の集積を図るとともに、これらに係る発明の実施許諾に係る市場（川上市場）において、既存のぱちんこ機製造業者以外の者に対しては実施許諾を拒絶するなどにより、参入を希望する事業者がぱちんこ機の製造を開始できないようにしていた。

本件は、ぱちんこ機の製造に関する多くの特許権等を有し国内のぱちんこ機のほとんどを生産する 10 社とその所有する特許権等の管理運営等を行う日特連が、結合及び通謀して、参入を排除するとの方針の下に、日特連が所有又は管理運営する特許権等の実施許諾を拒絶することにより、ぱちんこ機

2 競争者との共同ボイコット　203

[図表 2-3] 株式会社三共ほか 10 名に対する件

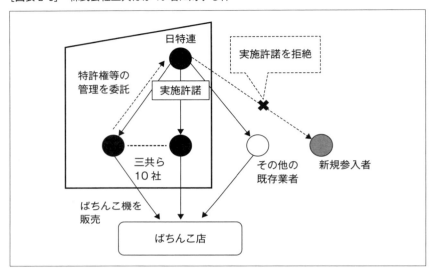

を製造しようとする事業活動を排除していたものである。審決では、10 社及び日特連の行為は、私的独占（独占禁止法第 2 条第 5 項）に該当し、独占禁止法第 3 条に違反するとされた。

3 取引先事業者等との共同ボイコット

> 3 取引先事業者等との共同ボイコット
> (1) 事業者が取引先事業者等と共同して、例えば次のような行為を行い、これによって取引を拒絶される事業者が市場に参入することが著しく困難となり、又は市場から排除されることとなることによって、市場における競争が実質的に制限される場合には、当該行為は私的独占又は不当な取引制限に該当し（注2）、独占禁止法第 3 条の規定に違反する。
> ① 複数の流通業者と複数のメーカーとが共同して、安売りをする流通業者を排除するために、メーカーは安売り業者に対する商品の供給を拒絶し、又は制限し、流通業者は安売り業者に対し商品を供給するメーカーの商品の取扱いを拒絶すること
> ② メーカーと複数の流通業者とが共同して、輸入品を排除するために、流通業者は輸入品を取り扱わず、メーカーは輸入品を取り扱う流通業

　　　　者に対する商品の供給を拒絶すること
　③　複数の流通業者とメーカーとが共同して、流通業者の新規参入を妨げるために、メーカーは新規参入者に対する商品の供給を拒絶し、流通業者は新規参入者に対し商品を供給するメーカーの商品の取扱いを拒絶すること
　④　複数の原材料メーカーと完成品メーカーとが共同して、輸入原材料を排除するために、完成品メーカーは輸入原材料を購入せず、原材料メーカーは輸入原材料を購入する完成品メーカーに対する原材料の供給を拒絶すること

　（注2）　不当な取引制限は、事業者が「他の事業者と共同して……相互にその事業活動を拘束」することを要件としている（独占禁止法第2条第6項）。ここでいう事業活動の拘束は、その内容が行為者（例えば、メーカーと流通業者）全てに同一である必要はなく、行為者のそれぞれの事業活動を制約するものであって、特定の事業者を排除する等共通の目的の達成に向けられたものであれば足りる。
　　　なお、取引先事業者等との共同ボイコットにより、市場における競争が実質的に制限されると認められる場合の例については、上記2(2)を参照。
(2)　事業者が取引先事業者等と共同して、上記(1)①～④のような行為を行うことは、これによって市場における競争が実質的に制限されるまでには至らない場合であっても、原則として不公正な取引方法に該当し、違法となる（独占禁止法第2条第9項第1号若しくは一般指定1項（共同の取引拒絶）又は2項（その他の取引拒絶））。

解説

1　取引先事業者等との共同ボイコット

　取引先事業者等との共同ボイコットは、事業者が取引先事業者等の競争関係にない事業者と共同して行う類型である。

　ガイドライン第2部第2の3(1)では、取引先事業者との共同ボイコットの例として、①から④の4つの行為が記載されている。これらの行為により、取引を拒絶される事業者が市場に参入することが著しく困難となり、又は市場から排除されることとなることによって、市場における競争が実質的に制

[図表 2-4] 取引先との共同ボイコット

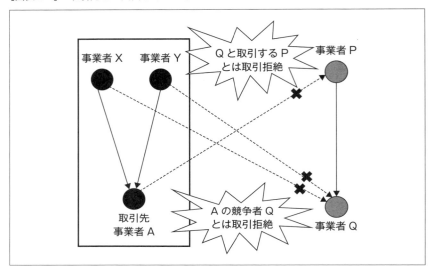

限される場合には、当該行為は私的独占（独占禁止法第2条第5項）又は不当な取引制限（同条第6項）に該当し、独占禁止法第3条の規定に違反する。

共同ボイコットによって排除される事業者は、川下事業者の場合（①、③）もあれば、川上事業者の場合（②、④）もある。①から④はいずれも、流通業者若しくはメーカー又はその双方が複数である場合の例となっている。もちろん、流通業者とメーカーが1対1で共同ボイコットを行うこともあり得るし、競争の実質的制限が生じるときには、私的独占や不当な取引制限に該当するということも、理論的には考えられよう。しかし、垂直的な関係にある事業者が1対1で共同ボイコットを行った場合に、競争の実質的制限が生じることは実際には極めてまれであると考えられる。

取引先事業者等との共同ボイコットについても、
　ア　共同ボイコットが私的独占又は不当な取引制限に当たる場合の基本的な考え方
　イ　一定の取引分野
　ウ　競争の実質的制限
については、競争者との共同ボイコットと同じであるので、以下では、

エ　事業活動の相互拘束
オ　取引先事業者等との共同ボイコットが不公正な取引方法に該当する場合

について述べる。

2　事業活動の相互拘束

　不当な取引制限は、事業者が「他の事業者と共同して……相互にその事業活動を拘束」することが要件となっている。ガイドライン第2部第2の3(1)の（注2）で記載されているとおり、ここでいう事業活動の拘束は、その内容が行為者全てに同一である必要はなく、行為者のそれぞれの事業活動を拘束するものであって、特定の事業者を排除する等共通の目的の達成に向けられたものであればよい。

　例えば、②の事例においては、流通業者にとっての事業活動の拘束は、「輸入品を取り扱わない」というものであり、メーカーにとっての事業活動の拘束は、「輸入品を取り扱う流通業者（必ずしも共同ボイコットに参加している流通業者に限らない）に対し商品の供給を拒絶する」というものであって、メーカーと流通業者とで拘束の内容が同一ではない。しかし、流通業者は自ら輸入品を取り扱わないことにより、また、メーカーは輸入品を取り扱う販売業者に商品を供給しないという圧力を加え輸入品を取り扱わせないようにすることにより、輸入品を排除しようとしているのであって、「輸入品の排除」という共通の目的の達成に向けてそれぞれの事業活動が拘束されているものである。したがって、このような場合にも、相互拘束があると認められる。

3　不公正な取引方法に該当する場合

　取引先事業者等との共同ボイコットは、市場における競争を実質的に制限するまでには至らない場合であっても、共同ボイコットは取引を拒絶される事業者の取引の機会を奪うだけでなく、共同ボイコットに参加する事業者の取引先選択の自由をも制限するものであるので、通常公正な競争を阻害するおそれがあり、不公正な取引方法として原則として違法となる。

　例えば、前記**1**の①の場合には、メーカーの行為は独占禁止法第2条第9項第1号に、流通業者の行為は一般指定1項第1号に該当し、独占禁止法第

19条の規定に違反する。また、前記**1**の②の場合には、流通業者の行為は一般指定1項第1号に、メーカーの行為は一般指定2項前段に該当し、独占禁止法第19条の規定に違反する。

|参考事例|

取引先事業者等との共同ボイコットの事例としては、例えば、次のものが挙げられる。

○ 宇都宮青果食品商業協同組合ほか6名に対する件（昭和25年1月19日同意審決、昭和24年（判）第11号）

本件は、宇都宮青果食品商業協同組合が、株式会社宇都宮青果市場ほか5市場（以下「6市場」という。）に対し、各市場はその取引を同組合の組合員に限定し、それ以外の者とは取引をしないよう申し入れ、これを文書で契約するとともに、同組合の組合員も6市場以外の青果市場とは取引しないように

[図表2-5]　宇都宮青果食品商業協同組合外6名に対する件

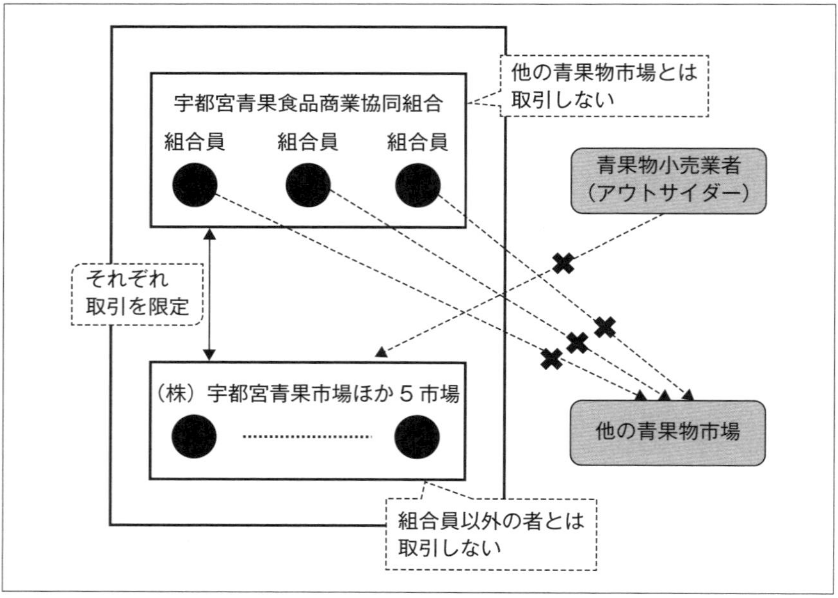

申し合わせ、組合員に実行させたというものであり、同組合及び6市場の行為は、青果物販売の分野における競争を実質的に制限するものであり、独占禁止法第3条の規定に違反するとされた。

○ 株式会社上村開発ほか16名及び株式会社ワキタに対する件（平成12年10月31日勧告審決、平成12年（勧）第12号）
　上村開発ほか16社（以下「17社」という。）は、ロックマン工法による下水道管きょの敷設工事（以下「ロックマン工事」という。）等の土木事業を営む者であり、ロックマン工法の施工に関する事項についての会員相互の意思疎通を図ること等を目的とするロックマン工法協会施工部会の会員である。ワキタは、建設機械販売業を営む者である。
　ロックマン工事を施工する際には専用の機械（以下「ロックマン機械」という。）を使用する必要があるが、17社は、ロックマン工法協会施工部会の会員以外の者（以下「非会員」という。）が新たにロックマン工事を施工できるよう

[図表2-6] 株式会社上村開発ほか16名及び株式会社ワキタに対する件

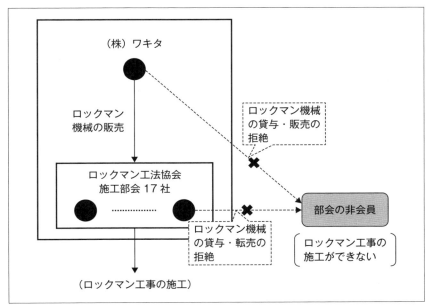

3　取引先事業者等との共同ボイコット　209

になることにより、個々の会員との間で受注競争が生じることを阻止すること等を目的に、共同して、ロックマン工法協会施工部会の非会員に対しロックマン機械の貸与及び転売を拒絶していた。また、ワキタは、我が国においてロックマン工事の施工業者に販売されるロックマン機械の大部分を販売している者であったが、上記の目的の下、非会員に対しロックマン機械の販売及び貸与を拒絶していた。

17 社の上記行為は当時の一般指定 1 項第 1 号（共同の取引拒絶。現在の独占禁止法第 2 条第 9 項第 1 号イに相当）に該当し、ワキタの行為は、一般指定 2 項（その他の取引拒絶）に該当し、いずれも独占禁止法第 19 条に違反するとされた。

4　事業者団体による共同ボイコット

> 4　事業者団体による共同ボイコット
>
> 　事業者団体が、例えば次のような行為を行い、これによって取引を拒絶される事業者等が市場に参入することが著しく困難となり、又は市場から排除されることとなることによって、市場における競争が実質的に制限される場合（注3）には、当該行為は独占禁止法第 8 条第 1 号の規定に違反する。また、事業者団体が次のような行為を行うことは、これによって市場における競争が実質的に制限されるまでには至らない場合であっても、原則として独占禁止法第 8 条第 3 号、第 4 号又は第 5 号（独占禁止法第 2 条第 9 項第 1 号若しくは一般指定 1 項又は 2 項）の規定に違反する。
>
> ①　流通業者を構成事業者とする事業者団体が、輸入品を排除するために、構成事業者が輸入品を取り扱うことを禁止すること（独占禁止法第 8 条第 1 号又は第 4 号）
>
> ②　流通業者及びメーカーを構成事業者とする事業者団体が、構成事業者であるメーカーをして構成事業者である流通業者にのみ商品を供給し、アウトサイダーには商品を供給しないようにさせること（独占禁止法第 8 条第 1 号又は第 4 号）
>
> ③　流通業者を構成事業者とする事業者団体が、アウトサイダーを排除するために、構成事業者の取引先であるメーカーに対し、アウトサイダーに対し商品を供給しないよう要請する等によって圧力を加えること（独占禁止法第 8 条第 1 号又は第 5 号）
>
> ④　流通業者を構成事業者とする事業者団体が、構成事業者の競争者の新規参入を妨げるために、構成事業者の取引先であるメーカーに対し、新

規参入者に対し商品を供給しないよう要請する等によって圧力を加えること（独占禁止法第8条第1号又は第5号）
⑤ 流通業者を構成事業者とする事業者団体が、事業者団体への新規加入を制限するとともに、構成事業者の取引先であるメーカーをして、アウトサイダーに対する商品の供給を拒絶させること（独占禁止法第8条第1号、第3号又は第5号）
⑥ 役務を供給する事業者を構成事業者とする事業者団体が、当該事業者団体に加入しなければ事業を行うことが困難な状況において、事業者の新規加入を制限すること（独占禁止法第8条第1号又は第3号）

（注3） 事業者団体による共同ボイコットにより、市場における競争が実質的に制限されると認められる場合の例については、上記2(2)を参照。

解説

1 事業者団体による共同ボイコット

事業者団体による共同ボイコットは、事業者団体が構成事業者又は構成事業者の取引先事業者等をしてボイコットさせる類型である。

事業者団体による共同ボイコットについても、一定の取引分野、競争の実質的制限についての考え方は、競争者との共同ボイコット、取引先事業者等との共同ボイコットと同じである。

以下では、事業者団体による共同ボイコットに特有の問題について取り上げる。

なお、複数の事業者団体が共同して共同ボイコットを行う場合にはそれぞれの事業者団体に対して独占禁止法第8条が適用され、事業者団体が他の事業者と共同して共同ボイコットを行う場合には事業者団体に対しては独占禁止法第8条が、事業者には同法第3条又は第19条の規定が適用される。

2 独占禁止法第8条第1号と第3号から第5号の適用関係

事業者団体による共同ボイコットにより、事業者が市場に参入することが著しく困難となり、又は市場から排除されることとなることによって、市場における競争が実質的に制限される場合には独占禁止法第8条第1号の規定に違反することとなる。このような場合、必然的に事業者の数が制限される

[図表2-7] 事業者団体による共同ボイコット

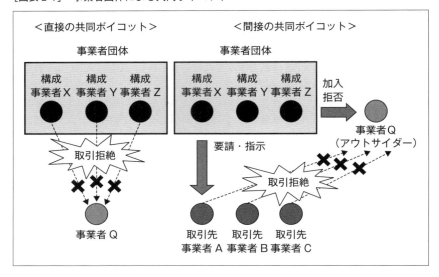

ことになるほか、構成事業者をしてボイコットさせる場合には構成事業者の活動を制限していることとなり、構成事業者の取引先事業者等をしてボイコットさせる場合には当該事業者に不公正な取引方法に該当する行為をさせていることとなる。したがって、同条第3号、第4号又は第5号に規定される行為にも該当することとなるが、市場における競争が実質的に制限される場合には、同条第1号のみが適用になり、同条第3号、第4号又は第5号が重ねて適用されることはない。

3 取引拒絶の方法による共同ボイコット

ガイドライン第2部第2の4では、独占禁止法上の問題が生じる事例として6つの例を挙げている。このうち、①～⑤は、事業者団体が取引拒絶を手段として行う共同ボイコットの例である。

❶ 事業者団体による輸入品の取扱いの禁止

第2の4の①の例は、流通事業者を構成事業者とする事業者団体が、構成事業者に対し、輸入品の取扱いを禁止するものである。

参考事例

①の例に関連して、販売業者を会員とする事業者団体が輸入品の取扱いを制限としたものとして、次の事例がある。

○ 東京都自動車硝子部会に対する件（平成12年2月2日勧告審決、平成11年（勧）第29号）

東京都自動車硝子部会は、東京都の区域において補修用自動車ガラスの販売業者を会員としており、同区域の補修用自動車ガラスの販売業者のほとんどは同部会の会員である。

本件では、東京都自動車硝子部会が、輸入品が格安の価格で流通することにより会員の社外品の販売高及び販売価格が低下することを危惧して、

① 会員は、顧客の求めにより臨時に輸入品を販売する場合を除き、輸入品の販売を行わないこと
② 会員が積極的に輸入品を販売することにより、他の会員の営業活動に

[図表2-8] 東京都自動車硝子部会に対する件

4 事業者団体による共同ボイコット

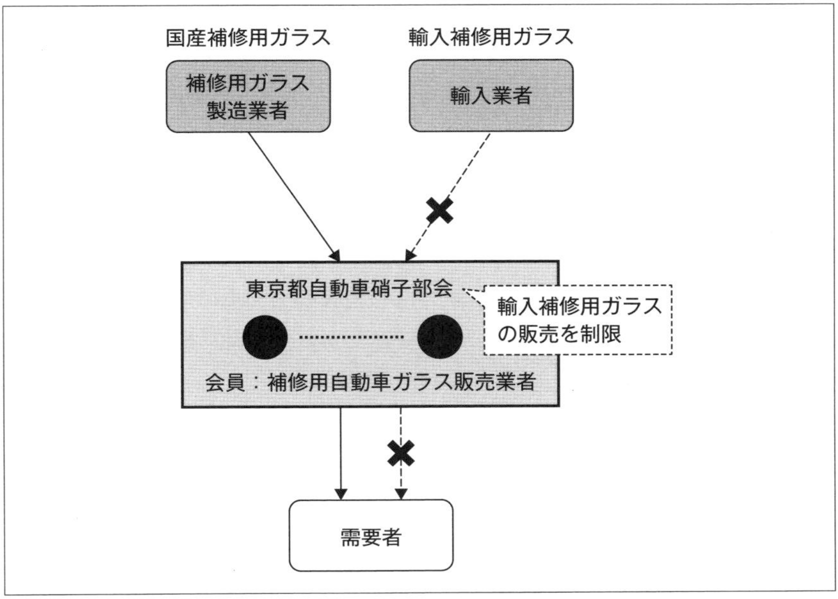

影響を及ぼす場合には、同部会が当該会員に対して輸入品の販売を取り
　　　やめるよう要請すること
等を決定し、会員は同決定に基づき概ね輸入品の販売を行っていない旨が認
定されている。同部会の行為は、事業者の輸入補修用ガラスの販売を制限し
ているものであり、当時の独占禁止法第8条第1項第4号（現在の第8条第4
号）の規定に違反するとされた。

❷　流通業者及びメーカーを構成事業者とする事業者団体によるボイコット
　第2の4の②の例は、流通業者及びメーカーを構成事業者とする事業者団
体が、構成事業者であるメーカーをしてアウトサイダーには商品を供給しな
いようにさせるような行為である。ある業界に属する事業者とその取引先事
業者を構成事業者とする事業者団体が、構成事業者である取引先事業者をし
て、アウトサイダーには商品や役務を供給しないようにさせる場合も、同様
に、問題となると考えられる。

参考事例
　このような例に関連する事例としては、以下を挙げることができる。

○　仙台港輸入木材調整協議会に対する件（平成3年1月16日勧告審決、平成2年（勧）
　　第16号）
　仙台港輸入木材調整協議会（以下「仙台港調整会」という。）は、木材輸入業
者、港湾運送事業者等を会員とし、仙台港における保税上屋等の港湾施設の
使用調整を図ることを主たる目的として設立された団体であり、仙台港にお
いて、荷役業務を行う港湾運送事業者は仙台調整会会員の2社のみであり、
これら2社の荷役業務によらなければ同港において木材の輸入をすることが
困難で状況であった。
　本件では、仙台港調整会が、
①　非会員の木材輸入業者から保税上屋の利用申込みがあってもこれを拒絶
　　するとともに、同調整会への木材輸入業者の新規加入を制限していること
②　会員である港湾運送事業者2社をして、非会員である木材輸入業者か
　　ら荷役業務を依頼されても応じないようにさせていること

[図表2-9] 仙台港輸入木材調整協議会に対する件

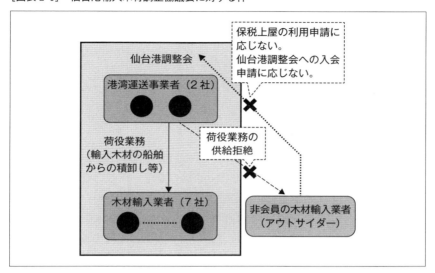

が認定され、①の行為は仙台港における木材の輸入販売に係る事業者の数を制限しているものであり、当時の独占禁止法第8条第1項第3号（現在の第8条第3号）に、②の行為は港湾運送事業者に当時の一般指定1項第2号（現在の独占禁止法第2条第9項第1号ロに相当）に該当する行為をさせているものであり、当時の独占禁止法第8条第1項第5号（現在の第8条第5号）に違反するとされた。

❸ 流通業者を構成事業者とする事業者団体が、競争関係に立つアウトサイダーや新規参入者を排除するために取引先メーカーをして行うボイコット

第2の4の③〜⑤の例は、いずれも流通業者を構成事業者とする事業者団体が、構成事業者の取引先メーカーに対し、当該流通業者と競争関係に立つアウトサイダーや新規参入者に対して商品を供給しないよう圧力を加えたり、取引先メーカーをして商品の供給を拒絶させるような行為である。

もちろん同様の問題はメーカーと流通業者の関係に留まらない。例えば、サービス業者からなる事業者団体が、当該サービスを提供するのに必要な資材や機材を製造販売する業者をして、アウトサイダーや新規参入者に対し必

要な資材や機材の供給をしないよう圧力を加える場合にも同様の問題が生じ得る。

参考事例

これに関連して、次のような事例がある。

○ 東日本おしぼり協同組合に対する件（平成7年4月24日勧告審決、平成7年（勧）第5号）

本件では、関東1都6県に事業所を有する貸おしぼり業者を組合員とする東日本おしぼり協同組合が、貸おしぼり市場の安定を図るため、①組合員の得意先の争奪を禁止するともに、②組合員が購入する資機材（タオル、洗濯機、洗剤、包装機、フィルム、温蔵庫等）の供給業者をして新規参入業者に対する取引を制限していることについて、同組合の①の行為は当時の独占禁止法第8条第1項第4号（現在の第8条第4号）に、同組合の②の行為は、事業者（こ

[図表2-10] 東日本おしぼり協同組合に対する件

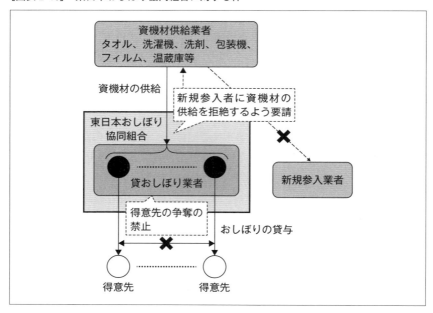

こでは資機材の供給業者）に対し不公正な取引方法（一般指定2項（その他の取引拒絶））に該当する行為をさせるようにしているものとして、当時の同法第8条第1項第5号（現在の第8条第5号）に違反するとされた。

4 取引拒絶以外の方法による共同ボイコット
❶ 事業者団体に加入しなければ事業を営むことが困難な状況における事業者団体への新規加入拒否

　共同ボイコットは、新規参入者の市場への参入を妨げたり、既存事業者を市場から排除しようとする行為であり、その手段は取引拒絶に限られるものではない。したがって、第2の4の⑥の例のように、事業者団体に加入しなければ事業を営むことが困難であるという状況において、事業者団体への事業者の新規加入を拒否することも、事業者団体による共同ボイコットとして独占禁止法第8条の規定に違反するおそれのある行為である。これは役務を供給する事業者を構成員とする事業者団体の例であるが、メーカーや流通業者を構成事業者とする事業者団体がこのような行為を行うことも、共同ボイコットに該当することはいうまでもない。

参考事例

　関連する事例としては、次の事例がある。

○　社団法人千葉市医師会に対する件（昭和55年6月19日勧告審決、昭和55年（勧）第6号）
　本件は、千葉市医師会が、同医師会に加入しないで開業医となることが一般に困難な状況において、同医師会の承認を得ないで病院又は診療所の開設を行う者がある場合には、会員に対しては退会を促し、非会員に対しては入会させないこと等を申し合わせていたというものであり、同医師会の行為は、千葉市の区域における開業医にかかる事業分野における事業者の数を制限しているものであり、当時の独占禁止法第8条第1項第3号（現在の第8条第3号）の規定に違反するとされた。

　また、以下の事例のように、事業者団体に加入しなければ事業を営むこと

が困難であるという状況において、当該事業者団体の加入制限そのものが問題とならなくても、入会の拒否、除名があり得る制度を背景として、当該事業者団体が競争制限行為に当たる行為をしているとされる場合がある。

○　社団法人観音寺市三豊郡医師会による審決取消請求事件（平成13年2月16日東京高裁判決、平成11年（行ケ）第377号）

　本件は、観音寺市三豊郡医師会が、①地区内の医療機関の開設を制限することにより、事業者の数を制限しているとして、当時の独占禁止法第8条第1項第3号（現在の第8条第3号）に、②会員の行う医療機関の診療科目の追加、病床の増床及び増改築並びに老人保健施設の開設を制限することにより、構成事業者の機能又は活動を制限しているとして、当時の同法第8条第1項第4号（現在の第8条第4号）に違反するとされたものである。

　本件では、独占禁止法違反に問われているのは観音寺市三豊郡医師会への加入制限そのものではないが、審決における「原告（注：同医師会）は、原告に加入しないで開業することが一般に困難な状況の下で、入会の拒否、除名があり得る制度を背景として、医療機関の開設等の希望を申し出させ、相談委員会において審議し、……理事会で同意、不同意等を決定する審議システムにおいて、既存の事業者である会員医師の利益を守るための利害調整や合理性のない制限を行っており、これは競争制限行為に当たる」との認定は実質的証拠を具備し、合理的であるとの判断が示されている。

❷　共同ボイコットとして問題となるその他の行為

また、事業者団体が、

①　事業者団体の設定している自主規格に合格していることが重視されている状況において、新規参入者等の商品を合理的な理由なく自主規格に合格させない

②　事業を営むことについて許認可が必要な場合において、その申請行為を妨害する

などの行為を行うことも、事業者団体による共同ボイコットとして独占禁止法第8条の規定に違反するおそれのある行為である。

第3 単独の直接取引拒絶

1 考え方

> 第3 単独の直接取引拒絶
> 1 考え方
> 　事業者がどの事業者と取引するかは、基本的には事業者の取引先選択の自由の問題である。事業者が、価格、品質、サービス等の要因を考慮して、独自の判断によって、ある事業者と取引しないこととしても、基本的には独占禁止法上問題となるものではない。
> 　しかし、事業者が単独で行う取引拒絶であっても、例外的に、独占禁止法上違法な行為の実効を確保するための手段として取引を拒絶する場合には違法となり、また、競争者を市場から排除するなどの独占禁止法上不当な目的を達成するための手段として取引を拒絶する場合には独占禁止法上問題となる（注4）。
>
> 　（注4）　このような行為によって、市場における競争が実質的に制限され、私的独占として違法となる場合の考え方については、排除型私的独占ガイドラインによって、その考え方が明らかにされている。

解説

1　単独の直接取引拒絶

　流通・取引慣行ガイドライン第2部では、最後に単独の直接取引拒絶が取り上げられている。単独の直接取引拒絶は、事業者が単独で自己の直接の取引先との取引を拒絶するものである。事業者が単独で取引を拒絶するものであるという点で「共同ボイコット」（ガイドライン第2部第2）と異なる。また、自己の直接の取引先との取引を拒絶するものであり、取引先に対してその取引先との取引を拒絶させるものではないという点で「自己の競争者との取引等の制限」（ガイドライン第1部第2の2）と異なる。

2 単独の直接取引拒絶の不当性

　事業者がどの事業者と取引するかは、基本的には事業者の取引先選択の自由の問題である。事業者が価格、品質、サービス等の要因を考慮して、独自の判断によって、ある事業者と取引し、又はある事業者と取引しないこととしても、基本的には独占禁止法上問題となるものではない。

　しかし、単独の直接取引拒絶は、例外的に①再販売価格維持、排他条件付取引などの独占禁止法上違法な行為の実効を確保するための手段として取引を拒絶する場合には違法となり、②競争者の排除などの同法上不当な目的を達成するための手段として取引を拒絶する場合には違法となるおそれがある。

　なお、単独の直接取引拒絶は、従来の取引を打ち切る者と新規の取引申込みを拒否するものとがあるが、いずれの場合であっても、上記のように独占禁止法上違法又は不当な目的を達成するための手段として取引を拒絶する場合に、同法上問題となる。継続的な取引においては、一定期間の契約期間を定め、契約満了前の一定期間内に当事者の一方から申出がない場合には自動的に契約が更新されるという形式を採ることが多いが、このような契約上の手続きによって取引を拒絶したとしても、そのことのみによって単独の直接取引拒絶が同法上全く問題とならないというものではない。

3 私的独占に当たる場合の考え方

　ガイドライン第2部第3の1の（注4）に記載されているとおり、単独の直接取引拒絶によって一定の取引分野における競争の実質的制限が生じ、私的独占として問題となる場合の考え方については排除型私的独占ガイドラインによって明らかにされている。

4 米国・EUの規制状況

❶ 米国

　米国においては、反トラスト法の適用に当たって事業者の取引先選択の自由は原則的に尊重されるべきとされている。単独の直接取引拒絶が問題となるのは一部の例外的な場合であり、これまで問題となったのは、①違法な目的（例：再販売価格の維持）を実現する手段として取引を拒絶する場合と、②独占力を有する事業者が独占を形成・維持するために取引を拒絶する場合で

ある。②に関し、独占力を有する事業者が従前から取引関係のあった競争業者との取引を拒絶したことについて、効率性の追求のためでなく短期的な利益を犠牲にして小規模な競争者に競争上の不利益を与えようとするものであると認定し、シャーマン法第2条に違反するとした判例として、アスペン・スキーイング事件連邦最高裁判決（Aspen Skiing Co. v. Aspen Highlands Skiing Corp., 472. U. S. 585（1985））がある。しかし、その後、裁判所は、このような例外を認めることに慎重な立場を採っているとされる。

❷ EU

EUにおいても、事業者の取引先の選択の自由は尊重され、それは市場支配的地位を有する事業者であろうとなかろうと異なるものではないが、市場支配的地位を有する事業者が、川下市場において自己の買い手と競争関係にある場合において、当該買い手に対し取引を拒絶することにより競争上の問題が生じることがあるとされている（EC条約第82条ガイダンス・パラグラフ76）（EC条約第82条は現在のEU機能条約第102条）。そして、欧州委員会は、市場支配的地位を有する事業者によるこのような取引拒絶が、①川下市場における効果的な競争を可能にするために客観的に必要とされる商品又はサービスに関連するものである、②川下市場における効果的な競争が排除されることとなる、③消費者利益を侵害することとなるという3つの状況が存在する場合に、優先的に処理するとの方針を明らかにしている（同ガイダンス・パラグラフ81）。

2　独占禁止法上問題となる場合

> 2　独占禁止法上問題となる場合
> 　事業者が、独占禁止法上違法な行為の実効を確保するための手段として、例えば次の①のような行為を行うことは、不公正な取引方法に該当し、違法となる（一般指定2項（その他の取引拒絶））。
> 　また、市場における有力な事業者（注5）が、競争者を市場から排除するなどの独占禁止法上不当な目的を達成するための手段として、例えば次の②〜③のような行為を行い、これによって取引を拒絶される事業者の通常の事業活動が困難となるおそれがある場合には、当該行為は不公正な取引

方法に該当し、違法となる（一般指定2項）。
① 市場における有力なメーカーが、流通業者に対し、自己の競争者と取引しないようにさせることによって、競争者の取引の機会が減少し、他に代わり得る取引先を容易に見いだすことができなくなるようにするとともに、その実効性を確保するため、これに従わない流通業者との取引を拒絶すること（一般指定11項（排他条件付取引）にも該当する。）
② 市場における有力な原材料メーカーが、自己の供給する原材料の一部の品種を完成品メーカーが自ら製造することを阻止するため、当該完成品メーカーに対し従来供給していた主要な原材料の供給を停止すること
③ 市場における有力な原材料メーカーが、自己の供給する原材料を用いて完成品を製造する自己と密接な関係にある事業者の競争者を当該完成品の市場から排除するために、当該競争者に対し従来供給していた原材料の供給を停止すること

（注5）「市場における有力な事業者」の考え方については、前記第1部3(4)において述べた考え方と同様である。

[解説]

1 独占禁止法上違法な行為の実効を確保するための手段として取引を拒絶する場合

ガイドラインは、単独の直接取引拒絶が例外的に独占禁止法上問題となる場合として、まず、再販売価格維持、排他条件付取引などの同法上違法な行為の実効を確保するための手段として取引を拒絶する場合を挙げている。この類型の単独の直接取引拒絶は、再販売価格維持、排他条件付取引などの目的となる行為が独占禁止法に違反すると同時に、その実効を確保するために行われた単独の直接取引拒絶も独自の違法行為として同法に違反することとなる。ガイドライン第2部第3の2では、①として、市場における有力なメーカーが取引先の流通業者に対し、自己の競争者との取引を制限し、競争者の取引機会の減少を図るとともに、その実効性を確保するため、メーカーに従わない流通業者と取引を拒絶するという例が示されている。

この類型の単独の直接取引拒絶は、「市場における有力な事業者」（ガイドライン第1部の3(4)参照）ではない事業者が行う場合にも違法となる。

|参考事例|

　このような行為が問題となったものとしては、例えば、以下の事例が挙げられる。

○　大正製薬株式会社に対する件（昭和 30 年 12 月 10 日勧告審決、昭和 30 年（勧）第 3 号）

　本件は、大正製薬が、取引の相手方に対して他のチェーンに加入すること等を禁止していたことが当時の一般指定の 7（現在の一般指定 11 項（排他条件付取引）に相当）に該当し、独占禁止法第 19 条の規定に違反するとされたが、大正製薬が、指示に従わない者との取引を拒絶したことも当時の一般指定の 1（現在の一般指定 2 項（その他の取引拒絶）に相当）に該当し、独占禁止法第 19 条の規定に違反するとされた。

[図表 2-11]　大正製薬株式会社に対する件

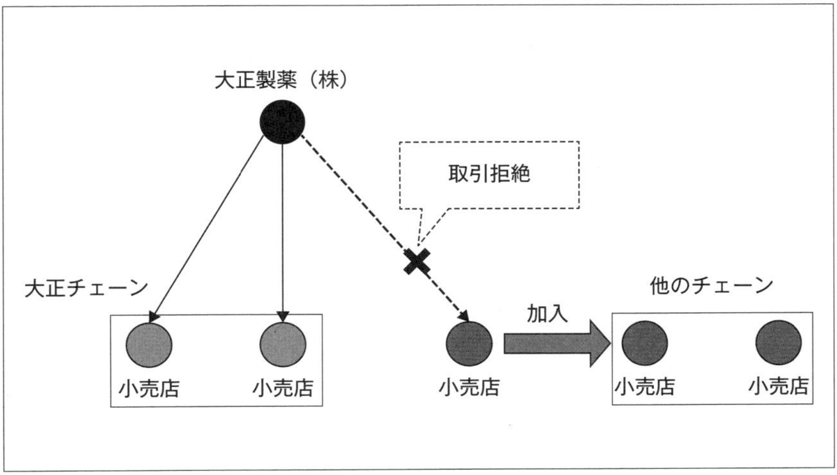

2　独占禁止法上不当な目的を達成するための手段として取引を拒絶する場合

　単独の直接取引拒絶は、ガイドライン第 2 部第 3 の 2 の②や③の例のように、競争者の排除などの独占禁止法上不当な目的を達成するための手段として取引を拒絶する場合には、例外的に同法に違反するおそれがある。

②や③の例は、有力な原材料メーカーと完成品メーカーとの関係で記述しているが、より一般化すれば、事業者が、従前から商品を供給していた取引先事業者に対し、当該取引先事業者が自己や自己と密接な関係にある事業者との関係で競争者とならないようにするため、従前供給していた商品の供給を停止するという行為である。その公正競争阻害性は、競争者の排除にある。しかし、単に自己や自己と密接な関係なる事業者の競争者との取引を拒絶することが、直ちに独占禁止法に違反するわけではない。取引を拒絶することによって、取引を拒絶される事業者の「通常の事業活動が困難になるおそれがある」場合に同法に違反する。

3 「通常の事業活動が困難になるおそれがある」場合

　「通常の事業活動が困難になるおそれがある」とは、その事業者の事業継続が困難となるおそれがある程度に至っている必要はなく、他に取引先があるとしても取引条件、必要数量の確保等の面で「通常の事業活動」が困難となるおそれがある程度に至っていればよい。この点に関連して、山形海産物仲買人協同組合に対する件（昭和38年2月6日勧告審決、昭和37年（勧）第5号）では、「組合の地区内の水産物小売業者は、他の水産物卸売市場からの仕入れが不便であるため、山形魚市場において仕入れなければ通常の営業が困難な状態にある」と認定されている。そして、このような状態にもかかわらず、「組合は、同魚市場における水産物の卸売業者全員に対して、非組合員に水産物を供給しないよう申し入れこれを実行させている」として、同組合の行為は、事業者に当時の一般指定の1（現在の一般指定2項（その他の取引拒絶）に相当）に該当する行為をさせているものであって、当時の独占禁止法第8条第1項第5号（現在の第8条第5号）に違反するものとされた。

|参考事例|

　このほか、関連する事例としては以下のものがある。

　○　丸亀青果物株式会社に対する件（昭和42年4月19日審判審決、昭和40年（判）第1号）
　丸亀青果物（被審人）は、せり市場を開設して青果物の卸売市場を営む事業

者であり、丸亀市内における主要な青果物販売業者を仲買人とし、その取扱高は同市内におけるせり市場取引の大部分を占めている。本件は、同社が職員の不正行為をきっかけに内紛状態に陥ったところ、同社が同社経営陣に批判的な仲買人9名との取引を停止したことが、当時の一般指定の1（現在の一般指定2項（その他の取引拒絶）に相当）に該当し、独占禁止法第19条に違反するとされたものである。

審判において、被審人は、同社は丸亀市における独占的な卸売業者ではなく、同社の取引拒否は公正な競争を阻害するおそれがないと主張したが、審決では、「かりに他の市場、卸売業者、産地等で入手するとしても、多大の時間および労力がかかる、当該市場の仲買人に口銭を払う、丸亀市内の相場がわからずに買うことになる、歩戻金がない、自分の思つたものが買えない、品物がそろわない、人の買つたものをわずかに分けてもらうだけで卸は廃止せざるを得なかつた等の事情が明らかであつて、他から青果物を容易に仕入れることにより、別段支障なく営業が出来るから公正な競を争阻害するおそれがないとの代理人の主張は理由がないものと言わなければならない（原文ママ）」との判断が示されている。

[図表2-12] 丸亀青果物株式会社に対する件

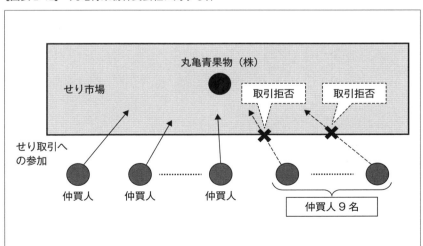

第3部

総代理店

1 総代理店制

> 第3部　総代理店
> 1　事業者は、国内事業者であると外国事業者であるとを問わず、自己の取り扱う商品を供給するに当たって、ある事業者に国内市場全域を対象とする一手販売権を付与する場合がある。このような一手販売権を付与される事業者は総発売元、輸入総代理店等と呼ばれるが（以下一手販売権を付与する事業者を「供給業者」、付与される事業者を「総代理店」、これらの間の契約を「総代理店契約」という。）、総代理店契約は、市場に参入するコストや参入に伴うリスクの軽減を図ることができ、また、総代理店となる事業者の組織的販売活動が期待されるところから、外国事業者が国内市場に参入するための手段として活用されることがある。

解説

1 総代理店制とは

　流通・取引慣行ガイドライン第3部の対象となる総代理店制は、事業者が自己の商品を国内市場で供給するために、特定の事業者に国内市場全域を対象とする一手販売権を付与するものである。すなわち、一手販売権を付与する事業者（ガイドラインでいう「供給業者」）が、一手販売権を付与される事業者（ガイドラインでいう「総代理店」）以外の国内事業者には契約対象商品を自ら販売しない義務を課すものである。

　総代理店制は、海外でもみられるものであり、我が国においてもしばしば用いられている。外国事業者が国内事業者に一手販売権を付与する輸入総代理店契約だけでなく、国内事業者が他の国内事業者に一手販売権を付与するいわゆる総発売元契約もみられるが、ガイドライン第3部は、このような国内事業者間又は外国事業者と国内事業者との間の総代理店契約のいずれに対しても適用されるものである。総代理店契約は、市場に参入するコストや参入に伴うリスクの軽減を図ることができ、また、総代理店となる事業者の組織的販売活動が期待されることから、現在も、外国事業者が我が国市場に参入するための手段の1つとして活用されている。

2 第3部の対象となるものと対象外のもの

　ガイドライン第3部の対象となる総代理店契約は、国内市場全域について

一手販売権を付与するものである。供給業者が特定の顧客に直接販売する権利を留保するケースもみられるが、このような総代理店契約も対象となる。また、輸入元と発売元が分かれているケース、例えば、Aが一手に輸入し、Bが国内における総発売元となるというもの場合も、ガイドライン第3部の対象となる。しかし、国内市場を複数の地域に分けて、それぞれの地域において一手販売権を付与する契約は、第3部の対象とはならない。

また、ガイドライン第3部は、商品をそのまま転売するという取引を念頭に置いているが、商品の機能を基本的に変えない範囲で付加価値を付して販売する取引も対象としている（仕様変更、装備の追加等）。しかし、原材料を自家消費等の目的で一手購入する契約や、いわゆるライセンス生産（供給業者のブランドを付した商品を国内で一手に生産・販売する権利を付与する契約）等については、第3部の対象とはならない。

2　総代理店制と競争政策

> 2　このように、総代理店契約は一般的に競争促進に寄与し得るものであるが、契約対象商品や契約当事者の市場における地位又は行動いかんによっては、市場における競争を阻害することがある。以下では、総代理店契約という取引形態に着目して、不公正な取引方法に関する規制の観点から、独占禁止法上の考え方を明らかにしている。

解説

1　総代理店制と市場参入

総代理店制は、供給業者にとって、市場に参入するコストや参入に伴うリスクの軽減を図ることができるというメリットがある。また、総代理店が消費者ニーズ等の情報をフィードバックしたり、供給業者の販売能力を補完し、広告宣伝・販売促進に役立つとの指摘もある。このように、総代理店制は、国内市場への有効な参入手段となり得るものである。

また、総代理店となる事業者としても、契約対象商品の一手販売権が付与される結果、広告宣伝を活発に行ったり、アフターサービス体制を整備するなど、組織的な販売活動を行いやすくなるというメリットがある。さらに、国内の競争者に対抗して取扱商品・取扱数量を拡大していくためには、総代

理店制が有効な競争手段ともなり得るものである。

2 総代理店制の問題点

　以上で述べたように、総代理店制は、国内市場への参入を容易にするものであって、一般的に国内市場における競争促進に寄与し得るものである。しかし、その一方で、特定の商品、とりわけ製品差別化が進んでいる商品について一事業者に国内での販売権が集中することにより、これを背景として流通業者の販売価格や取引先等への関与が行われることでブランド内競争やブランド間競争が減少・消滅したり、販売量の調整・価格の操作を行うことを可能にするような行為が行われるといった問題が生じることもある。すなわち、契約対象商品や契約当事者の市場における地位又は行動いかんによっては、国内市場において競争阻害的に機能する場合がある。

3 総代理店制と公正取引委員会の取組み
❶ ガイドライン制定までの取組み

　公正取引委員会においては、ガイドライン制定のかなり前から、輸入総代理店契約の競争促進機能が歪められることのないよう、平成9年独占禁止法改正法施行前の独占禁止法第6条第2項の規定に基づき届け出られた輸入総代理店契約の審査を行って、競争制限的な契約条項の是正等の指導を行ってきた。ガイドライン制定過程では、欧米ブランド品の内外価格差が大きな問

[図表3-1]　ガイドライン制定時（平成3年7月）の第3部の構成

第3部　総代理店に関する独占禁止法上の指針
第1　競争者間の総代理店契約
1　考え方
2　独占禁止法上問題となる場合
3　独占禁止法上問題とはならない場合
第2　総代理店契約の中で規定される主要な事項
1　独占禁止法上問題となる場合
2　独占禁止法上問題とはならない場合
第3　並行輸入の不当阻害
1　考え方
2　独占禁止法上問題となる場合

題として指摘されるようになり、その関連で輸入総代理店契約をめぐる独占禁止法上の諸問題について検討が行われた。その検討結果は、制定時のガイドラインの第3部の中に盛り込まれた。

[図表3-2] ガイドライン公表後の審決事案

No	件　名 【勧告（命令）日（審決日）】	平成29年改正前の ガイドライン該当箇所	適用法条
1	ラジオメータートレーディング株式会社に対する件（平5.9.28勧告審決、平5（勧）16）	第3部第3の2(2)（販売業者に対する並行輸入品の取扱い制限）	当時の一般指定15項（現14項）（競争者に対する取引妨害）
2	星商事株式会社に対する件（平8.3.22勧告審決、平8（勧）2）	第3部第3の2(1)（海外の流通ルートからの真正商品の入手の妨害）	当時の一般指定15項（現14項）（競争者に対する取引妨害）
3	株式会社松尾楽器商会に対する件（平8.5.8勧告審決、平8（勧）12）	第3部第3の2(1)（海外の流通ルートからの真正商品の入手の妨害）	当時の一般指定15項（現14項）（競争者に対する取引妨害）
4	ハーゲンダッツジャパン株式会社に対する件（平9.4.25勧告審決、平9（勧）4）	第3部第3の2(1)（海外の流通ルートからの真正商品の入手の妨害） 第2部第1の2（再販売価格の拘束）	当時の一般指定15項（現14項）（競争者に対する取引妨害） 当時の一般指定12項第1号・第2号（現独占禁止法第2条第9項第4号イ・ロ）（再販売価格の拘束）
5	株式会社ホビージャパンに対する件（平9.11.28勧告審決、平9（勧）14）	第3部第3の2(3)（並行輸入品を取り扱う小売業者に対する契約対象商品の販売制限） 第2部第1の2（再販売価格の拘束） 第2部第2の4(4)（安売り業者への販売禁止）	当時の一般指定13項（現12項）（拘束条件付取引） 当時の一般指定12項（現独占禁止法第2条第9項第4号）（再販売価格の拘束） 当時の一般指定13項（現12項）（拘束条件付取引）
6	ミツワ自動車株式会社に対する件（平10.6.19審判審決、平9（判）6）	第3部第3の2(1)（海外の流通ルートからの真正商品の入手の妨害）	当時の一般指定15項（現14項）（競争者に対する取引妨害）
7	グランドデュークス株式会社に対する件（平10.7.24勧告審決、平10（勧）14）	第3部第3の2(1)（海外の流通ルートからの真正商品の入手の妨害）	当時の一般指定15項（現14項）（競争者に対する取引妨害）

[図表3-3] ガイドライン公表後の警告事案

No	件　名【警告日】	平成29年改正前のガイドライン該当箇所	適用法条
1	株式会社銀座銃砲店に対する件（平3.6.6警告）	第3部第3の2(1)（海外の流通ルートからの真正商品の入手の妨害）	当時の一般指定15項（現14項）（競争者に対する取引妨害）
2	株式会社レイズに対する件（平8.8.9警告）	第3部第3の2(1)（海外の流通ルートからの真正商品の入手の妨害）	当時の一般指定15項（現14項）（競争者に対する取引妨害）
3	株式会社ホビージャパンに対する件（平9.10.22警告）	第3部第3の2(1)（海外の流通ルートからの真正商品の入手の妨害）	当時の一般指定15項（現14項）（競争者に対する取引妨害）

❷　その後の取組み

　平成3年7月のガイドライン公表以降、総代理店契約に関する事案としては、並行輸入の不当阻害行為について、7件の審決と3件の警告が出されている。

　また、平成9年独占禁止法改正法施行前の独占禁止法第6条第2項に基づき届け出られた輸入総代理店契約の審査では、再販売価格の制限や競争品の取扱い制限、並行輸入の不当阻害等に関して指導等が行われていた。

　このほか、事業者等からの総代理店契約に関する個別の相談にも対応してきている。例えば、並行輸入された消耗品使用時には本体装置の性能を補償しない旨の文書の作成、自社輸入品と並行輸入品との点検料金の差別化などについて、独占禁止法上の問題の有無についてそれぞれ回答を行っている。

　このように、公正取引委員会は、現在まで、ガイドラインの考え方に沿って、総代理店契約に関連して行われる行為で独占禁止法上問題となるものについて厳正な対応を採ってきた。しかし、競争者間の総代理店契約については、ガイドラインの考え方に基づき法的措置が採られた事例はなく、公表された相談事例においても、ガイドラインの考え方に基づき回答がなされたものはない。

❸　平成29年のガイドラインの改正

　こうした状況等を踏まえ、平成29年のガイドライン改正では、第3部のう

ち競争者間の総代理店契約に関する部分は削除し、総代理店契約の中で規定される主要な事項と並行輸入の不当阻害については引き続きガイドライン第3部において考え方を示すこととなった。もちろん、ガイドラインから記載が無くなったことで、競争者間の総代理店契約は独占禁止法の適用対象外になったというわけではない。競争者間の総代理店契約によって市場における地位が高まったことを背景として、不当な取引制限や私的独占が行われる場合には、当然に独占禁止法上問題となり得るものである。

4 第3部の概要

ガイドライン第3部は、総代理店契約のメリットと問題点やこれまでの運用経験を踏まえ、総代理店契約という特定の取引形態に着目して、不公正な取引方法に関する規制の観点から、独占禁止法上の考え方を明らかにしているものである。そのポイントは、以下のとおりである。

❶ 総代理店契約の中で規定される主要な事項

総代理店契約の中で規定される主要な事項について、再販売価格、競争品の取扱い、販売地域、取引先及び販売方法に関する制限を取り上げている。これらの制限については基本的にガイドライン第1部で示した考え方が適用されるが、国内市場全域を対象とする総代理店契約という取引形態に鑑み、第1部とは異なる取扱いをしているものもある。

❷ 並行輸入の不当阻害

並行輸入の不当阻害については、阻害行為として7つの行為類型を示し、それらが「契約対象商品の価格を維持するために行われる場合」に違法となることを明らかにしている。また、商標の信用保持の観点から並行輸入を制限することが許容される場合も明記している。

3 第3部の適用範囲等

> 3 第3部の第1は総代理店契約の一方が他方に対して課す制限を対象としており、総代理店がマーケティングの主体となって流通業者に対して行う再販売価格維持行為、非価格制限行為等は、第1部の対象となる。

> また、第3部の第2は、総代理店契約の中で規定される場合であると、供給業者又は総代理店の行為として行われる場合であるとを問わないものであり、総代理店が自らの判断で流通業者に対して行う行為も対象となる。

解説

　ガイドライン第3部第1（総代理店契約の中で規定される主要な事項）は、総代理店契約の一方当事者が他方に対して課す制限（供給業者が総代理店に対して課す制限がほとんど）に適用されるものである。したがって、総代理店がマーケティングの主体となって、すなわち、自らの判断で流通業者に対して行う再販売価格維持行為、非価格制限行為等については、ガイドライン第1部の対象となっている。

　また、ガイドライン第3部第2（並行輸入の不当阻害）については、総代理店契約の中で規定される場合だけでなく、供給業者又は総代理店の行為として行われる場合にも適用される。すなわち、総代理店が自らの判断で流通業者の並行輸入品の販売を妨害すれば、第3部が適用されるものである。

# 第1 総代理店契約の中で規定される主要な事項

1 独占禁止法上問題となる場合

　流通・取引慣行ガイドライン第3部第1で取り上げられている行為類型は、①再販売価格の制限、②競争品の取扱いに関する制限、③販売地域に関する制限、④取引先に関する制限、⑤販売方法に関する制限である。これらは、総代理店契約の中で規定されることが多く、また、通常問題となりやすいところから、ガイドライン第1部と重複する部分があるが、関係事業者の事業活動に資するため、独占禁止法上の考え方が示されているものである。これらの制限については、基本的に第1部第1（再販売価格維持行為）及び第2（非価格制限行為）で示した考え方が適用されるが、国内市場全域を対象とする総代理店契約という取引形態に鑑み、ガイドライン第1部と取扱いに差異があるものもある（ガイドライン第3部第1の1(2)（競争品の取扱いに関する制限））。また、その競争促進効果に着目して、問題とはならない場合を多く示していることが特徴である。

　なお、以下の制限は、契約当事者の一方が他方に対して課す制限を対象としているものであるが、制限が契約上の義務として課される場合だけでなく、要請に従わない事業者に対して経済上の不利益を課すなど、何らかの人為的手段を用いることによって制限の実効性が確保されている場合にも適用される。

(1) 再販売価格の制限

> 第1　総代理店契約の中で規定される主要な事項
> 　1　独占禁止法上問題となる場合
> 　　(1)　再販売価格の制限
> 　　　供給業者が契約対象商品について、総代理店の販売価格を制限し、又

> は総代理店をして契約対象商品をそれから購入して販売する事業者（その事業者から当該商品を購入して販売する事業者を含む。以下「販売業者」という。）の販売価格を制限するようにさせることについては、第1部の第1（再販売価格維持行為）で示した考え方が適用される。

[解説]

　総代理店又は販売業者の販売価格（再販売価格）の制限については、ガイドライン第1部第1で示した考え方が適用される。総代理店や販売業者が市場の状況に応じて自己の販売価格を自主的に決定することは、その事業活動において最も基本的な事項であり、これは第1部が対象とする取引と何ら異なるものではない。

　したがって、供給業者が総代理店の販売価格を制限し、又は総代理店をして販売業者の販売価格を制限するようにさせることは、総代理店や販売業者の間の価格競争を阻害することとなるので、原則として不公正な取引方法に該当し、違法となる（独占禁止法第2条第9項第4号）。総代理店契約において、次のような制限が課されることがみられるが、これらはいずれも独占禁止法上問題となる。

① 　供給業者が再販売価格を決定し、その価格で販売することを義務付けるもの
② 　供給業者と合意した価格で販売し、又は再販売価格について供給業者の承認を得たり、事前に協議することを義務付けるもの
③ 　値引き販売を禁止したり（バーゲンセールの禁止を含む。）、値引販売を行う場合には供給業者の事前の承認を得ることを義務付けるもの

　また、個々の実売価格の報告を義務付けたり、ブランドイメージにふさわしい価格で販売することを義務付けるものもみられるが、それらが総代理店又は販売業者の価格決定の自由を拘束するものとして用いられると、独占禁止法上問題となる。また、契約上の表現としては、供給業者が定めた価格を「遵守する」、「尊重する」、「考慮する」、「努力する」等の類型があるが、これらは再販売価格の決定に供給業者の意思を反映させようとするものであって、契約で用いることは避けることが望ましい。

(2) 競争品の取扱いに関する制限

> (2) 競争品の取扱いに関する制限
> ① 契約期間中における競争品の取扱制限
>   供給業者が契約期間中において、総代理店の競争品の取扱いを制限し、又は総代理店をして販売業者の競争品の取扱いを制限するようにさせることについては、第1部の第2の2(1)（取引先事業者に対する自己の競争者との取引や競争品の取扱いに関する制限）で示した考え方が適用される。ただし、契約期間中において、既に総代理店が取り扱っている競争品の取扱いを制限するものでない場合は、原則として独占禁止法上問題とはならない。
> ② 契約終了後における競争品の取扱制限
>   供給業者が契約終了後において総代理店の競争品の取扱いを制限することは、総代理店の事業活動を拘束して、市場への参入を妨げることとなるものであり、原則として独占禁止法上問題となる。ただし、秘密情報（販売ノウハウを含む。）の流用防止その他正当な理由があり、かつ、それに必要な範囲内で制限するものである場合には、原則として独占禁止法上問題とはならない。

[解説]

1 契約期間中における競争品の取扱いの制限

契約期間中における総代理店又は販売業者の競争品の取扱いの制限については、ガイドライン第1部第2の2(1)で示された考え方が適用される。したがって、市場における有力な供給業者が本制限を課すことにより、市場閉鎖効果が生じる場合には、不公正な取引方法に該当し、違法となる（一般指定2項（その他の取引拒絶）、11項（排他条件付取引）又は12項（拘束条件付取引））。例えば、供給業者の競争者にとって当該総代理店と取引することが重要であるほど、総代理店を通じて制限を受ける販売業者の数が多いほど、そうでない場合と比較して、市場閉鎖効果が生じる可能性が高くなる。

しかし、総代理店の競争品の取扱制限については、契約期間中において既に総代理店が取り扱っている競争品の取扱いを制限するものでない場合は、原則として独占禁止法上問題とはならない。これは、①契約対象商品の一手販売権を付与する見返りとして、販売活動を契約対象商品に集中させるために課されるものであること、②総代理店契約は国内市場に参入するために締

結されるものであるので、供給業者の競争者にとって当該総代理店と新たに取引することが重要であることは少ないこと、③国内市場全域を対象とする総代理店契約であるので、制限を課されるのは総代理店のみであること等から、市場閉鎖効果が生じる可能性は低く、競争秩序に及ぼす影響も小さいと考えられるからである。

なお、契約時において既に総代理店が取り扱っている競争品の取扱いを制限するものである場合には、当該総代理店を重要な流通ルートとして市場に参入している競争者にとって、その流通ルートを断たれると代替的な流通経路を容易に確保することができなくなることも考えられるので、一律に問題なしとするのではなく、個別の事案に即して「市場閉鎖効果が生じる場合」に当たるかどうかを検討することとなる。

2 契約終了後における競争品の取扱いの制限

契約終了後において、事業者がどのような商品を取り扱って事業活動を展開するかは、本来、事業者が自由に決定すべきものである。契約終了後において総代理店が競争品を取り扱うことを制限することは、総代理店の事業活動を拘束して、市場への参入を防げることとなるものであるので、ガイドラインは、原則として独占禁止法上問題となるとしている（一般指定 11 項（排他条件付取引）又は 12 項（拘束条件付取引））。天野・ノボ事件（昭和 45 年 1 月 12 日勧告審決、昭和 44 年（勧）第 22 号；昭和 50 年 11 月 28 日最高裁判決、民集 29 巻 10 号 1592 頁）では、①解除による契約終了後 3 年間競争品の製造・販売を禁止したことが当時の一般指定の 8（現在の一般指定 12 項（拘束条件付取引）に相当）に、②契約対象地域（日本、台湾、韓国）においては契約終了後も競争品の取扱いを禁止したことが当時の一般指定の 7（現在の一般指定 11 項（排他条件付取引）に相当）に該当し、当時の独占禁止法第 6 条第 1 項（現在の第 6 条）に違反するとされた。

しかし、秘密情報の流用防止その他正当な理由があり、かつ、それに必要な範囲で制限するものである場合は、問題ないと考えられる。ガイドラインでは、このことが明記されている。秘密情報の流用を防止するためには、まず流用禁止の規定を置くことによって対処すべきであろうが、秘密情報の範囲は特許のように明確でなく、また、公知になれば価値がなくなるため、流

用の有無を争うことは実際的でない場合もあろう。このように、流用防止に必要な範囲で競争品の取扱いを制限することには合理性があり、また、これが認められないと総代理店契約を締結するインセンティブが損なわれることも考えられる。したがって、流用防止に必要な範囲（契約終了後2年程度が目安となろう。）で制限するにとどまるのであれば、全体として競争秩序に及ぼす影響は小さいものと考えられるので、問題なしとされたものである。

なお、「秘密情報」は、産業上の技術に係るもののほか、販売ノウハウ、顧客情報も含まれるが、供給業者から供与されたものを指し、総代理店が販売活動を通じて独自に獲得したものは含まれないことはいうまでもない。

ガイドラインは「秘密情報の流用防止」のほか、「正当な理由」がある場合に必要な範囲で競争品の取扱いを制限することは、原則として問題なしとしている。正当な理由があるかどうか、また、それに必要な範囲であるかどうかは、個別の事案に即して判断されることとなる。例えば、総代理店が取引上の信頼関係を一方的に破壊するような重大な債務不履行（契約対象商品の販売活動をしない場合など）を行ったことを原因として契約が中途解約された場合であって、供給業者が新たな流通経路を見いだすために必要な期間に限って制限することなどが考えられる。

(3) 販売地域に関する制限

> (3) 販売地域に関する制限
> ① 供給業者が契約対象商品について、総代理店をして販売業者の国内における販売地域を制限するようにさせることについては、第1部の第2の3（販売地域に関する制限）で示した考え方が適用される。
> ② 供給業者が総代理店に対し許諾地域（総代理店に一手販売権が付与される地域をいう。以下同じ。）外において契約対象商品を自ら積極的に販売しない義務を課し、又は総代理店が供給業者をして許諾地域外における当該供給業者の直接の取引先が契約対象商品を許諾地域において自ら積極的に販売しないようにさせることは、原則として独占禁止法上問題とはならない。

解説

1　国内における販売地域の制限

　販売業者の国内における販売地域の制限については、ガイドライン第1部第2の3で示した考え方が適用される。すなわち、販売業者の販売地域について責任地域制や販売拠点制を採ることはそれ自体が問題となることはない。しかし、市場における有力な供給業者が、総代理店を通じて厳格な地域制限を行ったり、供給業者が総代理店を通じて地域外顧客への受動的販売の制限を行うことは、これによって価格維持効果が生じる場合には、不公正な取引方法に該当し、違法となる（一般指定12項（拘束条件付取引））。

2　許諾地域外における販売の制限

　総代理店に対し許諾地域外において積極的に販売しない義務を課すことは、原則として独占禁止法上問題とならない。これは、一手販売権を付与する見返りとして、許諾地域（国内市場）における販売活動に集中させるために、許諾地域外において店舗、倉庫を設置したり、広告宣伝活動等を行うことにより顧客を獲得しようとすること（積極的販売）を制限することは問題なしとされているものである。

3　他の事業者による許諾地域における販売の制限

　供給業者に対し、許諾地域外における直接の取引先が許諾地域（国内市場）において積極的に販売しないようにさせることを義務付けることは、原則として独占禁止法上問題とはならない。総代理店契約は、供給業者に対し、許諾地域において自ら契約対象商品を販売せず、かつ、総代理店以外の国内事業者に自ら販売しない義務を課すものであって、許諾地域において積極的に販売する事業者とは取引しないようにさせることは、総代理店制が機能するためには許容されるべきものである。したがって、供給業者の直接の取引先が許諾地域において自ら積極的に販売しないようにさせることは、問題なしとされているものである。

　なお、この点は並行輸入の不当阻害との関連で後記第2において解説している。

(4) 取引先に関する制限

> (4) 取引先に関する制限
> ① 供給業者が契約対象商品について、総代理店の販売先を制限し、又は総代理店をして販売業者の取引先を制限するようにさせることについては、第1部の第2の4（流通業者の取引先に関する制限）で示した考え方が適用される。
> ② 供給業者が総代理店に対し契約対象商品を自己又はその指定する者からのみ購入する義務を課すことは、原則として独占禁止法上問題とはならない。

解説

総代理店又は販売業者の取引先の制限については、ガイドライン第1部第2の4で示した考え方が適用される。例えば、安売りを行うことを理由に小売業者へ販売をしないようにさせることは、通常、価格競争を阻害するおそれがあり、原則として不公正な取引方法に該当し、違法となる（一般指定2項（その他の取引拒絶）又は12項（拘束条件付取引））。また、卸業者たる販売業者に対して、その販売先である小売業者を特定させ、当該小売業者が特定の卸売業者からしか契約対象商品を購入できないようにしたり（帳合取引の義務付け）、販売業者に対し商品の横流しを禁止したりすること（仲間取引の禁止）は、これによって価格維持効果が生じる場合には、違法となる（一般指定12項（拘束条件付取引））。

他方、総代理店に対して、供給業者又はその指定する者のみから契約対象商品を購入する義務を課すことは、原則として独占禁止法上問題とはならない。

(5) 販売方法に関する制限

> (5) 販売方法に関する制限
> 供給業者が契約対象商品について、総代理店の販売方法を制限し、又は総代理店をして販売業者の販売方法を制限するようにさせることについては、第1部の第2の6（小売業者の販売方法に関する制限）で示した考え方が適用される。

|解説|

　総代理店又は販売業者の販売方法の制限については、ガイドライン第1部第2の6で示した考え方が適用される。

　総代理店契約において規定される条項としては、例えば、①専用の販売コーナーの設置（その面積、外観、内装等を指定し、高級なイメージの売り場での販売を義務付けることなど）、②店頭販売の義務付け、③専門知識を有する販売員の配置の義務付けなどがある。これらについては、ガイドライン第1部第2の6(2)で示された考え方によると、商品の安全性の確保、品質の保持、商標の信用の維持等、契約対象商品の適切な販売のためのそれなりの合理的な理由が認められる場合には、それ自体が独占禁止法上問題となるものではない。しかし、販売方法に関する制限を手段として、再販売価格、取引先等についての制限を行っている場合には、それぞれの行為類型についての考え方に従って違法性の有無が判断される。

　また、販売方法の1つである広告・表示の方法について、例えば、①店頭、チラシ等で表示する価格を制限するもの、②価格を明示した広告を行うことを禁止するものは、通常、価格競争が阻害されるおそれがあり、原則として不公正な取引方法に該当し、違法となる。

　さらに、安売り広告を行う場合にブランド名の表示を禁止することも、同様に問題となろう。

2　独占禁止法上問題とはならない場合

> 2　独占禁止法上問題とはならない場合
> 　供給業者は、契約対象商品の一手販売権を付与する見返りとして、総代理店に対し、次のような制限・義務を課すことがあるが、これらは原則として独占禁止法上問題とはならない。
> 　①　契約対象商品の最低購入数量若しくは金額又は最低販売数量若しくは金額を設定すること
> 　②　契約対象商品を販売するため最善の努力をする義務を課すこと

|解説|

　ガイドライン第3部第1の2では、総代理店に対し、①最低購入数量・最

低販売数量を設定すること、②最善販売努力義務を課すことについては、一手販売権を付与する見返りとして課されるものであることから、原則として問題とはならないとされている。

　最善販売努力義務としては、例えば、広告宣伝、商品の在庫維持、顧客・保証サービス、専門知識を有する知識を有するスタッフの使用が考えられる。これらは通常問題とされることはないであろう。

第2 並行輸入の不当阻害

1 考え方

> 第2 並行輸入の不当阻害
> 1 考え方
> (1) 総代理店契約が輸入品について行われる場合において、第三者が契約当事者間のルートとは別のルートで契約対象商品を輸入することがある（以下これを「並行輸入」といい、商標権を侵害しないいわゆる真正商品の輸入を前提としている。）。
> 　並行輸入は一般に価格競争を促進する効果を有するものであり、したがって、価格を維持するためにこれを阻害する場合には独占禁止法上問題となる。
> (2) 並行輸入品と称する商品が真正商品でなく偽物である場合には、商標権侵害を理由にその販売を差し止めることができる。このほか、次のような場合において、商標の信用を保持するために必要な措置を採ることは、原則として独占禁止法上問題とはならない。
> 　① 商品仕様や品質が異なる商品であるにもかかわらず、虚偽の出所表示をすること等により、一般消費者に総代理店が取り扱う商品と同一であると誤認されるおそれのある場合
> 　② 海外で適法に販売された商標品を並行輸入する場合に、その品質が劣化して消費者の健康・安全性を害すること等により、総代理店の取り扱う商品の信用が損なわれることとなる場合
> (3) 国内品について並行輸入の不当阻害と同様の行為が行われる場合においても基本的な考え方は上記と同様であるので、以下の考え方が適用される。

解説
1 並行輸入と商標権
❶ 概説

並行輸入とは、総代理店契約が輸入品について行われる場合（すなわち輸入総代理店契約の場合）において、第三者が契約対象商品を契約当事者間のルートとは別のルートで輸入することである。このような並行輸入が商標品について行われる場合、商標権との関係が問題となり得る。

商標法は、商標権者に商標を使用する独占権を付与し、第三者が同一又は混同する程度に類似するマークを類似商品に用いることを差し止める権限を与えている。商標権は属地主義の原則により保護されており、他国において登録された商標を付した商品であっても、自国において商標が登録されていれば、そのような外国商品を無断で輸入することは自国の商標権を侵害することとなる。しかし、国際的な商品の流通が発展している現在において、このような原則を形式的に適用することは、国際取引を著しく阻害するおそれがある。このため、現在ではこの原則には例外が認められ、いわゆる真正商品の並行輸入は商標権を侵害するものではないと考えられている。

このことを踏まえ、流通・取引慣行ガイドライン第3部第2においては、並行輸入の不当阻害の考え方を示すに当たって、ここでいう並行輸入は「商標権を侵害しないいわゆる真正商品の輸入を前提としている」と述べられている。

❷ 判例の動向

我が国において、リーディング・ケースとなったのがパーカー事件（昭和45年2月27日大阪地裁判決、昭和43年(ワ)第7003号）である。同判決では、真正商品の並行輸入は商標の本質的機能である出所を識別する機能（出所表示機能）、品質を保証する機能（品質保証機能）を侵害しないという理由から、パーカー万年筆側が主張した並行輸入しようとした者に対する差止めを行う権利が否定された。パーカー事件後、いくつかの裁判例が出され、また、権利消尽論、商標機能論等の理論的根拠の検討も行われてきたが、平成15年のフレッドペリー事件最高裁判決（平成15年2月27日最高裁判決、民集57巻2号125頁）において、最高裁判所は、次のとおり真正商品の並行輸入が商標権侵

害としての実質的な違法性を欠く要件を明らかにした。
① 当該商標が外国における商標権者又は当該商標権者から使用許諾を受けた者により適法に付されたものであること
② 当該外国における商標権者と我が国の商標権者とが同一人であるか又は法律的若しくは経済的に同一人と同視し得るような関係があることにより、当該商標が我が国の登録商標と同一の出所を表示するものであること
③ 我が国の商標権者が直接的に又は間接的に当該商品の品質管理を行い得る立場にあることから、当該商品と我が国の商標権者が登録商標を付した商品とが当該登録商標の保証する品質において実質的に差異がないこと

同判決では、これら①から③の3要件を満たす場合には、いわゆる真正商品の並行輸入として、商標の機能である出所表示機能及び品質保証機能を害することがなく、商標の使用をする者の業務上の信用及び需要者の利益を損なわず、実質的に違法性がないということができると述べられている。

このように、判例においても、いわゆる真正商品の並行輸入は商標権侵害ではないという考え方が採用されている。

❸ 他の知的財産権との関係

ガイドラインでは明記されていないが、契約対象商品が特許製品である場合であっても、特許権者等が国外において特許製品を譲渡した場合には、その譲受人との間で、特許製品の販売先等を制限する特段の合意があり、かつ、かかる合意が当該特許製品に明示されていた場合を除き、並行輸入を阻止することはできないと考えられている（BBSアルミホイール事件（平成9年7月1日最高裁判決、民集51巻6号2299頁））。

著作物については、著作物を譲渡する権利（譲渡権）との関係が問題となるが、著作権者等がその著作物（映画の著作物を除く。）を国外において譲渡した場合、譲渡権が及ばなくなること（国際消尽）が明文で定められている（著作権法第26条の2第2項第5号）。そのため、基本的に並行輸入が著作権を侵害することはなく、並行輸入を阻止することはできない。ただし、国外頒布目的商業用レコードについては、当該商業用レコードが国外頒布専用のもので

あることを知りながら国内において頒布する目的で輸入すること、国内において頒布すること又は国内で頒布することを目的として所持することは、著作権侵害とみなされる旨が規定されている（同法第113条第5項）。

2 並行輸入がもたらす競争促進効果

　総代理店制は、国内市場に参入するために重要な役割を担っており、そのためには必要な範囲でその「一手販売権」は尊重されるべきものである。しかし、一手販売権の下で高価格政策が採られると、並行輸入が行われるようになる。我が国において他の地域より著しく高い価格で販売を続けようとすることは、国際的な商品の流通が発展している中では無理なことであり、並行輸入によって価格が低下することがあっても、それは自然の流れといえる。

　確かに、並行輸入については、供給や仕入れ価格の不安定性・アフターサービスの点での不安等の問題があり、また、輸入総代理店の営業努力にただ乗りしていると批判する見方もある。しかし、並行輸入が正しく行われると、流通ルートが複数化され、輸入総代理店の価格形成に対し競争圧力として機能することにより、国内市場における競争を促進するという効果を持つ。特に市場における地位の高いブランドについて並行輸入が行われると、その影響は当該ブランドのみならず市場全体に及び、ブランド間競争の促進にもつながることとなると考えられる。

3 並行輸入の阻害行為と独占禁止法
❶ 並行輸入の不当阻害

　並行輸入は、通常、ある商品について国内での販売価格が海外での価格よりも高く、輸送費などを考慮しても、これを輸入販売することに利益がある場合に行われるものである。このため、総代理店等は、並行輸入品が低価格で販売されることにより輸入総代理店の取り扱う商品に値崩れが生じることを防止するため、種々の対策を講ずることがある。供給業者やその海外における取引先に圧力をかけて並行輸入のルートを閉ざしたり、国内における並行輸入品の販売を妨害する等の並行輸入阻害行為である。並行輸入は、一般に価格競争を一層促進させていくものであるので、これを不当に阻害する行為に対しては競争政策の立場から適切に対処していくことが必要である。こ

のため、ガイドラインでは、並行輸入の阻害行為として7つの類型を具体的に示し、それらがどのような場合に違法となるかが明らかにされている（ガイドライン第3部第2の2(1)～(7)）。

ガイドラインにおいて、「並行輸入は一般に価格競争を促進する効果を有するものであり、したがって、価格を維持するためにこれを阻害する場合には独占禁止法上問題となる」と述べられている。これは、並行輸入の阻害行為の不当性を価格競争の阻害、すなわち、契約対象商品の価格維持という点から捉えるという趣旨を示すとともに、商標の信用を保持するために必要な措置それ自体を規制対象にするのではないという趣旨を明確にしているものである。したがって、「価格を維持するために行われる場合」という基準は、ガイドライン第1部でいう「価格維持効果が生じる場合」と基本的な考え方に差異があるものではない。

「価格を維持するために行われる場合」と認められるかどうかは、行為者の主観的意図のみから判断されるのではなく、当該行為が行われた状況を総合的に考慮して判断される。また、並行輸入の阻害行為が価格を維持するために行われる場合には、市場における有力な事業者（ガイドライン第1部の3(4)）が行うものであると否とにかかわらず、独占禁止法上問題となる。

❷ 並行輸入の制限が許容される場合

ガイドラインでは、並行輸入の阻害行為がどのような場合に違法となるかを示すとともに、並行輸入の正当な差止め行為など並行輸入の制限が許容される場合についてもできるだけ明らかにしている。すなわち、並行輸入品と称する商品が真正商品でなく偽物である場合には、商標権侵害を理由にその販売を差し止めることができる（ガイドライン第3部第2の1(2)、2(4)）。また、並行輸入品の広告宣伝活動が商標権を侵害したり、不正競争防止法に違反する場合には、当該広告宣伝活動の中止を求めることができる（ガイドライン第3部第2の2(7)）。

このほか、並行輸入の形態又は並行輸入品の販売方法によっては商標の信用が損なわれることがあると考えられるので、ガイドラインでは、次のような場合において、「商標の信用を保持するために必要な措置を採ることは、原則として独占禁止法上問題とはならない」とされている。

① 商品仕様や品質が異なる商標品であるにもかかわらず、虚偽の出所表示をすること等により、一般消費者に総代理店が取り扱う商品と同一であると誤認されるおそれのある場合
② 海外で適法に販売された商標品を並行輸入する場合に、その品質が劣化して消費者の健康・安全性を害すること等により、総代理店の取り扱う商品の信用が損なわれることとなる場合

　このような場合には、例えば、並行輸入業者に適切な表示をするよう求めたり、供給業者に対し並行輸入業者に適切な表示をさせるように求めることが先決であろう。しかし、並行輸入業者がこれに応じない場合に、例えば、供給業者に対し適切な表示をしない並行輸入業者には販売させないよう求めるなど、並行輸入を制限することができないとなれば、総代理店としては商標の信用を保持できないこととなってしまう。すなわち、このような場合に並行輸入を制限することは、契約対象商品の価格を維持するためにではなく、商標の信用を保持するために行われるものであって、独占禁止法上不当でないことを確認的に述べているものである。

4　国内品について同様な行為が行われる場合の取扱い

　ガイドライン第3部は、総代理店に関する独占禁止法上の考え方を示したものであるが、総代理店契約は外国事業者が国内市場に参入するために活用されることがあるところから、輸入品に係る総代理店契約、すなわち、輸入総代理店契約との関連において、並行輸入の不当阻害についての考え方が示されている。

　一方、国内品について並行輸入の不当阻害と同様な行為が行われることも考えられるが、このような行為についても基本的な考え方は同じであるので、ガイドラインで示した考え方が適用される旨を明記している（ガイドライン第3部第2の1(3)）。例えば、国内事業者間で総代理店契約が行われる場合において、海外に販売された商品が国内市場に輸入されること、いわゆる逆輸入を阻止することも考えられなくもないので、このような行為についても、価格を維持するために行われる場合には独占禁止法上問題となる（逆輸入される商品が商標権等を侵害しないものであることが前提である。）。また、輸出総代理店契約が行われる場合において、逆輸入を阻止することも同様に考えられる。

2 独占禁止法上問題となる場合
(1) 海外の流通ルートからの真正商品の入手の妨害

> 2 独占禁止法上問題となる場合
> (1) 海外の流通ルートからの真正商品の入手の妨害
>   並行輸入業者が海外の流通ルートから真正商品を入手してくることを妨げて、契約対象商品の価格維持を図ろうとすることがある。このような行為は、総代理店が取り扱う商品と並行輸入品との価格競争を減少・消滅させるものであり、総代理店制度が機能するために必要な範囲を超えた行為である。
>   したがって、総代理店又は供給業者が以下のような行為をすることは、それが契約対象商品の価格を維持するために行われる場合には、不公正な取引方法に該当し、違法となる(一般指定12項(拘束条件付取引)又は14項(競争者に対する取引妨害))。
>   ① 並行輸入業者が供給業者の海外における取引先に購入申込みをした場合に、当該取引先に対し、並行輸入業者への販売を中止するようにさせること
>   ② 並行輸入品の製品番号等によりその入手経路を探知し、これを供給業者又はその海外における取引先に通知する等の方法により、当該取引先に対し、並行輸入業者への販売を中止するようにさせること

[解説]

1 対象となる行為

並行輸入業者は、主に供給業者の海外における総代理店や販売業者等から真正商品を入手し、国内での販売を行う。このような並行輸入業者の海外における商品入手先に対して、並行輸入業者への販売を中止させるような行為が行われると、並行輸入業者は真正商品の仕入れを行うことが困難となる。

流通・取引慣行ガイドライン第3部第2の2(1)は、このような並行輸入業者が海外の流通ルートから真正商品を入手してくることを妨害することについて、考え方を示している。

2 総代理店の「一手販売権」の限界

総代理店制は、特定の事業者に我が国における一手販売権を与えて契約対象商品の販売活動を任せるものであるから、それが機能するためには、供給

業者に対し次の(a)、(b)のような制限を課すことは許容されるべきものである。(b)の制限については、ガイドラインにおいても、原則として問題とはならないことが明記されている（ガイドライン第3部第1の1(3)②後段）。

(a) 供給業者が、総代理店に一手販売権が許諾された地域（許諾地域）において自ら販売せず、又は総代理店以外の国内事業者に自ら販売しないこと

(b) 供給業者の海外における直接の取引先が、総代理店の許諾地域において自ら積極的に販売しないようにさせること

(a)の具体例としては、供給業者が現地において各国の総代理店を集めて展示会を行うとき、我が国の並行輸入業者がこれに参加し取引しようとすることを妨げたり、供給業者が許諾地域内の顧客から引合又は注文を受けたときは、これを全て総代理店に委ねなければならない義務を課すことなどが挙げられる。(b)の具体例としては、海外の総代理店に対して、我が国において支店や倉庫を設置したり、広告宣伝活動を行って顧客を獲得しようとするのを制限することなどが挙げられる。

しかし、総代理店制が機能するために許容されるのは、このような制限までであって、並行輸入そのものを阻止できるような排他的権限まで許容されるものではない。例えば、並行輸入業者が海外の流通業者から真正商品を入手してくることを妨げて、契約対象商品の価格維持を図ろうとすることまで、「一手販売権」の範囲として許容することは、並行輸入そのものを否定することにつながり、総代理店が取り扱う商品と並行輸入品との価格競争を減少・消滅させることとなる。したがって、ガイドラインにおいて、海外の流通ルートから真正商品を入手してくることを妨げて、契約対象商品の価格維持を図ろうとする行為は、総代理店制が機能するために必要な範囲を超えた行為であるとされているものである。

3 具体的な行為（第2部の2(1)①、②）

ガイドラインは、次のような行為をすることは、それが契約対象商品の価格を維持するために行われる場合には、不公正な取引方法に該当し、違法となる（一般指定12項（拘束条件付取引）又は14項（競争者に対する取引妨害））としている。

❶ 並行輸入業者が供給業者の海外における取引先に購入申込みをした場合に、当該取引先に対し、並行輸入業者への販売を中止するようにさせること（①の場合）

　これは、並行輸入業者が供給業者の海外の取引先に購入申込みをした場合に、当該取引先に対し、並行輸入業者への販売を中止するようにさせることについて規定している。供給業者の海外の取引先には、直接の取引先だけでなく間接の取引先も含まれる。

　例えば、総代理店契約において、「供給業者は、いかなる第三者にも我が国で販売させてはならない」という条項が置かれると、供給業者は、総代理店以外の事業者による日本での販売を防ぐために自らの海外の取引先に対して並行輸入業者からの購入申込みに応じることを禁じなくてはならなくなるであろう。また、「供給業者は、我が国に販売する意図を有し又は販売する意図を有することを知り得る事業者には販売しない」との条項が置かれた場合、これが外国事業者自らの販売を禁止したり、その直接の取引先の積極的販売を制限するにとどまる限り問題ないが、総代理店が、これを根拠として、供給業者に対し、その海外の取引先が並行輸入業者からの購入申込みに応じて販売しないようにさせると問題になる。

❷ 並行輸入品の製品番号等によりその入手経路を探知し、これを供給業者又はその海外における取引先に通知する等の方法により、当該取引先に対し、並行輸入業者への販売を中止するようにさせること（②の場合）

　これは、並行輸入業者が供給業者の海外の取引先から購入して並行輸入品を国内で販売している場合において、製造番号等により並行輸入品の入手経路を探知しこれを供給業者又は当該取引先に通知する等の方法により、当該取引先に対し、並行輸入業者への販売を中止するようにさせることについて規定している。総代理店契約において、並行輸入が行われた場合は相手方に通知する義務を課すことがあり、また、ブランド本社の中には商品に識別可能な一連番号やマークを付し、どのルートを通じて販売されたかが分かるようにしているものもあるといわれる。これらについては、そのこと自体が問題となるものではなく、これらを手段として並行輸入を制限する場合に、独占禁止法上問題となるものである。

参考事例

海外の流通ルートからの真正商品の入手を妨害したものとしては、例えば、以下の事例がある。

○ 星商事株式会社に対する件（平成8年3月22日勧告審決、平成8年（勧）第2号）
　本件では、ハンガリー所在のヘレンド社が製造販売する磁器製の食器等（ヘレンド製品）の総代理店である星商事が、並行輸入品が希望小売価格を相当程度下回る価格で大量に販売された場合には、当該並行輸入品について店頭調査を行い、ヘレンド製品に付された国番号から輸出国を突き止めて供給業者に通報し、供給業者をして並行輸入業者に対するヘレンド製品の供給を止めさせる旨の方針を定め、これに基づき実際に供給を止めさせていた行為が、当時の一般指定15項（現在の一般指定14項）（競争者に対する取引妨害）に該当

[図表3-4]　星商事株式会社に対する件

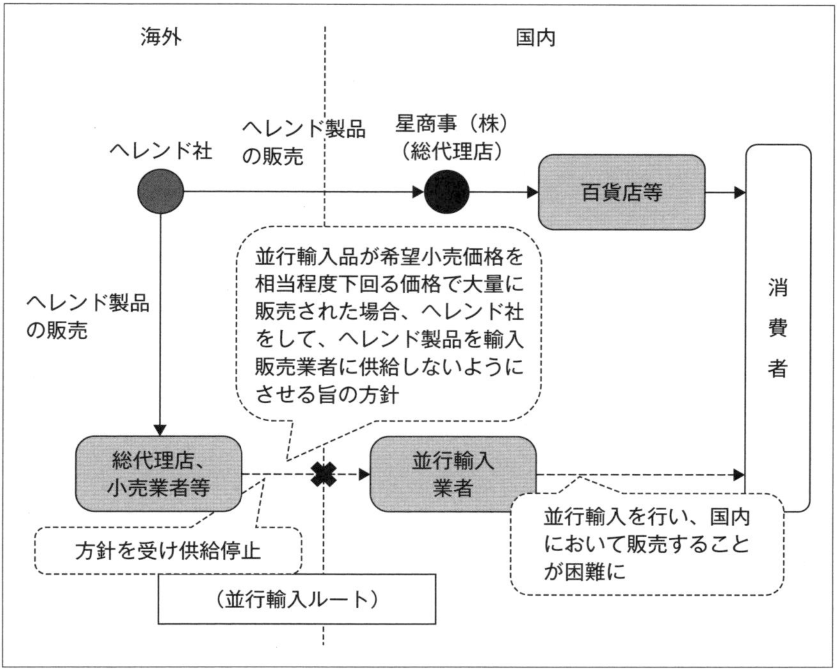

し、独占禁止法第19条に違反するとされた。

4 価格を維持するために行われる場合

「価格を維持するために行われる場合」とは、行為者の主観的意図のみから判断されるのではなく、当該行為が行われた状況を総合的に考慮して判断される。例えば、並行輸入品が低価格で販売されることより、総代理店の取り扱っている商品に値崩れが生じることが予想されるような状況において、供給業者に対し、当該並行輸入業者が真正商品を入手できないようにするための措置を求めることなどは、「価格を維持するために行われる」ものと認められよう。

この点に関して、前掲 **3 2** の参考事例で紹介した星商事株式会社に対する件の審決には、価格維持を行う意図について記載はないが、本件行為を行うに至った要因として、「並行輸入品が希望小売価格を相当程度下回る価格で大量に販売されるようになり、小売価格の維持、その他自己の営業活動等に影響を及ぼすおそれが生じてきたこと」が認定されている。本件審決では、本件行為が「価格を維持するために行われる」ものであったことを、当時の客観的な状況を踏まえて認定したものとみることができる。

(2) 販売業者に対する並行輸入品の取扱制限

> (2) 販売業者に対する並行輸入品の取扱制限
> 　並行輸入品を取り扱うか否かは販売業者が自由に決定すべきものである。総代理店が並行輸入品を取り扱わないことを条件として販売業者と取引するなど、販売業者に対し並行輸入品を取り扱わないようにさせることは、それが契約対象商品の価格を維持するために行われる場合には、不公正な取引方法に該当し、違法となる（一般指定12項又は14項）。

[解説]

1 販売業者に対する並行輸入品の取扱制限

並行輸入品を取り扱うかどうかは販売業者が自由に決定すべきものであるが、販売業者に対する並行輸入品の取扱制限は、総代理店の取引先である販売業者の仕入活動を制限することによって、並行輸入の阻止を図ろうとする

ものである。その典型例は、ガイドラインにも示されているように、総代理店が並行輸入品を取り扱わないことを条件として販売業者と取引することである。

このように、本制限は、販売業者と並行輸入業者との取引を妨げて、並行輸入品を国内で流通させないようにする性格を有するものであるので、ガイドラインでは、それが契約対象商品の価格を維持するために行われる場合には、違法となるとされている。これは、主としてブランド内の価格競争の制限に着目して規制されるものであって、ガイドラインでは、拘束条件付取引（一般指定12項）ないし競争者に対する取引妨害（一般指定14項）の問題として構成されている。

2 並行輸入品を取り扱わないようにさせる

「並行輸入品を取り扱わないようにさせる」とは、既に取り扱っている並行輸入品の取扱いを中止させる場合だけでなく、新たに並行輸入品を取り扱うことを制限する場合も含まれる。

また、「取り扱わないようにさせる」とは、契約上の義務として定められている場合だけでなく、経済上何らかの不利益を伴うことによりその実効性が確保されていれば足りる。例えば、並行輸入品を取り扱う販売業者に対し出荷を停止したり、出荷停止にまで至らなくても、中元・歳暮用の商品カタログの製作等の販売促進のための協力を拒否したり、リベートをカットすることなどが考えられる。

参考事例

販売業者に対する並行輸入品の取扱制限が問題となったものとしては、次の事例がある。

○　ラジオメータートレーディング株式会社に対する件（平成5年9月28日勧告審決、平成5年（勧）第16号）

本件では、デンマーク所在のラジオメーター・メディカル・エイ・エス社（メディカル社）が製造する血液ガス分析装置及び同装置に使用する試薬の総代理店であるラジオメータートレーディング（トレーディング社）が、安価な並行輸入試薬の販売を放置すると自社の収益が損なわれることを懸念し、こ

[図表 3-5] ラジオメータートレーディング株式会社に対する件

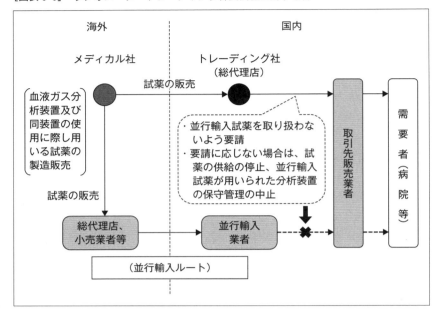

れに対処するため、取引先販売業者に対し、並行輸入試薬を取り扱わないよう要請するとともに、これに応じない場合には試薬の供給の停止及び並行輸入試薬が用いられた血液ガス分析装置の保守管理の中止を含む対応をする旨を文書で通知し、この通知により、トレーディング社の取引先販売業者は、並行輸入試薬の販売を中止するなどしている状況にあった。このようなトレーディング社の行為は、当時の一般指定 15 項（現在の一般指定 14 項）（競争者に対する取引妨害）に該当し、独占禁止法第 19 条に違反するとされた。

(3) 並行輸入品を取り扱う小売業者に対する契約対象商品の販売制限

> (3) 並行輸入品を取り扱う小売業者に対する契約対象商品の販売制限
> 　　卸売業者が総代理店から仕入れた商品をどの小売業者に販売するかは卸売業者が自由に決定すべきものである。卸売業者たる販売業者に対し、並行輸入品を取り扱う小売業者には契約対象商品を販売しないようにさせることは、それが契約対象商品の価格を維持するために行われる場合

> には、不公正な取引方法に該当し、違法となる（一般指定 12 項又は 14 項）。

解説
1 並行輸入品を取り扱う小売業者に対する契約対象商品の販売制限

　卸売業者が総代理店から仕入れた商品をどのように販売するかは卸売業者が自由に判断すべきものであるが、並行輸入品を取り扱う小売業者に対する契約対象商品の販売制限は、総代理店の取引先である卸売業者たる販売業者の販売先選択の自由を制限することによって、並行輸入を阻止しようとするものである。すなわち、小売業者にとって並行輸入品を取り扱えば総代理店の取り扱う商品を卸売業者から仕入れることができなくなるのであるから、この取扱いを優先して並行輸入品の取扱いを取り止めることとなろう。

　このように、本制限は、卸売業者の取引先である小売業者と並行輸入業者との取引を妨げて、並行輸入品を国内で流通させないようにする性格を有するものであるので、ガイドラインは、それが契約対象商品の価格を維持するために行われる場合には、違法となる（一般指定 12 項（拘束条件付取引）又は 14 項（競争者に対する取引妨害））としている。

参考事例

　これに該当するものとして、以下の事例がある。

○　株式会社ホビージャパンに対する件（平成 9 年 11 月 28 日勧告審決、平成 9 年（勧）第 14 号）
　ホビージャパンは、「マジック：ザ・ギャザリング」と称するアメリカ・ウィザード社製のトレーディングカードゲーム（以下「マジック」という。）を自社の代表取締役が株式を 100％保有する株式会社ポストホビーを通じて購入し、国内販売を行っていた。ホビージャパンは、我が国のトレーディングカードゲームの分野で有力な地位を占め、マジックは、一般消費者の間で人気が高まっており、トレーディングカードゲームを取り扱う販売業者にとってマジックを取り扱うことが営業上有利とされていた。
　本件では、ホビージャパンがマジックの取引開始時等に取引先卸売業者に

2　独占禁止法上問題となる場合　257

対し、並行輸入業者、並行輸入業者からマジックを購入している小売業者等マジックを値引き販売するおそれのある小売業者（以下「並行輸入品取扱業者等」という。）にはマジックを販売しないよう要請し、並行輸入品取扱業者等にマジックを販売しないようにさせていた。この行為が、当時の一般指定 13 項（現在の一般指定 12 項）（拘束条件付取引）に該当し、独占禁止法第 19 条に違反するとされた。

なお、本件では、ホビージャパンの上記の行為によって並行輸入品取扱業者等が同社から取引先卸売業者を通じてマジックを購入することが困難になっている状況において、同社が、小売業者に対し、マジックを同社が定めた希望小売価格で販売するようにさせていた。この行為については、当時の一般指定 12 項（現在の独占禁止法第 2 条第 9 項第 4 号）（再販売価格の拘束）に該当し、独占禁止法第 19 条に違反するとされた。

［図表 3-6］　株式会社ホビージャパンに対する件

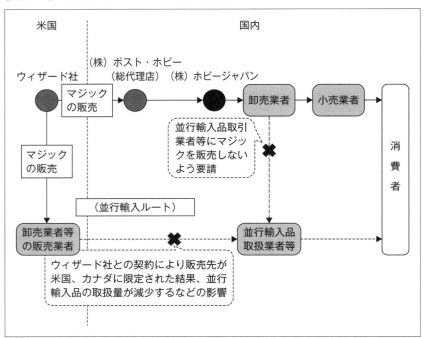

2 契約対象商品を販売しないようにさせる

「契約対象商品を販売しないようにさせる」とは、卸売業者に対し、その取引先である小売業者が並行輸入品を取り扱った場合には契約対象商品の供給を中止させることだけでなく、並行輸入品を取り扱っている小売業者とは取引させないことも含まれる。

「販売しないようにさせる」とは、契約上の義務として定められている場合だけでなく、経済上何らかの不利益を伴うことによりその実効性が確保されていれば足りる。例えば、並行輸入品を取り扱う小売業者に契約対象商品を販売している卸売業者に対し、出荷を停止したり、出荷停止にまで至らなくても、

① 中元・歳暮用の商品カタログの制作等の販売促進のための協力を拒否すること
② リベートをカットすること
③ 密番制、モニター制などの監視制度を設け、これを実施すること
④ 並行輸入品を取り扱う小売業者から契約対象商品を買い戻させること

等により、その実効性が確保されていればよい。

前掲**1**の参考事例として紹介した株式会社ホビージャパンに対する件では、同社は、取引先卸売業者に対し、並行輸入品取扱業者等にはマジックを販売しない旨の要請を受け入れるようにさせるため、

(a) マジックを販売する全ての取引先小売業者の名簿を提出させ、同名簿に並行輸入品取扱業者等が含まれている場合には、取引先卸売業者に対し、並行輸入品取扱業者等にはマジックを販売しないようにさせる
(b) マジックの日本語版に取引先卸売業者別に定めた色で印を付すとともに、並行輸入品取扱業者等の店舗を調査し、取引先卸売業者のマジックの販売先を監視する

といった措置を講じていた。審決では、並行輸入品取扱業者等にマジックを販売しないようにさせている行為を取りやめることとともに、このような監視行為を取りやめていることを確認し、その旨を周知徹底することが命じられた。

(4) 並行輸入品を偽物扱いすることによる販売妨害
ア　商標権に基づく差止めと並行輸入品の偽物扱い

> (4) 並行輸入品を偽物扱いすることによる販売妨害
>
> 　商標権者は、偽物の販売に対しては商標権侵害を理由として、その販売の差止めを求めることができる。
>
> 　しかし、並行輸入品を取り扱う事業者に対し、十分な根拠なしに当該商品を偽物扱いし、商標権の侵害であると称してその販売の中止を求めることは（注1）、それが契約対象商品の価格を維持するために行われる場合には、不公正な取引方法に該当し、違法となる（一般指定14項）。
>
> （注1）　このような行為が行われると、当該商品が真正商品であり、並行輸入業者がその旨を証明できるときであっても、当該小売業者は、訴えられること自体が信用を失墜するおそれがあるとして並行輸入品の取扱いを避ける要因となる。

[解説]

　もとより、商標権者は、偽物の販売に対しては、商標権侵害を理由として、その販売の差止めを求めることができる。このような商標権に基づく正当な権利行使と認められる行為が、それ自体独占禁止法上問題となるものではない。

　一方、我が国において、いわゆる真正商品の並行輸入は商標権を侵害しないとの考え方は確立されている。したがって、偽物の疑いで販売中止を求める場合には、偽物と疑う何らかの根拠に基づいて行うべきであると考えられる。客観的に偽物と認められる事情がないにもかかわらず、当該商品が商標権者の販売ルート以外のルートで仕入れられたことや、安売りされていることを理由に偽物扱いして、その販売中止を求めることは行き過ぎであろう。ガイドラインにおいて明確に述べられているように、並行輸入品を偽物扱いして販売の中止を求めると、並行輸入業者が真正商品であることを証明できる場合であっても、販売業者は訴えられること自体が信用を失墜するおそれがあるとして並行輸入品の取扱いを避ける要因となるものである。

　特に、このような行為は、並行輸入品が安く販売されることを阻止するために行われるという面もある。したがって、並行輸入品の販売業者に対し、

十分な根拠なしに当該商品を偽物扱いし、商標権の侵害であると称して販売中止を求めることは、それが契約対象商品の価格を維持するために行われる場合には、違法となるとされているものである（一般指定14項（競争者に対する取引妨害））。

イ　偽物扱いと同様の効果がある行為の例

　　なお、並行輸入品を偽物扱いすることと同様に並行輸入品の販売妨害効果が生じるとして独占禁止法上の問題が指摘されたものとして、次の事例がある。

（具体例）
　　X社は、A国所在の医療機器メーカーY社が製造する医療機器及び同機器で使用する消耗品の輸入総代理店である。X社が、自社の取り扱う消耗品について、並行輸入品の品質を疑問視するユーザーからの要望もあって、正規輸入品と並行輸入品とを区別するために、当該消耗品に「X社検査済み」のシールを貼ること及び「このボトルの製品はX社の品質管理試験を通ったものであることを証明します。X社の品質管理試験を経ない製品によるデータや機器の責任は負いかねますのでご留意願います。」というシールを貼ることは、並行輸入品を偽物扱いするものではないが、
① 当該消耗品の品質検査や品質管理試験は、メーカーであるY社自身も既に行っているものであり、X社が実施しているのは、消耗品の効能についての抜取り検査程度にとどまるため、独自の品質管理等を行っているかのような印象を与える表示を行うことは、ユーザーに対し、並行輸入品は、品質保証がなされていない旨の誤解を生ぜしめるおそれもあること
② メーカーであるY社自身が品質管理を行っている真正の並行輸入品であっても、流通過程で並行輸入品に生じた欠陥が原因で本体装置に異常が生じた場合には、X社は保証の責任を負わないのであるから、X社の行為に正当な理由があるとはいえず、むしろ当該シールの貼付が並行輸入品の取引を妨害する手段として用いられるおそれも否定できないこと

から、並行輸入品を偽物扱いすることと同様、販売妨害効果を生じると考えられ、並行輸入品の取引を妨害する手段として行われる可能性もあるため、独占禁止法上問題となる。（不公正な取引方法に関する相談事例集（平

成3年7月～平成7年3月）「11　並行輸入された消耗品を使用した場合に本体装置の性能を保証しない旨の文書の作成等」）

> [解説]
> ガイドラインでは、並行輸入品を偽物扱いすることと同様に並行輸入品の販売妨害効果が生じるとして独占禁止法上の問題が指摘された相談事例を、具体例として記載している。

> [具体例]
> ○　不公正な取引方法に関する相談事例集（平成3年7月～平成7年3月）「11　並行輸入された消耗品を使用した場合に本体装置の性能を保証しない旨の文書の作成等」
> 　本件は、正規ルート品であることを強調する表示をすること等が並行輸入品の販売妨害効果を生じるとして並行輸入品の不当な取引妨害に該当すると回答した事例である。
> 　X社（相談者）は、A国所在の医療機器メーカーY社が製造する医療機器及び同機器に使用する消耗品の総代理店である。技術上の理由から、Y社製の医療機器はY社製の消耗品以外は使用できない。このような状況において、X社から、
> 　①　X社の取り扱う消耗品に「X社検査済み」のシールを貼ること
> 　②　消耗品に「このボトルの製品はX社の品質管理試験を通ったものであることを証明します。X社の品質管理試験を経ない製品によるデータや機器の責任は負いかねますのでご留意願います。」というシールを貼ること
> は独占禁止法上問題はないかとの相談がなされたものである。X社は、こうしたシールを貼ることについて、並行輸入品を疑問視するユーザーから要望があり、正規輸入品と並行輸入品を区別するために行うものであるとしていた。
> 　本件相談に対する回答では、ガイドラインにも記載のとおり、
> 　①　当該消耗品の品質検査や品質管理試験は、Y社自身も既に行っているものであり、X社が実施しているのは、消耗品の効能についての抜取り検査程度にとどまるため、独自の品質管理等を行っているかのような印

[図表 3-7] 相談事例（並行輸入された消耗品を使用した場合に本体装置の性能を保証しない旨の文書の作成等）

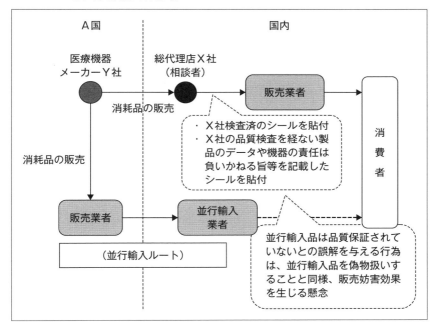

　　象を与える表示を行うことは、ユーザーに対し、並行輸入品は、品質保証がなされていない旨の誤解を生ぜしめるおそれもあること
② メーカーであるＹ社自身が品質管理を行っている真正の並行輸入品であっても、流通過程で並行輸入品に生じた欠陥が原因で本体装置に異常が生じた場合には、Ｘ社は保証の責任を負わないのであるから、Ｘ社の行為に正当な理由があるとはいえず、むしろ当該シールの貼付が並行輸入品の取引を妨害する手段として用いられるおそれも否定できないこと

から、並行輸入品を偽物扱いすることと同様、販売妨害効果を生じると考えられ、並行輸入品の取引を妨害する手段として行われる可能性もあるため、独占禁止法上問題となるとの考え方が示された。

2　独占禁止法上問題となる場合　263

(5) 並行輸入品の買占め

> (5) 並行輸入品の買占め
> 　小売業者が並行輸入品の販売をしようとすると、総代理店が当該小売業者の店頭に出向いてこれを買い占めてしまい、これによって並行輸入品の取引が妨げられることがあるが（注2）、このような行為が契約対象商品の価格を維持するために行われる場合には、不公正な取引方法に該当し、違法となる（一般指定14項）。
>
> （注2）　小売業者としては、例えば、一般消費者向けに広告しているのに総代理店に買い占められると、その購入を目的に来店した消費者からおとり広告ではないかとのクレームが付き、次の販売についての信用を失うことになる場合がある。また、小売業者にとって並行輸入品を販売しないようにとの心理的圧迫となり、この取扱いを避ける要因となる。

解説

　並行輸入品の安売りが行われると、総代理店を通じて国内流通している商品の値崩れが生じるおそれがあることから、総代理店は、これを防止するために、安売りの対象となっている並行輸入品が消費者に販売されないように買い占めてしまうことがある。小売業者にとって店頭の商品を総代理店に買ってもらうだけであるので、その限りにおいて特段の不利益は生じないのではないかという疑問が生じるかもしれない。

　しかし、ガイドラインで明確に述べられているように、一般消費者向けに広告しているのに総代理店に買い占められると、広告を見て来店した消費者に商品がないことになり、結果的におとり広告と同様な状況となる。このため、当該小売業者にとって、おとり広告ではないかとクレームが付き、次の販売について信用を失うことになる場合もある。また、当該小売業者にとって並行輸入品を販売しないようにとの心理的圧迫となり、並行輸入品の取扱いを避ける要因となり得る。特に、総代理店が組織的に、並行輸入品の安売り広告が出るとその都度買い占めてしまうなど、反復継続して買い占め行為をするような場合には、そのような危険がより強まることとなろう。

　このように、総代理店の買占めによって並行輸入品の取引が妨げられるこ

とがあるが、ガイドラインは、それが契約対象商品の価格を維持するために行われる場合には、違法となるとしている（一般指定14項（競争者に対する取引妨害））。

(6) 並行輸入品の修理等の拒否

> (6) 並行輸入品の修理等の拒否
>
> 　総代理店は自己の供給する数量に対応して修理体制を整えたり、補修部品を在庫するのが通常であるから、並行輸入品の修理に応じることができず、また、その修理に必要な補修部品を供給できない場合もある。したがって、例えば、総代理店が修理に対応できない客観的事情がある場合に並行輸入品の修理を拒否したり、自己が取り扱う商品と並行輸入品との間で修理等の条件に差異を設けても、そのこと自体が独占禁止法上問題となるものではない。
>
> 　しかし、総代理店若しくは販売業者以外の者では並行輸入品の修理が著しく困難であり、又はこれら以外の者から修理に必要な補修部品を入手することが著しく困難である場合において、自己の取扱商品でないことのみを理由に修理若しくは補修部品の供給を拒否し、又は販売業者に修理若しくは補修部品の供給を拒否するようにさせることは、それらが契約対象商品の価格を維持するために行われる場合には、不公正な取引方法に該当し、違法となる（一般指定14項）。

|解説|

1 並行輸入品の修理等の拒否

並行輸入品の修理を拒否したり、修理に必要な補修部品の供給を拒否することによって、並行輸入品の販売を妨害するという行為である。もとより、並行輸入品の修理等の責任が総代理店側にあるという趣旨ではないし、また、修理等の拒否それ自体が直ちに独占禁止法上問題となるというものではない。

一方、並行輸入業者は販売するのみで、あとの責任は全くとらず、顧客が修理等を受けられないということでは、「ただ乗り」と批判されるだけでなく、消費者の信頼を失うことになろう。したがって、並行輸入しようとする者は自ら修理体制を整えることが望ましく、現に並行輸入業者の中には自ら修理体制を整える者もいる。しかし、供給業者と直接取引できるのは我が国にお

いては総代理店しかなく、実際上、修理に必要な補修部品、技術、情報等を有しているものも総代理店であるという事情もある。

このため、ガイドラインは、
① 総代理店やその取引先の販売業者以外の者では並行輸入品の修理が著しく困難であり、又はこれら以外の者から修理に必要な補修部品を入手することが著しく困難である場合において、
② 自己の取扱商品でないことのみを理由として、

並行輸入品の修理を拒否したり、補修部品の供給を拒否することは、それらが契約対象商品の価格を維持するために行われる場合には、違法となるとしている（一般指定 14 項（競争者に対する取引妨害））。

他方、総代理店が修理に対応できない客観的事情がある場合にまで、並行輸入品の修理に応じたり、優先的に修理しなければならないことを求めるべきものではないことはいうまでもない。ガイドラインにおいても、このような場合に並行輸入品の修理を拒否したり、自己が取り扱う商品と並行輸入品との間で修理等の条件に差異を設けても、そのこと自体が問題となるものではないと明記されている。

2 修理料金等の差別的取扱い

修理料金を差別したり、修理を著しく遅らせるなどの差別的取扱いをすることについては、どのように考えるべきか。もちろん、修理料金等に差異があること自体が直ちに独占禁止法上問題となるというものではない。しかし、例えば、商品仕様が異なるなど合理的な理由がある場合は別として、自己の取扱商品でないことのみを理由として、並行輸入品の修理料金を不当に高く設定するなど、実質的に修理拒否と同様な効果を有する場合は、ガイドラインで示した考え方が適用されよう。

参考事例

この点に関して、以下の事例がある。

○　平成19年度相談事例集「1　輸入総代理店による自社輸入品と並行輸入品との点検料金の差別化」)

　本件は、輸入総代理店が、点検料金について、自社輸入品を並行輸入品より有利な条件とすることは、並行輸入品の実質的な修理拒否とは認められない場合には、直ちに独占禁止法上問題となるものではないと回答した事例である。

　海外製機器Aの輸入、販売、修理・点検等のアフターサービスを行っている輸入総代理店X社（相談者）は、これまで、並行輸入品についても自社輸入品と差別することなく修理・点検の依頼があれば対応してきた。しかし、並行輸入品の修理・点検の依頼が増加し、自社輸入品の数倍にもなったことに伴い、修理・点検対応のための人件費等のコストが増加していることから、同社が、

① 　依頼件数の多い分解点検について、自社輸入品及び並行輸入品とも部品交換費用を除いた基本料金を引き上げることとするが、この基本料金引上げ後に新規に自社輸入品を購入したユーザーからの分解点検の依頼の場合に限って、基本料金をβ%割り引くこと

② 　故障発生時の修理については、自社輸入品と並行輸入品とで料金に差を設けないこと

を内容とする取組みを検討していることについて、当該取組みが独占禁止法上問題を生じることがないか相談がなされたものである。

　本件相談に対する回答では、

① 　故障修理については、X社輸入品と並行輸入品とで料金に差を設けるものではないこと

② 　分解点検の実施は推奨にすぎず、これを行わなかったからといって使用できなくなるものではないこと

③ 　分解点検の頻度はα年に1度であり、分解点検の基本料金をX社輸入品についてβ%割り引いたとしても、並行輸入品との基本料金の差は、X社輸入品と並行輸入品との機器A本体の価格差の2割にも満たない程度のものであること

から、本件修理料金の差別化は、実質的に修理拒否と同様の効果を有するとは認められず、直ちに独占禁止法上問題となるものではないとの判断が示さ

[図表 3-8] 相談事例（輸入総代理店による自社輸入品と並行輸入品との点検料金の差別化）

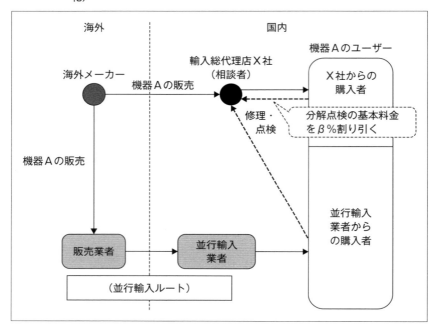

れている。

3 並行輸入業者による補修部品入手行為に対する妨害

ガイドラインでは必ずしも明らかではないが、並行輸入業者が自ら修理をするために、海外の流通業者から、又は独立の部品供給業者から補修部品を入手しようとするのを総代理店が妨害すると、並行輸入品の販売が妨げられることとなるので、それらが契約対象商品の価格を維持するために行われる場合には、違法となろう。

(7) 並行輸入品の広告宣伝活動の妨害

> (7) 並行輸入品の広告宣伝活動の妨害

並行輸入品の広告宣伝活動の態様によっては商標権を侵害したり、また、広告宣伝の類似性などから総代理店の営業との間に混同が生じて不正競争防止法に違反することがある。このような場合には当該広告宣伝活動の中止を求めることができる。
　　　しかし、このような事由がないのに、総代理店がその取引先である雑誌、新聞等の広告媒体に対して、並行輸入品の広告を掲載しないようにさせるなど、並行輸入品の広告宣伝活動を妨害することは、それが契約対象商品の価格を維持するために行われる場合には、不公正な取引方法に該当し、違法となる（一般指定12項又は14項）。

解説

1　並行輸入品の広告宣伝活動の妨害

　ガイドライン第3部第2の2(7)は、並行輸入品の広告宣伝活動を妨害することによって、国内における並行輸入品の販売を妨害することについての考え方を示すものである。総代理店自ら妨害する場合はもちろん、その取引先の販売業者に妨害させる場合も対象となる。また、並行輸入業者が広告宣伝活動を行っている場合だけでなく、並行輸入品を取り扱っている小売業者が行っている場合に、これを妨害することも対象となる。

2　商標権等との関係

　並行輸入品の広告宣伝活動については、例えば、広告のチラシに商標を掲載すること、ウェブサイト上の商品販売ページで商標を表示すること、商標が付された商品の写真等を掲載することなどが、商標権を侵害するかどうかが問題となる。

　商標には、広告に使用することにより、その事業者の商品・役務であることを需要者・消費者に伝え、商品・役務の購買・利用を喚起させる機能（広告機能）がある。商標品の広告宣伝活動は、販売そのものとは別の行為であり、その態様によっては商標の広告機能を害する可能性のある行為でもあるが、他方、並行輸入品を販売するためには広告宣伝をする必要がある。したがって、並行輸入が適法であれば、当該並行輸入品の販売のために商標を使用して広告宣伝を行うことは認められるべきと考えられている。

　この点、(a)商標権者以外の者が、我が国における商標権の指定商品と同一の商品につき、その登録商標と同一の商標を広告に付する行為は、許諾を受

けない限り、商標権を侵害するが、そのような行為であっても、登録商標と同一の商標を付されたものを輸入する行為と同様に、商標権侵害としての実質的違法性を欠く場合があるとの考え方を明らかにするとともに、(b)並行輸入品を販売するため登録商標とほぼ同一の標章を付したチラシを配布したことについて、前記1❶❷のフレッドペリー事件最高裁判決で示された3要件を踏まえて検討した上で実質的違法性を欠くとの判断を示した裁判例がある（平成30年2月7日知財高裁判決、平成28年（ネ）第10104号）。

また、広告宣伝の類似性などから輸入総代理店の営業との間に混同が生じる場合は、不正競争防止法に基づき広告宣伝活動の中止を求めることができ、これ自体が独占禁止法上問題となることはない。

3 具体的な行為

広告宣伝活動が商標権の侵害に当たらない場合や総代理店の営業との間に混同が生じるものでない場合において、例えば、並行輸入品の広告を掲載しないことを条件として新聞、雑誌等の広告媒体と取引するなど、並行輸入品の広告宣伝活動を妨害することは、それが契約対象商品の価格を維持するために行われる場合には、違法となる（一般指定12項（拘束条件付取引）又は14項（競争者に対する取引妨害））。

例えば、専門雑誌に広告を掲載することにより顧客から注文を受けるという、通信販売の方法により販売することが大きなウェイトを占めるような場合において、総代理店が有力な広告主であるという立場を利用して、専門雑誌の発行業者やこれと取引している広告取次業者に対し、並行輸入品の広告掲載の中止を要求し、これに応じなければ自己の広告を掲載しないと圧力をかけることは、これに該当することとなろう。

第4部

(付) 親子会社・兄弟会社間の取引

（付）親子会社・兄弟会社間の取引

　事業者（親会社）が他の事業者（子会社）の株式を所有している場合において、親子会社間の取引又は同一の親会社が株式を所有している子会社（以下「兄弟会社」という。）間の取引が不公正な取引方法による規制の対象となるかどうかという点については、次のとおりである。

1　親会社が株式の100％を所有している子会社の場合には、通常、親子会社間の取引又は兄弟会社間の取引は実質的に同一企業内の行為に準ずるものと認められ、これらの取引は、原則として不公正な取引方法による規制を受けない。

2　親会社の株式所有比率が100％に満たない子会社（原則として株式所有比率が50％超）の場合についても、親子会社間の取引又は兄弟会社間の取引が実質的に同一企業内の行為に準ずるものと認められるときには、これらの取引は、原則として不公正な取引方法による規制を受けない。

3　親子会社間の取引又は兄弟会社間の取引が実質的に同一企業内の行為に準ずるものと認められる場合において、例えば、子会社が取引先事業者の販売価格を拘束していることが親子会社間の契約又は親会社の指示により行われている等、親会社が子会社の取引先である第三者の事業活動を制限する場合には、親会社の行為は不公正な取引方法による規制の対象となる。

4　上記2及び3において、親子会社間又は兄弟会社間の取引が実質的に同一企業内の行為に準ずるものと認められるかどうかは、
　①　親会社による子会社の株式所有の比率
　②　親会社からの子会社に対する役員派遣の状況
　③　子会社の財務や営業方針に対する親会社の関与の状況
　④　親子会社間・兄弟会社間の取引関係（子会社の取引額に占める親会社・兄弟会社との取引の割合等）
等を個別具体的な事案に即して、総合的に判断する。
　なお、親会社（又は子会社）が子会社（又は兄弟会社）以外の取引先事業者に対しても同様の制限を課している場合には、通常は、子会社（又は兄弟会社）に対しても一取引先事業者として制限を課していると認められ、原則として不公正な取引方法による規制の対象となる。

|解説|

1 親会社が子会社の株式の100％を所有している場合

　例えば、事業者が自社で小売のための店舗を設けて、あるいは自社のウェブサイト上で販売する場合において、その価格をいくらにするかは、自己の販売価格をいくらにするかということであり、不当廉売に当たるような場合は別として、基本的には独占禁止法上問題とならない。こうした小売部門を別会社にしてその株式を100％所有する場合にも、外形が変化したのみであり、実質的には事業者が直接小売を行う場合と変わらないと考えられる。したがって、通常、こうした100％子会社が販売する価格について事業者が指示しても独占禁止法上問題とならない。事業者の製造部門（あるいは卸売部門）と小売部門の株式を同一の親会社がそれぞれ100％所有する場合（製造部門（あるいは卸売部門）と小売部門が兄弟会社の関係にある場合）にも、通常は、同法上問題とならないと考えられる。

2 親会社の株式所有比率が100％に満たない子会社（原則として株式所有比率が50％超）の場合

　それでは、親会社の株式所有比率が99％の場合はどうか、98％の場合はどうかということが問題となるが、ガイドライン（付）2では、原則として親会社の株式所有比率が50％超100％未満の場合においても、親子会社間の取引や兄弟会社間の取引が、実質的に同一企業内の行為に準ずるものと認められるときは、不公正な取引方法による規制を受けないとの考え方が示されている。

　また、ガイドライン（付）3は、親子会社間の取引が実質的に同一企業内の行為に準ずるものと認められる場合において、例えば、親子会社間の契約や親会社の指示によって、子会社がその取引先事業者に対し再販売価格の拘束を行うなど、子会社の取引先である第三者の事業活動を制限する場合には、親会社は独占禁止法上の責任を免れるものではなく、親会社の行為が不公正な取引方法による規制の対象となるとしている。

|参考事例|

　（付）3の考え方に関連する事例としては、既に本書で取り上げている以下

の事例がある。

○　株式会社白元に対する件（昭和51年10月8日勧告審決、昭和51年（勧）第19号）
　本件では、白元は、白元製品の販売に当たり、二次卸売業者向け販売価格、小売業者向け販売価格及び最低小売価格をそれぞれ定め、自ら又は白元西部販売株式会社若しくは白元中部販売株式会社の両販社を通じて、一次卸売業者に対し、①これらの価格を守るように、②取引先二次卸売業者及び小売業者にこれらの価格を守らせるように指示し、その実効性を確保するため、一次卸売業者に対し、小売業者が最低価格を下回って販売している場合には、その氏名等を白元に通知させるなどの措置をさせていた。この白元の行為は、当時の一般指定の8（現在の独占禁止法第2条第9項第4号（再販売価格の拘束）に相当）に該当し、独占禁止法第19条に違反するものとされた。

[図表4-1]　株式会社白元に対する件

274　第4部　（付）親子会社・兄弟会社間の取引

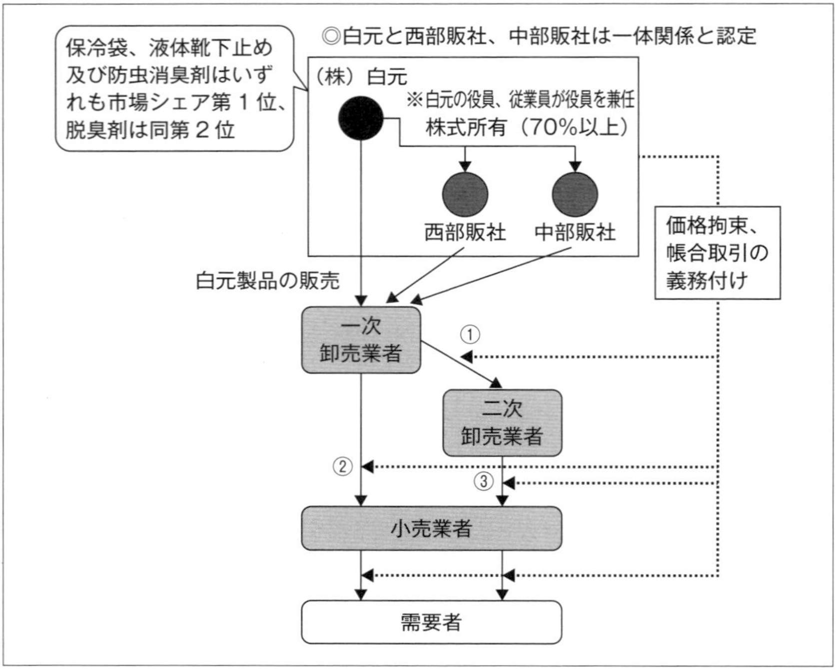

本件では、白元が両販社をして行わせていた行為についても、後記**3**で記載の事実により、白元と両販社を一体とみて、白元の行為として問題とされた。また、本件では、このほか白元による帳合取引の義務付けについても独占禁止法違反が認定されている（第1部第2の4(2)の参考事例参照）。

○　富士写真フイルム株式会社ほか1名に対する件（昭和56年5月11日勧告審決、昭和56年（勧）第7号）

　富士写真フイルムは、富士エックスレイ株式会社（富士写真フイルムの100％子会社）との間で、富士エックスレイを富士写真フイルムのエックス線フィルムの総販売代理店とする旨の「総販売代理店基本契約書」を締結し、これ

［図表4-2］　富士写真フイルム株式会社ほか1名に対する件

```
富士写真フイルム（株）

【総販売代理店基本契約書】        富士エックスレイの取引先
専門特約店、準特約店の小          販売業者に販売価格を維持
売価格は本契約で定める。          させる条件を付けて取引
富士エックスレイはエック
ス線フイルムの価格を維持
するよう努力する。
                          競争品の      競争者
                          取扱い制限
富士エックスレイ（株）
（富士写真フイルム（株）
の100％子会社）
                                        ✗      ✗       販売価格、
                                                        販売地域の拘束
  準        準              専門       専門
  特約店    特約店    ……    特約店    特約店

  需要者    需要者          需要者    需要者
```

に基づき、専門特約店及び準特約店の小売価格は本契約で定めること、また、富士エックスレイはエックス線フィルムの価格を維持するよう努力することを定めた「X-レイフィルム及びその関連製品の販売に関する取引契約書」を締結した。富士エックスレイは、前記契約により、専門特約店との間で、エックス線フィルムの取引に関する専門特約店取引契約書等を締結し、同契約書等において、販売地域、小売価格、競合製品の取扱いの制限等を定め、また、準特約店との間で同趣旨の契約を定めて、それぞれ取引していた。

本件では、富士写真フイルムの行為は、正当な理由なく、富士エックスレイに対し、その取引先販売業者に販売価格を維持する条件を付けて同社と取引しているものであり、当時の一般指定の8（現在の独占禁止法第2条第9項第4号に相当）に該当し、独占禁止法第19条に違反するとされた。

なお、本件では、富士エックスレイの行為についても、別途独占禁止法違反が認定されている（第1部第2の3(5)の参考事例参照）。

3 親子会社間又は兄弟会社間の取引が実質的に同一企業内の行為に準ずるものと認められるかどうかの判断基準

ガイドライン（付）4では、親子会社間又は兄弟会社間の取引が実質的に同一企業内の行為に準ずるものと認められるかどうかについて、

① 親会社による子会社の株式所有の比率
② 親会社からの子会社に対する役員派遣の状況
③ 子会社の財務や営業方針に対する親会社の関与の状況
④ 親子会社間・兄弟会社間の取引関係（子会社の取引額に占める親会社・兄弟会社との取引の割合等）

等を個別具体的な事案に即して、総合的に判断するとしている。前記2の参考事例で取り上げた、株式会社白元に対する件では、

ア 西部・中部の両販社のそれぞれ発行済株式総数の70％以上の株式は、白元並びに白元の役員及び従業員が所有していること（①に関連）
イ 両販社の代表取締役等の役員は白元の役員及び従業員であること（②に関連）
ウ 両販社は白元の販売方針に従い、白元の商品のみ販売していること（③及び④に関連）

が、認定されている。

4　(付) 4のなお書き

　あるメーカーが自社商品を販社経由で流通業者と取引をしている例を思い浮かべると、メーカーと個々の販社との関係は様々である。メーカーと販社が親子会社（又は兄弟会社）の関係にあると認められる場合、何らかの出資関係があるにとどまる場合、出資関係がない場合などいろいろと考えられる。そのような状況において、メーカーが、子会社（又は兄弟会社）の関係にある販社のみならずそのような関係にない販社に対しても、一律に販売価格、販売地域、取引先等について同様の制限を課す場合、その背後に当該メーカーの一定の意思・戦略・方針が存在することが通常であろう。このような場合、メーカーと親子会社（又は兄弟会社）の関係にある販社に対しても一取引先事業者として制限が課されているとみて、当該メーカーの販社に対する行為を全体として捉え、これが不公正な取引方法に当たるか否かを検討する方が、より実態に即した適切な事案の処理となると考えられる。

　ガイドライン（付）4の最後に、なお書きとして、「親会社（又は子会社）が子会社（又は兄弟会社）以外の取引先事業者に対しても同様の制限を課している場合には、通常は、子会社（又は兄弟会社）に対しても一取引先事業者として制限を課していると認められ、原則として不公正な取引方法による規制の対象となる。」と記載されているのは、こうした考え方を踏まえたものである。

第5部

参考資料

参考資料1 私的独占の禁止及び公正取引の確保に関する法律（昭和22年法律第54号）（抄）

［定義］
第二条　この法律において「事業者」とは、商業、工業、金融業その他の事業を行う者をいう。事業者の利益のためにする行為を行う役員、従業員、代理人その他の者は、次項又は第三章の規定の適用については、これを事業者とみなす。
②　この法律において「事業者団体」とは、事業者としての共通の利益を増進することを主たる目的とする二以上の事業者の結合体又はその連合体をいい、次に掲げる形態のものを含む。ただし、二以上の事業者の結合体又はその連合体であつて、資本又は構成事業者の出資を有し、営利を目的として商業、工業、金融業その他の事業を営むことを主たる目的とし、かつ、現にその事業を営んでいるものを含まないものとする。
　一　二以上の事業者が社員（社員に準ずるものを含む。）である社団法人その他の社団
　二　二以上の事業者が理事又は管理人の任免、業務の執行又はその存立を支配している財団法人その他の財団
　三　二以上の事業者を組合員とする組合又は契約による二以上の事業者の結合体
　　　　　　　　　　　　　（略）
⑤　この法律において「私的独占」とは、事業者が、単独に、又は他の事業者と結合し、若しくは通謀し、その他いかなる方法をもつてするかを問わず、他の事業者の事業活動を排除し、又は支配することにより、公共の利益に反して、一定の取引分野における競争を実質的に制限することをいう。
⑥　この法律において「不当な取引制限」とは、事業者が、契約、協定その他何らの名義をもつてするかを問わず、他の事業者と共同して対価を決定し、維持し、若しくは引き上げ、又は数量、技術、製品、設備若しくは取引の相手方を制限する等相互にその事業活動を拘束し、又は遂行することにより、公共の利益に反して、一定の取引分野における競争を実質的に制限することをいう。
　　　　　　　　　　　　　（略）
⑨　この法律において「不公正な取引方法」とは、次の各号のいずれかに該当する行為をいう。
　一　正当な理由がないのに、競争者と共同して、次のいずれかに該当する行為をすること。
　　イ　ある事業者に対し、供給を拒絶し、又は供給に係る商品若しくは役務の数量若しくは内容を制限すること。

ロ　他の事業者に、ある事業者に対する供給を拒絶させ、又は供給に係る商品
　　　若しくは役務の数量若しくは内容を制限させること。
二　不当に、地域又は相手方により差別的な対価をもつて、商品又は役務を継続
　して供給することであつて、他の事業者の事業活動を困難にさせるおそれがあ
　るもの
三　正当な理由がないのに、商品又は役務をその供給に要する費用を著しく下回
　る対価で継続して供給することであつて、他の事業者の事業活動を困難にさせ
　るおそれがあるもの
四　自己の供給する商品を購入する相手方に、正当な理由がないのに、次のいず
　れかに掲げる拘束の条件を付けて、当該商品を供給すること。
　　イ　相手方に対しその販売する当該商品の販売価格を定めてこれを維持させる
　　　ことその他相手方の当該商品の販売価格の自由な決定を拘束すること。
　　ロ　相手方の販売する当該商品を購入する事業者の当該商品の販売価格を定め
　　　て相手方をして当該事業者にこれを維持させることその他相手方をして当該
　　　事業者の当該商品の販売価格の自由な決定を拘束させること。
五　自己の取引上の地位が相手方に優越していることを利用して、正常な商慣習
　に照らして不当に、次のいずれかに該当する行為をすること。
　　イ　継続して取引する相手方（新たに継続して取引しようとする相手方を含む。
　　　ロにおいて同じ。）に対して、当該取引に係る商品又は役務以外の商品又は役
　　　務を購入させること。
　　ロ　継続して取引する相手方に対して、自己のために金銭、役務その他の経済
　　　上の利益を提供させること。
　　ハ　取引の相手方からの取引に係る商品の受領を拒み、取引の相手方から取引
　　　に係る商品を受領した後当該商品を当該取引の相手方に引き取らせ、取引の
　　　相手方に対して取引の対価の支払を遅らせ、若しくはその額を減じ、その他
　　　取引の相手方に不利益となるように取引の条件を設定し、若しくは変更し、
　　　又は取引を実施すること。
六　前各号に掲げるもののほか、次のいずれかに該当する行為であつて、公正な
　競争を阻害するおそれがあるもののうち、公正取引委員会が指定するもの
　　イ　不当に他の事業者を差別的に取り扱うこと。
　　ロ　不当な対価をもつて取引すること。
　　ハ　不当に競争者の顧客を自己と取引するように誘引し、又は強制すること。
　　ニ　相手方の事業活動を不当に拘束する条件をもつて取引すること。
　　ホ　自己の取引上の地位を不当に利用して相手方と取引すること。
　　ヘ　自己又は自己が株主若しくは役員である会社と国内において競争関係にあ
　　　る他の事業者とその取引の相手方との取引を不当に妨害し、又は当該事業者

が会社である場合において、その会社の株主若しくは役員をその会社の不利益となる行為をするように、不当に誘引し、唆し、若しくは強制すること。

［私的独占又は不当な取引制限の禁止］
第三条　事業者は、私的独占又は不当な取引制限をしてはならない。
(略)

［特定の国際的協定又は契約の禁止］
第六条　事業者は、不当な取引制限又は不公正な取引方法に該当する事項を内容とする国際的協定又は国際的契約をしてはならない。
(略)

［事業者団体の禁止行為］
第八条　事業者団体は、次の各号のいずれかに該当する行為をしてはならない。
　一　一定の取引分野における競争を実質的に制限すること。
　二　第六条に規定する国際的協定又は国際的契約をすること。
　三　一定の事業分野における現在又は将来の事業者の数を制限すること。
　四　構成事業者（事業者団体の構成員である事業者をいう。以下同じ。）の機能又は活動を不当に制限すること。
　五　事業者に不公正な取引方法に該当する行為をさせるようにすること。
(略)

［不公正な取引方法の禁止］
第十九条　事業者は、不公正な取引方法を用いてはならない。
(略)

参考資料2　不公正な取引方法（昭和57年公正取引委員会告示第15号）

改正　平成21年公正取引委員会告示第18号

（共同の取引拒絶）
1　正当な理由がないのに、自己と競争関係にある他の事業者（以下「競争者」という。）と共同して、次の各号のいずれかに掲げる行為をすること。
　一　ある事業者から商品若しくは役務の供給を受けることを拒絶し、又は供給を受ける商品若しくは役務の数量若しくは内容を制限すること。
　二　他の事業者に、ある事業者から商品若しくは役務の供給を受けることを拒絶させ、又は供給を受ける商品若しくは役務の数量若しくは内容を制限させること。

（その他の取引拒絶）
2　不当に、ある事業者に対し取引を拒絶し若しくは取引に係る商品若しくは役務の数量若しくは内容を制限し、又は他の事業者にこれらに該当する行為をさせること。

（差別対価）
3　私的独占の禁止及び公正取引の確保に関する法律（昭和二十二年法律第五十四号。以下「法」という。）第二条第九項第二号に該当する行為のほか、不当に、地域又は相手方により差別的な対価をもって、商品若しくは役務を供給し、又はこれらの供給を受けること。

（取引条件等の差別取扱い）
4　不当に、ある事業者に対し取引の条件又は実施について有利な又は不利な取扱いをすること。

（事業者団体における差別取扱い等）
5　事業者団体若しくは共同行為からある事業者を不当に排斥し、又は事業者団体の内部若しくは共同行為においてある事業者を不当に差別的に取り扱い、その事業者の事業活動を困難にさせること。

（不当廉売）
6　法第二条第九項第三号に該当する行為のほか、不当に商品又は役務を低い対価で供給し、他の事業者の事業活動を困難にさせるおそれがあること。

（不当高価購入）
7　不当に商品又は役務を高い対価で購入し、他の事業者の事業活動を困難にさせるおそれがあること。

（ぎまん的顧客誘引）
8　自己の供給する商品又は役務の内容又は取引条件その他これらの取引に関する

事項について、実際のもの又は競争者に係るものよりも著しく優良又は有利であると顧客に誤認させることにより、競争者の顧客を自己と取引するように不当に誘引すること。
（不当な利益による顧客誘引）
9　正常な商慣習に照らして不当な利益をもって、競争者の顧客を自己と取引するように誘引すること。
（抱き合わせ販売等）
10　相手方に対し、不当に、商品又は役務の供給に併せて他の商品又は役務を自己又は自己の指定する事業者から購入させ、その他自己又は自己の指定する事業者と取引するように強制すること。
（排他条件付取引）
11　不当に、相手方が競争者と取引しないことを条件として当該相手方と取引し、競争者の取引の機会を減少させるおそれがあること。
（拘束条件付取引）
12　法第二条第九項第四号又は前項に該当する行為のほか、相手方とその取引の相手方との取引その他相手方の事業活動を不当に拘束する条件をつけて、当該相手方と取引すること。
（取引の相手方の役員選任への不当干渉）
13　自己の取引上の地位が相手方に優越していることを利用して、正常な商慣習に照らして不当に、取引の相手方である会社に対し、当該会社の役員（法第二条第三項の役員をいう。以下同じ。）の選任についてあらかじめ自己の指示に従わせ、又は自己の承認を受けさせること。
（競争者に対する取引妨害）
14　自己又は自己が株主若しくは役員である会社と国内において競争関係にある他の事業者とその取引の相手方との取引について、契約の成立の阻止、契約の不履行の誘引その他いかなる方法をもってするかを問わず、その取引を不当に妨害すること。
（競争会社に対する内部干渉）
15　自己又は自己が株主若しくは役員である会社と国内において競争関係にある会社の株主又は役員に対し、株主権の行使、株式の譲渡、秘密の漏えいその他いかなる方法をもってするかを問わず、その会社の不利益となる行為をするように、不当に誘引し、そそのかし、又は強制すること。

参考資料3 不公正な取引方法（昭和57年告示（現行規定・旧規定）・昭和28年告示）対照表

不公正な取引方法 （昭和57年公正取引委員会告示第15号）		不公正な取引方法 （昭和28年公正取引委員会告示第11号） （昭28.9～昭57.8）
現行規定 （平22.1～）	旧規定 （昭57.9～平21.12）	
（共同の取引拒絶） 1　正当な理由がないのに、自己と競争関係にある他の事業者（以下「競争者」という。）と共同して、次の各号のいずれかに掲げる行為をすること。 一　ある事業者から商品若しくは役務の供給を受けることを拒絶し、又は供給を受ける商品若しくは役務の数量若しくは内容を制限すること。 二　他の事業者に、ある事業者から商品若しくは役務の供給を受けることを拒絶させ、又は供給を受ける商品若しくは役務の数量若しくは内容を制限させること。 【注：共同の取引拒絶のうち供給に係るもの（旧1項の一部）は、現在では、独占禁止法第2条第9項第1号において規定されている。】	（共同の取引拒絶） 1　正当な理由がないのに、自己と競争関係にある他の事業者（以下「競争者」という。）と共同して、次の各号のいずれかに掲げる行為をすること。 一　ある事業者に対し取引を拒絶し又は取引に係る商品若しくは役務の数量若しくは内容を制限すること。 二　他の事業者に前号に該当する行為をさせること。	一　ある事業者から不当に物資、資金その他の経済上の利益の供給を受けず、もしくはその供給を受けることを制限し、またはある事業者に対し不当に物資、資金その他の経済上の利益を供給せず、もしくはその供給を制限すること。
（その他の取引拒絶） 2　不当に、ある事業者に対し取引を拒絶し若しくは取引に係る商品若しくは役務の数量若しくは内容を制限し、又は他の事業者にこれ	（その他の取引拒絶） 2　不当に、ある事業者に対し取引を拒絶し若しくは取引に係る商品若しくは役務の数量若しくは内容を制限し、又は他の事業者にこれ	

不公正な取引方法 (昭和57年公正取引委員会告示第15号)		不公正な取引方法 (昭和28年公正取引委員会告示第11号) (昭28.9～昭57.8)
現行規定 (平22.1～)	旧規定 (昭57.9～平21.12)	
らに該当する行為をさせること。	らに該当する行為をさせること。	
（差別対価） 3　私的独占の禁止及び公正取引の確保に関する法律（昭和二十二年法律第五十四号。以下「法」という。）第二条第九項第二号に該当する行為のほか、不当に、地域又は相手方により差別的な対価をもつて、商品若しくは役務を供給し、又はこれらの供給を受けること。 【注：差別対価のうち「継続して供給することであつて、他の事業者の事業活動を困難にさせるおそれがあるもの」（旧3項の一部該当部分）は、現在では、独占禁止法第2条第9項第2号において規定されている。】	（差別対価） 3　不当に、地域又は相手方により差別的な対価をもつて、商品若しくは役務を供給し、又はこれらの供給を受けること。	二　ある事業者に対し、正当な理由がないのに、取引の条件または実施について、著しく有利な取扱をし、または著しく不利な取扱をすること。 三　共同行為もしくは事業者団体から特定の事業者を排斥し、または共同行為もしくは事業者団体の内部において特定の事業者を不当に差別的に取り扱うことにより、その事業者の事業活動に著しく不利益を与えること。 四　正当な理由がないのに、地域または相手方により差別的な対価をもつて、物資、資金その他の経済上の利益を供給し、または供給を受けること。
（取引条件等の差別取扱い） 4　不当に、ある事業者に対し取引の条件又は実施について有利な又は不利な取扱いをすること。	（取引条件等の差別取扱い） 4　不当に、ある事業者に対し取引の条件又は実施について有利な又は不利な取扱いをすること。	
（事業者団体における差別取扱い等） 5　事業者団体若しくは共同行為からある事業者を不当に排斥し、又は事業者団体の内部若しくは共同行為においてある事業者を不当に差別的に取り扱い、その事	（事業者団体における差別取扱い等） 5　事業者団体若しくは共同行為からある事業者を不当に排斥し、又は事業者団体の内部若しくは共同行為においてある事業者を不当に差別的に取り扱い、その事	

不公正な取引方法 (昭和57年公正取引委員会告示第15号)		不公正な取引方法 (昭和28年公正取引委員会告示第11号) (昭28.9～昭57.8)
現行規定 (平22.1～)	旧規定 (昭57.9～平21.12)	
業者の事業活動を困難にさせること。	業者の事業活動を困難にさせること。	
（不当廉売） 6　法第二条第九項第三号に該当する行為のほか、不当に商品又は役務を低い対価で供給し、他の事業者の事業活動を困難にさせるおそれがあること。 【注：不当廉売のうち、「正当な理由がないのに商品又は役務をその供給に要する費用を著しく下回る対価で継続して供給することであつて、他の事業者の事業活動を困難にさせるおそれがあるもの」（旧6項前段該当部分）は、現在では、独占禁止法第2条第9項第3号において規定されている。】	（不当廉売） 6　正当な理由がないのに商品又は役務をその供給に要する費用を著しく下回る対価で継続して供給し、その他不当に商品又は役務を低い対価で供給し、他の事業者の事業活動を困難にさせるおそれがあること。	五　不当に低い対価をもつて、物資、資金その他の経済上の利益を供給し、または不当に高い対価をもつて、物資、資金その他の経済上の利益の供給を受けること。
（不当高価購入） 7　不当に商品又は役務を高い対価で購入し、他の事業者の事業活動を困難にさせるおそれがあること。	（不当高価購入） 7　不当に商品又は役務を高い対価で購入し、他の事業者の事業活動を困難にさせるおそれがあること。	
（ぎまん的顧客誘引） 8　自己の供給する商品又は役務の内容又は取引条件その他これらの取引に関する事項について、実際のもの又は競争者に係るものよりも著しく優良又は有利であると顧客に誤認させることにより、競争者の顧客を自	（ぎまん的顧客誘引） 8　自己の供給する商品又は役務の内容又は取引条件その他これらの取引に関する事項について、実際のもの又は競争者に係るものよりも著しく優良又は有利であると顧客に誤認させることにより、競争者の顧客を自	六　正常な商慣習に照して不当な利益または不利益をもつて、直接または間接に、競争者の顧客を自己と取引するように誘引し、または強制すること。

不公正な取引方法 (昭和57年公正取引委員会告示第15号)		不公正な取引方法 (昭和28年公正取引委員会告示第11号) (昭28.9〜昭57.8)
現行規定 (平22.1〜)	旧規定 (昭57.9〜平21.12)	
己と取引するように不当に誘引すること。	己と取引するように不当に誘引すること。	
(不当な利益による顧客誘引) 9　正常な商慣習に照らして不当な利益をもって、競争者の顧客を自己と取引するように誘引すること。	(不当な利益による顧客誘引) 9　正常な商慣習に照らして不当な利益をもって、競争者の顧客を自己と取引するように誘引すること。	
(抱き合わせ販売等) 10　相手方に対し、不当に、商品又は役務の供給に併せて他の商品又は役務を自己又は自己の指定する事業者から購入させ、その他自己又は自己の指定する事業者と取引するように強制すること。	(抱き合わせ販売等) 10　相手方に対し、不当に、商品又は役務の供給に併せて他の商品又は役務を自己又は自己の指定する事業者から購入させ、その他自己又は自己の指定する事業者と取引するように強制すること。	
(排他条件付取引) 11　不当に、相手方が競争者と取引しないことを条件として当該相手方と取引し、競争者の取引の機会を減少させるおそれがあること。	(排他条件付取引) 11　不当に、相手方が競争者と取引しないことを条件として当該相手方と取引し、競争者の取引の機会を減少させるおそれがあること。	七　相手方が、正当な理由がないのに、自己の競争者に物資、資金その他の経済上の利益を供給しないこと、または相手方が、正当な理由がないのに、自己の競争者から物資、資金その他の経済上の利益の供給を受けないことを条件として、当該相手方と取引すること。
【注：再販売価格の拘束（旧12項）は、現在では、独占禁止法第2条第9項第4号において規定されている。】	(再販売価格の拘束) 12　自己の供給する商品を購入する相手方に、正当な理由がないのに、次の各号のいずれかに掲げる拘束の条件をつけて、当該商品を供給すること。 一　相手方に対しその販売	八　正当な理由がないのに、相手方とこれに物資、資金、その他の経済上の利益を供給する者との取引、もしくは相手方とこれから物資、資金その他の経済上の利益の供給を受ける者との取引または

不公正な取引方法 （昭和57年公正取引委員会告示第15号）		不公正な取引方法 （昭和28年公正取引委員会告示第11号） （昭28.9～昭57.8）
現行規定 （平22.1～）	旧規定 （昭57.9～平21.12）	
	する当該商品の販売価格を定めてこれを維持させることその他相手方の当該商品の販売価格の自由な決定を拘束すること。 二　相手方の販売する当該商品を購入する事業者の当該商品の販売価格を定めて相手方をして当該事業者にこれを維持させることその他相手方をして当該事業者の当該商品の販売価格の自由な決定を拘束させること。	相手方とその競争者との関係を拘束する条件をつけて、当該相手方と取引すること。
（拘束条件付取引） 12　法第二条第九項第四号又は前項に該当する行為のほか、相手方とその取引の相手方との取引その他相手方の事業活動を不当に拘束する条件をつけて、当該相手方と取引すること。	（拘束条件付取引） 13　前二項に該当する行為のほか、相手方とその取引の相手方との取引その他相手方の事業活動を不当に拘束する条件をつけて、当該相手方と取引すること。	
（取引の相手方の役員選任への不当干渉） 13　自己の取引上の地位が相手方に優越していることを利用して、正常な商慣習に照らして不当に、取引の相手方である会社に対し、当該会社の役員（法第二条第三項の役員をいう。以下同じ。）の選任についてあらかじめ自己の指示に従わせ、又は自己の承認を受けさせること。	（優越的地位の濫用） 14　自己の取引上の地位が相手方に優越していることを利用して、正常な商慣習に照らして不当に、次の各号のいずれかに掲げる行為をすること。 一　継続して取引する相手方に対し、当該取引に係る商品又は役務以外の商品又は役務を購入させること。 二　継続して取引する相手方に対し、自己のために	九　正当な理由がないのに、相手方である会社の役員（私的独占の禁止及び公正取引の確保に関する法律（昭和二十二年法律第五十四号）第二条第三項の役員をいう。以下同じ。）の選任についてあらかじめ自己の指示に従い、または自己の承認を受くべき旨の条件をつけて、当該相手方と取引すること。 十　自己の取引上の地位が

不公正な取引方法 (昭和57年公正取引委員会告示第15号) 現行規定 (平22.1〜)	旧規定 (昭57.9〜平21.12)	不公正な取引方法 (昭和28年公正取引委員会告示第11号) (昭28.9〜昭57.8)
【注：優越的地位の濫用のうち旧14項第1号〜第4号に該当する行為については、現在では、独占禁止法第2条第9項第5号において規定されている。】	金銭、役務その他の経済上の利益を提供させること。 三　相手方に不利益となるように取引条件を設定し、又は変更すること。 四　前三号に該当する行為のほか、取引の条件又は実施について相手方に不利益を与えること。 五　取引の相手方である会社に対し、当該会社の役員（私的独占の禁止及び公正取引の確保に関する法律（昭和二十二年法律第五十四号）第二条第三項の役員をいう。以下同じ。）の選任についてあらかじめ自己の指示に従わせ、又は自己の承認を受けさせること。	相手方に対して優越していることを利用して、正常な商慣習に照らして相手方に不当に不利益な条件で取引すること。
（競争者に対する取引妨害） 14　自己又は自己が株主若しくは役員である会社と国内において競争関係にある他の事業者とその取引の相手方との取引について、契約の成立の阻止、契約の不履行の誘引その他いかなる方法をもつてするかを問わず、その取引を不当に妨害すること。	（競争者に対する取引妨害） 15　自己又は自己が株主若しくは役員である会社と国内において競争関係にある他の事業者とその取引の相手方との取引について、契約の成立の阻止、契約の不履行の誘引その他いかなる方法をもつてするかを問わず、その取引を不当に妨害すること。	十一　自己または自己が株主もしくは役員である会社と国内において競争関係にある他の事業者とその取引の相手方との間の取引について、契約の成立を阻止し、契約の不履行を誘引し、その他いかなる方法をもつてするかを問わず、その取引を不当に妨害すること。
（競争会社に対する内部干渉） 15　自己又は自己が株主若しくは役員である会社と国内において競争関係にある会	（競争会社に対する内部干渉） 16　自己又は自己が株主若しくは役員である会社と国内において競争関係にある会	十二　自己または自己が株主もしくは役員である会社と国内において競争関係にある会社の株主もしくは役員に対し、株主権

不公正な取引方法 (昭和 57 年公正取引委員会告示第 15 号)		不公正な取引方法 (昭和 28 年公正取引委員会告示第 11 号)
現行規定 (平 22.1〜)	旧規定 (昭 57.9〜平 21.12)	(昭 28.9〜昭 57.8)
社の株主又は役員に対し、株主権の行使、株式の譲渡、秘密の漏えいその他いかなる方法をもつてするかを問わず、その会社の不利益となる行為をするように、不当に誘引し、そそのかし、又は強制すること。	社の株主又は役員に対し、株主権の行使、株式の譲渡、秘密の漏えいその他いかなる方法をもつてするかを問わず、その会社の不利益となる行為をするように、不当に誘引し、そそのかし、又は強制すること。	の行使、株式の譲渡、秘密の漏えい、その他いかなる方法をもつてするかを問わず、その会社の不利益となる行為をするように、不当に誘引し、そそのかし、または強制すること。

参考資料4　流通・取引慣行と競争政策の在り方に関する研究会報告書

平成28年12月
流通・取引慣行と競争政策の在り方に関する研究会

はじめに

　流通・取引に関する慣行は，歴史的，社会的背景の中で形成されてきたものであり，その在り方は，時代とともに見直され，変化していくものである。

　昭和から平成に変わる頃，我が国の経済は急速な発展を遂げ，国際的地位が一層向上し，経済活動のグローバル化が進んだ。これに伴い，内外価格差や市場アクセスの問題に関連して，我が国の流通・取引慣行等に関する内外の関心は一層高まりを見せてきた。
　こうした問題に対処するため，公正取引委員会は，平成3年7月，「流通・取引慣行に関する独占禁止法上の指針」（以下「流通・取引慣行ガイドライン」という。）を制定した。流通・取引慣行ガイドラインは，公正取引委員会の従来の法運用の成果を集大成して，我が国の流通・取引慣行について，どのような行為が，公正かつ自由な競争を妨げ，独占禁止法に違反するのかを具体的に明らかにすることによって，事業者及び事業者団体の独占禁止法違反行為の未然防止とその適切な活動の展開に役立てようとしたものである。

　それから約25年，時代は更に変化している。
　数次にわたる独占禁止法の改正等が行われ，競争政策の強化が行われた。また，平成9年に再販指定商品の指定は全て取り消され，平成12年に大規模小売店舗法が廃止されるなど，規制緩和が進んだ。
　一方，大手メーカー主導で構築された流通系列化は崩れ，合併・買収等による流通業者の上位集中度の高まりといった様々な要因によって，次第にメーカーと流通業者との相対的な力関係は変化していった。
　さらには，インターネットの商用利用が開始され，我が国におけるインターネット接続環境は劇的に変化した。特に近年，スマートフォンの普及等により，いわゆるEコマース（電子商取引）はより一層発展・拡大していった。Eコマースの新しいビジネスモデルは，現在も次々に出現している。
　このような変化の中において，流通・取引慣行ガイドラインは，長らく内容

の見直しを伴う改正は行われなかったが，平成２７年３月３０日，垂直的制限行為に係る適法・違法性判断基準の考え方や，再販売価格維持行為の「正当な理由」についての考え方等について明確化を行うための改正がなされた。しかし，改正は流通・取引慣行ガイドラインの一部にとどまり，全体としては，制定当時の流通・取引慣行の実態を踏まえた記載が多く残されている。このため，現在までの流通・取引慣行の実態の変化の結果，制定当時の考え方では対応しきれない問題が生じている可能性がある。また，現行の流通・取引慣行ガイドラインの記載では必ずしも明確でない点について，分析プロセスの明確化等により考え方を明らかにすることで，事業者の適切な事業活動の促進につながる可能性がある。

「流通・取引慣行と競争政策の在り方に関する研究会」では，このような問題意識から，平成２８年２月以降，計１１回の会合を開催し，Ｅコマースの発展・拡大等も踏まえた，流通・取引慣行の実態の変化に関する競争政策の観点からの評価と，これを踏まえた流通・取引慣行ガイドラインの見直しの方向性について検討を行った。

まず，本研究会第１回及び第２回では，流通・取引慣行ガイドラインにおけるいわゆるセーフ・ハーバーに関する基準や要件等について検討を行った。公正取引委員会は，これらの検討を踏まえ，平成２８年５月２７日，流通・取引慣行ガイドラインの一部改正を行い，いわゆるセーフ・ハーバーの市場シェア基準の水準を１０％から２０％に引き上げ，順位基準を廃止することとした。

そして，本研究会第３回以降からは，流通・取引慣行ガイドラインの全体見直しに関する検討を行った。まず最近の流通・取引慣行の実態の変化（Ｅコマースの発展・拡大，メーカーと流通業者の取引関係の変化等）を把握するため，様々な立場の関係者からヒアリングを行った。そして，これらのヒアリング結果等から判明した最近の流通・取引慣行の実態の変化を踏まえつつ，流通・取引慣行ガイドラインの更なる明確化等に向けた検討を行った上で，最近の流通・取引慣行に即した独占禁止法上の考え方を示したものとなるよう，議論を行った。

本報告書は，主に本研究会第３回以降に行われた，流通・取引慣行ガイドライン全体見直しに関する検討の結果を取りまとめたものである。本研究会は，本報告書の提言が，公正取引委員会の流通・取引慣行ガイドラインの見直しに的確に反映されるよう期待する。

第1　流通・取引慣行ガイドラインの見直しについて（総論）

　　流通・取引慣行ガイドライン制定後四半世紀が経過し，日本の流通・取引慣行を取り巻く環境が変化した今日においても，流通・取引慣行ガイドラインは，独占禁止法違反行為の未然防止の観点から事業者及び事業者団体に引き続き活用され，その役割を果たし続けており，その見直しに当たっては，従来の位置付け・目的自体を変える必要は必ずしも認められない。

　　一方，日本の流通・取引慣行を取り巻く環境は，Ｅコマースの発展・拡大等により大きく変化し，今後もその流れは更に大きなものとなっていくと考えられる。このような状況において，最近の流通・取引慣行の実態に適合し，事業者及び事業者団体にとってより利便性の高いガイドラインとすることは急務である。

　　以下では，上記の方向性を踏まえ，それぞれの各論点について検討を行った。

1　最近の流通・取引慣行の実態の変化
（1）Ｅコマースの発展・拡大

　　Ｅコマースは，新たなビジネスモデルが創出され，発展・拡大してきている。特に，マーケットプレイスやソーシャルネットワーキングサービスを提供するいわゆるオンラインのプラットフォーム事業者の台頭は，消費者にとっては商品の検索・比較といった利便性が向上し，販売業者にとっては販売チャネルが拡大するなど，消費者及び販売業者の行動や採り得る選択肢，競争の状況に大きな影響をもたらした。そして，最近においては，このようなオンラインのプラットフォーム事業者が，主に消費者への流通経路において大きな力を発揮するようになってきていると考えられる。

　　また，このようなオンラインのプラットフォーム事業者を通じた実店舗を有しないオンライン専売の事業者の出現等によって，価格の透明性が高まり，価格競争をより活発化する一方，対面での商品説明や品質のアピールといった非価格競争を減退させているという指摘もある。例えば，実店舗で商品の説明等を受けつつ，そこでは当該商品を購入せず，より価格の安いオンライン販売で当該商品を購入するという，ショールーミングといわれる現象などがある[1]。価格競争だけでなく非価格競争も活発であることが望ましく，オンライン取引に係るこうした現象が，事業者の販売戦略に変化を生じさせ，競争に大きな影響を及ぼすことも考

---

[1] ショールーミングとは逆に，オンラインで商品に係る情報を収集しつつ，オンライン販売では当該商品を購入せず，実店舗で当該商品を購入するという，ウェブルーミングといわれる現象もある。

えられる。
　このような状況の中，オンライン取引に関連する垂直的制限行為については，欧米を中心に次の①から④のような競争上の問題点が指摘されるようになってきており，特に，ＥＵ及び欧州各国においては厳しい対応がなされている[2]。それに基づく分析も進められ，下記①のような，新たなビジネスモデルに係る行為類型を中心として，オンライン取引に関連する垂直的制限行為に係る判断や考え方について，現在も様々な議論が行われている。

① オンラインのプラットフォーム事業者による価格均等条項[3]
② オンライン販売に関連する再販売価格維持行為
③ 再販売価格の維持を容易にする行為[4]
④ オンライン販売の禁止又は制限

　一方，日本においては，オンライン取引に関連する垂直的制限行為に対し，再販売価格維持行為を中心に，いくつかの審判決例や相談事例が存在するものの[5]，ＥＵ及び欧州各国と比較すると具体的な事例は少ない状況である。上記②から④のような行為類型については，現行の流通・取引慣行ガイドラインを含めたこれまでの独占禁止法上の考え方を当てはめることで対応は可能であると考えられるものの，例えば，上記①のような新たなビジネスモデルに係る行為類型については，具体的事例がなく，その考え方は明らかとなっていない。
　情報通信分野は技術革新が非常に早く，それに伴って今後も新たなビジネスモデルが出現し，それらに係る新たな競争上の問題点等も次々に生じてくると考えられる。

---

[2] 詳細は資料４「欧米におけるオンライン取引に関連する垂直的制限行為についての主な判決・決定等」参照。
[3] 例えば，プラットフォーム事業者と当該プラットフォームに自らが提供する商品を掲載する事業者との間において，当該事業者が当該プラットフォームに商品を掲載するに当たり，最も有利な条件を掲載しなければならない旨の契約を締結する，Most Favored Nation（ＭＦＮ）条項，Most Favored Customer（ＭＦＣ）条項やAcross Platform Parity Agreements（ＡＰＰＡ）などと呼ばれるものである。具体的事例については，資料４「欧米におけるオンライン取引に関連する垂直的制限行為についての主な判決・決定等」参照。
[4] 例えば，メーカーが自社の商品を販売する小売業者に対して，当該商品の表示価格の下限を設定するMinimum Advertised Price（ＭＡＰ）条項や，特定の販売経路を用いて販売する事業者を不利にするようなリベート等を導入する差別対価などがある。具体的事例については，資料４「欧米におけるオンライン取引に関連する垂直的制限行為についての主な判決・決定等」参照。
[5] 詳細は資料５「全体見直しの検討に資する主要な審判決例」及び資料６「全体見直しの検討に資する主要な相談事例」参照。

（2）メーカーと流通業者の取引関係等の変化

現行の流通・取引慣行ガイドライン制定当時，日本における事業者間の取引については，①特定の取引先と継続的に取引する傾向があること，②株式所有関係にある取引先との取引が優先される傾向があること，また，株式の相互持合いによる企業間の結び付きがみられること，③いわゆる企業集団が存在し，集団内の取引を優先する傾向があること等により，外国事業者等の新規参入が困難になっているとの批判に内外からさらされていた。

最近の流通・取引慣行の実態について，様々な業種のメーカーや流通業者等からのヒアリング[6]によると，現在，事業者は取引先事業者として，品質，価格や技術力等において最も良い条件を提示した者を是々非々で選択しており，経済活動のグローバル化に伴い，外国事業者を取引先事業者として選択することも多くなっているとの意見が多くみられた。このように取引条件の優劣を判断した結果，事業者間取引が継続的になっているのであれば，独占禁止法上問題となるものではない。また，株式の相互持合いについても，いわゆる安定株主作りという理由では，株主に対する説明責任が果たせず，コーポレートガバナンスの観点から減少傾向にあるとの意見もあった。これらの点を踏まえると，現在においては，流通・取引慣行ガイドライン制定当時に問題視されたような，日本の市場の閉鎖性に係る問題は余りみられなくなっていると考えられる。

また，流通・取引慣行ガイドライン制定当時には，流通業者がメーカーに依存する流通システムが多くの業種でみられ，これを前提にメーカーが流通業者に対して制限行為を行うといった指摘もあった。これに関し，上記のヒアリングにおいて，流通・取引慣行ガイドライン制定当時と比較すると，流通業者の集中度は更に高まり，メーカーに対する流通業者の対抗力は強まってきているとの意見があった。一方，Eコマースの発展・拡大に伴い，規模の小さいオンライン専業の販売業者が出現するなど，流通・取引慣行の実態は多様化してきており，メーカーと流通業者の力関係は個別の状況によって異なるといった意見もあった。

現在，上記（1）のようなEコマースの発展・拡大を背景としたビジネスモデルの多様化等に伴い，メーカーと流通業者が互いに協力し合う

---

[6] 本研究会において，流通経済研究所（第3回），電子情報技術産業協会（第4回），新経済連盟（第4回），アジアインターネット日本連盟（第4回），食品産業センター（第5回），セブン＆アイ・ホールディングス（第5回），土田和博早稲田大学法学学術院教授（第6回），からヒアリングを行った。また，公正取引委員会において，平成27年9月以降，流通・取引慣行ガイドラインの見直しに関して，家電，医薬品，化粧品，加工食品，日用雑貨品等の様々な業種のメーカー及び流通業者約40社に対してヒアリングを行った。

ことによって，消費者に対してより良いサービスが提供できるようにするという事例も出てきている。個々の関係で事情が異なり得ることに留意は必要であるが，メーカーが流通業者の行為を一方的に制限することで流通を支配するという見方に立つのは一面的であろう。

最近，海外において，川下（流通業者等）の支配力を背景とした川上（メーカー等）に対する制限行為が注目されている。日本においても，川下から川上への制限行為については，平成３年以降，優越的地位の濫用[7]に当たるとして２４件の法的措置が採られ，その他不公正な取引方法に当たるとして４件の法的措置[8]が採られている。これらについては，基本的に「優越的地位の濫用に関する独占禁止法上の考え方（平成２２年１１月３０日）」（以下「優越ガイドライン」という。）や，現行の流通・取引慣行ガイドラインの第１部第４（取引先事業者に対する自己の競争者との取引制限）に示されている考え方に基づき対応がなされたものである。

なお，上記のヒアリングにおいて，メーカーと流通業者の取引という観点からの川下から川上への制限行為に関し，流通・取引慣行ガイドラインにおいて，新たな行為類型に係る記載を拡充させるべきといった意見はなかった。

（３）総代理店・並行輸入品の実態等

現行の流通・取引慣行ガイドラインの第３部（総代理店に関する独占禁止法上の指針）は，流通・取引慣行ガイドライン制定当時，輸入品の内外価格差という問題が大きく取り上げられ，特に，高級ブランド品を中心に，総代理店による流通支配や，その独占的地位を背景とした高価格販売政策に原因があるのではないかとの指摘を踏まえて作られたものである。しかし，現在，輸入品の内外価格差については，当時ほど問題視されておらず，海外の有力ブランドは自己の子会社等を通じて直接日本に参入することが多くなっている。

一方，Ｅコマースの発展・拡大等に伴い，輸入ブランド商品が多様化し，新興ブランドの商品を中心として新たな総代理店が増えてきており，総代理店を取り巻く環境・実態は変化してきていると考えられる。

海外の有力ブランドのメーカーが，自身のブランドを日本に確立した後において，自己の子会社等を通じて直接日本で販売するという戦略は

---

[7] 独占禁止法第２条第９項第５号（私的独占の禁止及び公正取引の確保に関する法律の一部を改正する法律（平成２１年法律第５１号）の施行日である平成２２年１月１日前においては平成２１年公正取引委員会告示第１８号による改正前の不公正な取引方法（昭和５７年公正取引委員会告示第１５号）の第１４項）
[8] 詳細は資料５「全体見直しの検討に資する主要な審判決例」参照。

有効であるものの，海外の事業者が初めて日本に参入する場合には，日本の流通・取引慣行の実態等を把握している日本のメーカー（競争者）との間で総代理店契約を結ぶことは十分にあり得る戦略である。最近ではこのような競争者間の総代理店契約は少なくなってきているとの意見もあるが，流通・取引慣行ガイドラインの見直しに当たっては，制定当時にはあまり見られなかった上記のような新たな総代理店を中心として，更に実態把握を行う必要がある。

なお，並行輸入品については，引き続き並行輸入品の偽物扱いや修理拒否等が行われているとの指摘があり，このような行為に対応するためにも，流通・取引慣行ガイドラインの第3部第3（並行輸入の不当阻害）の果たす役割は依然として重要であるとの意見もあった。

2 流通・取引慣行ガイドラインの更なる明確化
（1）多様化するビジネスモデルに対する対応

上記1（2）のとおり，現行の流通・取引慣行ガイドラインは制定当時の流通・取引慣行の実態に即した記載となっているため，最近の実態に照らすと分かりにくい内容となっている部分が生じてきている。特に，情報通信分野の技術革新によってビジネスモデルは多様化しており，引き続きその流れは加速していくことが予測されるため，このような状況に対しては，十分に対応しきれなくなっていると考えられる。独占禁止法は，事業者の事業機会を奪うものではなく，競争上のルールを明確にするなど，競争環境を適切なものとすることにより，事業者の事業機会の創出を促す側面があるが，自身の行為が独占禁止法上問題となるか否かを判断することが困難な場面が増えてしまうと萎縮効果が生じ，新しい分野の革新的な事業者の事業機会を奪ってしまうことにもなりかねない。

また，事業者の地位やガイドラインに対する考え方等は，それぞれの事業者を取り巻く環境等によって様々であり，ある特定の業種・業界のみをみて流通・取引慣行ガイドラインの見直しを行うのは適当ではない。

したがって，最近の流通・取引慣行の実態を踏まえつつ，時代の変化にも対応し得るようなガイドラインとすることが望ましい。

（2）構成の分かりにくさ

現行の流通・取引慣行ガイドラインは，事業者間取引の閉鎖性の問題，流通分野における取引に関する問題，輸入品の内外価格差の問題といった制定当時に問題視されたことに対して適切に対応するため，財の性質

に着目するなどして３部構成となっているが，上記１（２）及び（３）のとおり，現在においてはそれほど大きな問題とはなっていないものが多くなってきている。こうした状況において，第２部（流通分野における取引に関する独占禁止法上の指針）以外はあまり実務において活用されていないのではないかとの意見や，同一の適法・違法性判断基準に基づき判断される行為類型が部をまたいで記載されているのは分かりにくいといった意見などがある。このため，分かりやすさや利便性の向上という観点から，３部構成というガイドラインの構成自体も見直す必要があると考えられる。

　なお，優越的地位の濫用に係る内容については，優越ガイドラインを参照すれば足りると考えられる。

3　その他

　非価格制限行為のうち，原則違法となる行為類型（「安売り業者への販売禁止」及び「価格に関する広告・表示の制限」）について，原則違法となる取扱いを撤廃する（「当該商品の価格が維持されるおそれがある場合」には違法とする）か，例外的に問題とならない場合を明確にすべきとの意見があった。これに対し，これらの行為類型は，再販売価格維持行為の考え方に準じて原則違法とされている行為類型であり，原則違法とすることに問題はないとの意見や，特に，「安売り業者への販売禁止」については，実店舗で販売する販売業者と比べて販売費用の少ないオンラインの販売業者を排除することにもつながり得るものであり，Ｅコマースが発展・拡大している現状において，原則違法となる取扱いを撤廃することには慎重になる必要があるとの意見があった。

　また，「安売り業者への販売禁止」等が原則違法となるとしても，メーカーによる流通業者の取引先の制限に係る「選択的流通」について，現行の流通・取引慣行ガイドラインにおいて記載されている，通常，独占禁止法上問題とならないと認められる条件（商品を取り扱う流通業者に関して設定される基準が，当該商品の品質の保持，適切な使用の確保等，消費者の利益の観点からそれなりの合理的な理由に基づくものと認められ，かつ，当該商品の取扱いを希望する他の流通業者に対しても同等の基準が適用される場合）は，どのような場合であれば問題とならないかが分かりにくく，当該条件の具体例の追記等，更なる明確化を図るべきではないかとの意見があった。これに対し，当該条件は汎用性が高く，あまり書き込みすぎると限定的に解釈されてしまうおそれがあるとの意見や，現状において追記すべき当該条件の具体例が明確になっているわけではないとの意見があっ

た。

第2　流通・取引慣行ガイドラインの見直しの各論（具体化）

上記第1を踏まえ，具体的なガイドラインの見直しに当たっての留意点を次のとおり提言する。

1　構成の変更

上記第1の2（2）を踏まえ，現行の流通・取引慣行ガイドラインの第1部から第3部の記載については，事業者及び事業者団体の利便性向上の観点等から，同一の適法・違法性判断基準に基づき判断される行為類型を統合するなどして，現行の第2部を中心として再構築することが適当である。この場合，消費財を前提としたメーカーによる流通業者に対する垂直的制限行為を中心として整理するのではなく，事業者による取引先事業者に対する垂直制限行為といった，より一般的な整理の下で構成を検討する必要がある。

また，現行の第1部と第3部におけるその余の記載については，上記第1の1（2）及び（3）の実態等の変化も踏まえ，その必要性に応じて見直し後のガイドラインにおける位置付けを検討することが適当である。この場合，流通・取引慣行における問題は，垂直的なものだけに限らないということに十分に留意しつつ検討を行う必要がある。また，現行の流通・取引慣行ガイドラインに記載されている行為類型によっては，当時問題とされた背景がなくなり，具体的事例も少ないという状況が見られるものもあるが，現行の流通・取引慣行ガイドラインにおいて整理されている基本的な考え方によって円滑な取引が行われ，大きな問題が生じていないとも考えられ，単純に記載を削除すればよいというものではないことにも留意する必要がある。

なお，第2部第5（小売業者による優越的地位の濫用）や，その他各行為類型における優越的地位の濫用に係る具体例については，優越ガイドラインを参照することとし，記載は削除すべきである。

2　適法・違法性判断基準の更なる明確化

（1）分析プロセスの明確化

上記第1の2（1）を踏まえ，流通・取引慣行ガイドラインの見直しに当たっては，今後生じ得るものも含め，多様化するビジネスモデルに対応することができるよう，適法・違法性の判断に当たっての分析プロ

セスを明確化する必要がある。ただし，ビジネスモデルは多様化しているものの，日本において積み上げられてきた流通・取引慣行が一掃されたわけではなく，重層的に変化してきているものであり，現行の流通・取引慣行ガイドラインの基本的な枠組みは残しつつ，それを発展させる形で見直しを行っていくべきである。

　流通・取引慣行ガイドラインは，平成２７年の改正において，垂直的制限行為に係る適法・違法性判断基準の考え方の明確化を図ってきたところであり，上記の分析プロセスの明確化に当たっては，その流れを踏まえつつ，適法・違法性判断基準の考え方を更に発展・深化させていくことが望ましい。具体的には，現行の流通・取引慣行ガイドラインの適法・違法性判断基準である「新規参入者や既存の競争者にとって代替的な流通経路を容易に確保することができなくなるおそれがある場合」（市場閉鎖効果）と「当該商品の価格が維持されるおそれがある場合」（価格維持効果）について，これらはメーカーと流通業者との取引といった枠組みを前提とした記載となっているが，ビジネスモデルの多様化に対応できるようにするために，経済学的な考え方を踏まえつつ，内容の更なる充実を図っていく必要がある。

（２）オンライン取引に関連する垂直的制限行為について

　上記（１）の分析プロセスの明確化に当たっては，近年，存在感が大きくなっているオンラインのプラットフォーム事業者による行為を含めたオンライン取引に関連する垂直的制限行為について避けて通るべきではない。海外の競争当局においては積極的に措置等が採られており，国際基準となるようなガイドラインを目指すという観点からもこれは重要である。ただし，上記第１の１（１）のとおり，日本においては具体的事例が乏しい一方，Ｅコマースは日進月歩で進化し続けている状況においては，今後生じ得る様々なビジネスモデルにも応用できるような汎用的な考え方を示すことが望ましい。

　なお，日本においては具体的事例の蓄積が少ないとはいえ，このようなオンラインのプラットフォーム事業者による行為を含めたオンライン取引に関連する垂直的制限行為も，現行の流通・取引慣行ガイドラインの適法・違法性判断基準の枠組みによって判断することは可能だと考えられる。しかし，その判断に当たっての考慮要素は，メーカーと流通業者との取引といった枠組みを前提としたものとなっているため，オンラ

イン取引に関連するものとして，例えば，間接ネットワーク効果[9]などの更なる考慮要素等の記載の必要性について検討することが必要である。

3 その他
（1）原則違法となる行為類型の考え方の整理等

　　非価格制限行為のうち，原則違法となる行為類型（「安売り業者への販売禁止」及び「価格に関する広告・表示の制限」）については，「事業者が市場の状況に応じて自己の販売価格を自主的に決定する」という事業者の事業活動の自由において最も基本的な事項に関与する行為であるため，事業者間の価格競争を減少・消滅させる再販売価格維持行為の考え方に準じ，「通常，価格競争を阻害するおそれがあり，原則として違法」となるという，これまでの考え方を維持することが適当である。

　　なお，選択的流通は，商品を取り扱う流通業者に関して設定される基準が，当該商品の品質の保持，適切な使用の確保等，消費者の利益の観点からそれなりの合理的な理由に基づくものと認められ，かつ，当該商品の取扱いを希望する他の流通業者に対しても同等の基準が適用される場合には，通常，独占禁止法上問題となるものではない。特定の安売り業者等が当該基準を満たさず，結果として当該商品を取り扱うことができなかったとしても問題となるものではない。したがって，選択的流通は上記の「安売り業者への販売禁止」等の原則違法の行為類型の考え方と矛盾するものではないが，分かりやすさの観点から，原則違法の行為類型が再販売価格維持行為の考え方に準ずるという整理も踏まえ，見直し後の流通・取引慣行ガイドラインにおけるこれらの行為類型の位置付け等について検討する必要がある。また，選択的流通については，事業者の販売戦略におけるオンライン取引の位置付けなど，世界的にも活発な議論が行われている論点であるため，具体的事例の蓄積等を踏まえつつ，引き続き検討を行っていくことが重要である。

（2）審判決例や相談事例の積極的な活用

　　上記2（1）の分析プロセスの明確化に当たっては，様々なビジネスモデルに応用できるようにするため，ある程度抽象化した上で総論的な考え方を示していく必要があると考えられるが，流通・取引慣行ガイドラインを実際に活用する事業者及び事業者団体にとって，更なる利便性

---

[9] 例えば，プラットフォームを介して取引等を行う2つの利用者グループが存在する場合，一方の側の利用者グループの数が増えることにより，他方の利用者グループにとって当該プラットフォームの価値が高まるといった効果をいう。

の向上に資するような見直しを行っていくという前提は常に念頭に置いておく必要がある。
　審判決例や相談事例は，具体的な行為に基づき独占禁止法上の考え方が示されているものであり，流通・取引慣行ガイドラインの更なる明確化の観点だけではなく，事業者及び事業者団体にとっての利便性の向上という観点からも，積極的に各行為類型の記載に盛り込んでいくべきである。特に，相談事例において独占禁止法上問題となるものではないと回答した事例について，流通・取引慣行ガイドラインにその考え方を盛り込むことは，萎縮効果を緩和し，一層の利便性の向上に資するものである。

終わりに
　事業者及び事業者団体を取り巻く流通・取引慣行の実態は，技術革新等によって，日々目まぐるしく進展・変化していくものであり，それに伴い競争上の新たな課題も次々に生じてくると考えられる。具体的な行為に対し，法律を適用して事例を積み重ねることも重要であるものの，流通・取引慣行ガイドラインにおいて考え方を示すことによって違反行為の未然防止を図り，新たな分野に踏み出そうとする者が萎縮しない環境を作り出すことは非常に重要である。
　本報告書において，最近の実態を踏まえつつ，分かりやすく，汎用性のある，事業者及び事業者団体にとって利便性の高い流通・取引慣行ガイドラインを目指すべきことなどを提言したところであるが，今後，予想し得なかった新たなビジネスモデルが生み出され，流通・取引慣行の実態に大きな変革がもたらされる可能性もある。このような状況に迅速に対応するためにも，国内だけではなく海外の状況も注視しつつ，流通・取引慣行の実態の変化に応じた適切なものとなるよう，今後，流通・取引慣行ガイドラインの更なる見直しの必要性の有無について，適時適切に検討を行っていくことが重要である。

以上

審議経過

開催回数	開催日時	議題
第1回	平成28年 2月24日	（1）研究会の運営について （2）いわゆるセーフ・ハーバーに関する基準等について
第2回	平成28年 3月11日	いわゆるセーフ・ハーバーに関する基準等について
第3回	平成28年 6月17日	流通経済研究所からのヒアリング
第4回	平成28年 7月 8日	（1）電子情報技術産業協会からのヒアリング （2）新経済連盟からのヒアリング （3）アジアインターネット日本連盟からのヒアリング
第5回	平成28年 7月22日	（1）食品産業センターからのヒアリング （2）セブン＆アイ・ホールディングスからのヒアリング
第6回	平成28年 9月16日	（1）土田和博早稲田大学法学学術院教授からのヒアリング （2）流通・取引慣行ガイドラインの見直しに当たっての論点について
第7回	平成28年10月 7日	最近の流通実態の変化（Eコマースの発展・拡大）について
第8回	平成28年10月28日	（1）最近の流通実態の変化（メーカーと流通業者の取引関係の実態等）について （2）ガイドラインの更なる明確化等（適法・違法性判断基準等について）
第9回	平成28年11月11日	（1）最近の流通実態の変化（総代理店・並行輸入品の実態等）について （2）「安売り業者への販売禁止」及び「価格に関する広告・表示の制限」の考え方
第10回	平成28年11月25日	流通・取引慣行と競争政策の在り方に関する研究会報告書（案）について
第11回	平成28年12月 9日	流通・取引慣行と競争政策の在り方に関する研究会報告書（案）について

流通・取引慣行と競争政策の在り方に関する研究会会員

土井 教之（座長）　関西学院大学名誉教授
　　　　　　　　　　イノベーション研究センター客員研究員
　　　　　　　　　　技術革新と寡占競争研究センター客員研究員

川濱 昇　　　　　　京都大学大学院法学研究科教授

滝澤 紗矢子　　　　東北大学大学院法学研究科准教授

武田 邦宣　　　　　大阪大学大学院法学研究科教授

中尾 雄一　　　　　パナソニック株式会社アプライアンス社日本地域コンシューマーマーケティング部門コンシューマーマーケティングジャパン本部法務部法務課課長

中村 美華　　　　　株式会社セブン＆アイ・ホールディングス法務部法務シニアオフィサー

丸山 正博　　　　　明治学院大学経済学部教授

丸山 雅祥　　　　　神戸大学大学院経営学研究科教授

三村 優美子　　　　青山学院大学経営学部教授

渡邉 新矢　　　　　外国法共同事業ジョーンズ・デイ法律事務所　弁護士

［五十音順，敬称略，役職は平成２８年１２月９日現在］

参考資料5　流通・取引慣行と競争政策の在り方に関する研究会報告書添付資料（抄）

資料1　流通・取引慣行ガイドライン一部改正（平成27年3月）のポイント・・・・・・・・・・・・・・・・・・・・・・・・・・・（略）
資料2　流通・取引慣行ガイドライン一部改正（平成28年5月）のポイント・・・・・・・・・・・・・・・・・・・・・・・・・・・（略）
資料3　現在のガイドラインの適法・違法性判断基準の考え方・・・・・・・・・・・・・・・・・・・・・・・・・・・・・・・（略）
資料4　欧米におけるオンライン取引に関連する垂直的制限行為についての主な判決・決定等・・・・・・・・・・・・・307
資料5　全体見直しの検討に資する主要な審判決例・・・・・314
資料6　全体見直しの検討に資する主要な相談事例・・・・・・319
資料7　電子商取引の実態・・・・・・・・・・・・・・・（略）
資料8　メーカーと流通業者の取引関係に関する意見・・・・・326
資料9　（小売業・卸売業）売上高上位集中度・・・・・・・・（略）
資料10　最近の総代理店・並行輸入品の実態に関する意見・・・328

資料4

欧米におけるオンライン取引に関連する垂直的制限行為についての主な判決・決定等

1 欧州（措置等を採ったもの）

No.	事件名等	行為類型等	概要
1	Yamahaに対する件（2003年） 欧州委員会	再販売価格の維持を容易にする行為（MAP） オンライン販売に関連する再販売価格維持行為	・Yamahaは，欧州において選択的流通システムの下ピアノ等の楽器の製造販売を行っており，欧州各国におけるYamaha子会社は，認定流通業者との間で選択的流通システムに係る協定を締結して商品の販売を行っていた。当該協定には，国内Yamaha子会社から仕入れた商品の再販売価格又は最低再販売価格について以下のような制限条項が含まれていた。 ＜オランダ＞ 　流通業者は店舗内又は外部に向けた価格について，価格リストに掲載された推奨価格を用いなければならない。 　認定流通業者に宛てたレターによると，リベートの支給条件として，価格リストの価格から15％以上の割引価格を広告に示さない。 ＜イタリア＞ 　価格リストは推奨価格ではなく公表用の価格とされ，いかなる形でも当該価格と異なる価格を公表した場合には，全てのリベートが取り消される。 　認定流通業者は自由に価格を設定できるが，Yamahaの承認なしに広告物や価格リストを複製しない。違反した場合には，Yamahaは重い制裁を課し得る。 ＜オーストリア＞ 　特定の楽器につき，他の流通業者への再販売価格を定めた。 ・欧州委員会は当該協定が欧州機能条約81条（現101条）に違反する旨の決定を行い，Yamahaに対して256万ユーロの制裁金を課した。
2	CIBA Visionに対する件（2009年） ドイツ連邦カルテル庁	オンライン販売の禁止 オンライン販売に関連する再販売価格維持行為	・コンタクトレンズメーカーであるCIBA Visionは，特定の種類のコンタクトレンズについて，小売業者との間でインターネットやeBayを通じて販売することを禁止する内容を盛り込んだ協定を締結していたほか，インターネットにおける同社のコンタクトレンズの販売状況を監視して，小売業者が，CIBA Visionが設定する推奨価格よりも安く同社の商品を販売していた場合に，同社のスタッフが当該小売業者に接触し，小売価格を引き上げるように誘導していた。 ・連邦カルテル庁は，当該行為をドイツ競争法違反であるとして1100万ユーロの罰金を課した。
3	Garminに対する件（2010年） ドイツ連邦カルテル庁	オンライン販売に関連する再販売価格維持行為	・ポータブルナビゲーション機器を製造販売するGarminは，推奨小売価格を設定し，当該価格で販売した小売業者には報奨金を与え，当該価格を下回ってオンライン販売した場合には，より高い仕入れ価格を同社に支払うこととしていた。推奨小売価格を下回る価格で販売した小売事業者であっても，販売価格を当該価格まで高めることによって，当該販売について遡って補償が与えられることとなっていた。 ・連邦カルテル庁は，当該行為が再販売価格維持に当たると

参考資料5　307

No.	事件名等	行為類型等	概要
			して250万ユーロの罰金を課した。
4	Pierre Fabre Dermo-Cosmetiques に対する件（2011年） フランス競争委員会 欧州司法裁判所	オンライン販売の禁止	・化粧品を製造販売するPierre Fabre Dermo-Cosmetiques（Pierre Fabre）は，同社の商品の販売に当たり選択的流通システムを用いていた。同システムにおいて，認定小売業者には実店舗での薬剤師による販売が義務付けられており，これにより事実上，小売業者はオンライン販売を禁止されていた。 ・競争委員会は，当該行為がフランス競争法及びEU競争法に違反するとして，排除措置命令及び制裁金支払命令を行った。 ・Pierre Fabreが当該措置の取消しを求めてパリ控訴院に提訴したところ，パリ控訴院は本件制限が目的において競争を制限するハードコア制限（欧州機能条約101条第1項）に該当するか等の論点について，欧州司法裁判所に先例判決を求めて照会した。 ・欧州司法裁判所は，本件選択的流通はその目的において競争を制限し，垂直協定に関する一括適用免除規則は適用されないと判断した。
5	Bang & Olufsen に対する件（2012年） フランス競争委員会 パリ控訴院	オンライン販売の禁止	・音響機器を製造販売するBang & Olufsenは，その選択的流通システムにおいて，認定流通業者は事実上同社の商品をオンライン販売できないこととしていた。 ・競争委員会は，当該制限によって流通業者間の競争が弱められ，欧州競争法及びフランス競争法に違反するとして，90万ユーロの罰金を課すとともに，選択的流通システムに係る流通業者との契約内容に関し，流通業者がオンライン販売を行うことが可能であることを明確にするように修正する旨の命令を行った。 ・Bang & Olufsenがパリ控訴院に提訴したところ，同裁判所は競争委員会の決定を認容した。ただし，罰金については，競争委員会の決定時，オンライン販売を禁止する制限に関する法律・判例上の扱いがはっきりしていなかったことを考慮し，Pierre Fabre判決が出された2011年以降の期間を対象に罰金の計算が行われ，90万ユーロから1万ユーロに減額する旨の判決を下した。
6	Pride Mobility Products Limited 及び Roma Medical Aids Limitedに対する件（2014年） 英国競争市場庁	オンライン販売の制限 再販売価格の維持を容易にする行為（MAP）	・電動車椅子を製造販売するPride Mobility Products Limitedは，小売業者との間で，特定のシニアカーについて推奨小売価格以下の価格をインターネット上で表示することを禁止する旨の協定を締結していた。 ・同じく電動車椅子を製造販売するRoma Medical Aids Limitedは，小売業者との間で，特定のシニアカーについてオンライン販売及びインターネットでの価格表示を禁止する旨の協定を締結していた。 ・競争市場庁は，当該協定が英国におけるシニアカーの競争を阻害，制限又は歪曲させる目的を有するものであるとして，上記2社及び関連するオンライン専売の小売業者に対して英国競争法違反の決定を下した。
7	United Navigation に対する件（2015	オンライン販売に関連する再販売価格維持行為	・ポータブルナビゲーション機器を製造販売するUnited Navigationは，複数の小売業者との間で，特定の小売販売価格を下回って販売しない旨の合意をし，同社はオンライ

No.	事件名等	行為類型等	概要
	年） ドイツ連邦カルテル庁		ン販売の価格を監視して，小売業者が特定の水準を下回って販売している場合には当該価格を維持するように要求していた。ほとんどの小売業者は，同社から要求があった場合には価格を引き上げていたほか，供給拒絶や不正な商標権の利用を理由とした訴訟リスク，又はリベートの支給によって再販売価格維持の実効性が確保されていた。 ・連邦カルテル庁は，本件行為を再販売価格維持に当たるとして，30万ユーロの罰金を課した。
8	HRSに対する件（2015年） ドイツ連邦カルテル庁 デュッセルドルフ高等裁判所	オンラインのプラットフォーム事業者による価格均等条項	・オンラインホテル予約サイトを運営するHotel Reservation Service (HRS)が，ホテルとの間で，ホテルがHRSのサイトに掲載するに当たり，ホテルの宿泊料のほか，予約可能部屋数・キャンセル料等の条件について最も有利な条件を掲載しなければならない旨の契約を締結していた。 ・連邦カルテル庁は，かかる行為は競争制限的であり，また，HRSのオンラインホテル予約サイト市場におけるシェアが30%を上回っていることから，一括適用免除規則の対象にはならないとして，違法とした。HRSはこれを不服として提訴したが，裁判所は連邦カルテル庁の判断を支持した。
9	Booking.comに対する件（2015年） ドイツ連邦カルテル庁	オンラインのプラットフォーム事業者による価格均等条項	・オンラインホテル予約サイトを運営するBooking.comが，ホテルとの間で，ホテルがBooking.comのサイトに掲載するに当たり，ホテルの宿泊料のほか，予約可能部屋数・キャンセル料等の条件について最も有利な条件を掲載しなければならない旨の契約を締結していた。 ・連邦カルテル庁が異議告知書を送付し正式な審査を行ったところ，同社は修正案（同社サイトに掲載する条件は，ホテル自身のサイトにおける掲載価格のみよりも安くしなければならないといった内容）を連邦カルテル庁に提示した。連邦カルテル庁は，当該修正案では競争上の懸念を払拭するには十分ではないとして，完全に当該条項を契約内容から削除する旨の命令を発した。Booking.comは，これを不服として提訴している。 ・Booking.comについては，英国やフランス等，欧州各国の競争当局が，それぞれの国において同様の行為を行っていた件について確約手続を行い，審査を終了している。

2 欧州（確約等）

No.	事件名等	行為類型等	概要
1	Amazonに対する件（2013年） ドイツ連邦カルテル庁	オンラインのプラットフォーム事業者による価格均等条項	・オンライン販売及びオンライン販売プラットフォーム事業を行うAmazonは，同社のマーケットプレイスに出店する小売業者に対して，当該小売業者が，楽天やeBayなどの他のオンライン販売プラットフォームにおいて販売する際に，Amazonマーケットプレイスにおける販売価格よりも安い価格で販売することを禁止していた。 ・連邦カルテル庁は，Amazon以外のプラットフォームにおいて小売業者が消費者に訴求的な価格を設定できなくなり，Amazonが小売業者に対しより高い手数料を請求するおそれが生じ，結果として小売業者の販売価格が上昇するとして調査を行ったが，Amazonは2013年に当該行為を取りやめる旨宣言し，連邦カルテル庁は調査を終了した。
2	GARDENAに対する件（2013年） ドイツ連邦カルテル庁	再販売価格の維持を容易にする行為（差別対価）	・園芸用品の製造販売を行うGARDENAは，実店舗において同社製品を販売する小売業者とオンライン販売を行う小売業者とで，仕入価格に差をつけており，実店舗のみで販売する小売業者は最大幅の値引きを受けることができた。 ・連邦カルテル庁が調査を開始したところ，GARDENAによる当該行為は，違法な二重価格システムに当たるとの見解を示したところ，同社は，オンライン販売小売業者と実店舗小売業者とで，同じ値引き制度を適用する旨の確約を行い，連邦カルテル庁は調査を終了した。
3	Bosch Siemens Hausgeräteに対する件（2013年） ドイツ連邦カルテル庁	再販売価格の維持を容易にする行為（差別対価）	・家電製品の製造販売を行うBosch Siemens Hausgeräteは，2013年1月に，取引先小売業者に対して，販売実績に応じたリベートシステムを導入した。同システムでは，オンライン販売の量が多いほど，小売業者が受け取るリベートは少なくなるというもので，実店舗による販売とオンライン販売の両方を行う小売業者に特に不利になっていた。 ・連邦カルテル庁は，同社が採用したリベートシステムは，二重価格を用いた反競争的なものであるという見解を示した。その後同社は，実店舗販売とオンライン販売に係るリベートを区別することを止め，同じリベートを支払うこととした旨，連邦カルテル庁に通知し，連邦カルテル庁は調査を終了した。
4	Dornbrachtに対する件（2014年） ドイツ連邦カルテル庁	再販売価格の維持を容易にする行為（差別対価）	・浴室用品を製造販売するDornbrachtは，「オンライン・マーケティングへの対応」及び「スペシャリストによる販売の強化」と称する取組みの一環として，卸売業者に対するリベート制度を変更し，特定の質的基準を満たす小売業者に販売した場合には追加的なリベートを支給することとした。当該基準は，消費者へのコンサルティングや，商品の展示，アフターケアなど，実店舗を有する小売業者に販売した場合にのみ満たされるようなものであった。その結果，オンライン販売業者は，基準を満たす実店舗小売業者よりも高い価格で商品を仕入れることとなった。 ・当該行為について連邦カルテル庁が調査を開始したところ，同社は卸売業者との契約内容を修正し，連邦カルテル庁は調査を終了した。
5	Verivoxに対する件（2015年）	オンラインのプラットフォーム	・電力価格比較サイトを運営し，電力に関するデータの提供や料金最適化に係るサービスの提供も行っているVerivox

No.	事件名等	行為類型等	概要
	ドイツ連邦カルテル庁	事業者による価格均等条項	は，電力供給会社との間で，ベストプライス条項を定めていた。 ・連邦カルテル庁が調査を開始したところ，同社は当該条項を削除し，連邦カルテル庁は調査を終了した。
6	ASICSに対する件（2015年） ドイツ連邦カルテル庁	オンライン販売の制限	・ランニングシューズ市場大手のASICSが，同社商品の販売に当たり厳格な質的基準をクリアした小売店のみ取り扱うことができるという選択的流通システムを用いていたところ，小売店との間で締結した契約条項に，小売店がそのオンライン販売に当たって価格比較機能を導入することや，第三者のサイトに小売店のリンクを掲載する際に同サイトにASICSの名前を使わないこと，（特に，検索サイトにおいて同社の名前で検索した際に，同時に小売業者のサイトが検索結果として表示されること）を禁止する条項を盛り込んでいた。 ・ASICSが当該条項を契約から削除したことで，連邦カルテル庁は審査を終了した。 ・なお，AdidasもASICSと同様に選択的流通システムを採用し，認定小売業者に対してオンライン販売の禁止や第三のサイトに同社名を使用させない制限を課していたところ，同社は2014年に，小売業者との契約から当該条項を削除したとして，連邦カルテル庁は審査を終了している。
7	Adidasに対する件（2015年） フランス競争委員会	オンライン販売の制限	・Adidasは自社製品について選択的流通制を採っており，その内容として，認可小売業者が同社製品をオンラインマーケットプレイス上で販売することを禁止していた。 ・競争委員会は2012年にEコマースについての声明を出しており，製造業者がEコマースの発展を抑制するような契約条件は正当化されず，いかなる場合でも流通業者のオンライン販売を禁じることはできないとの見解を示していた。競争委員会は本件行為につき審査を開始したが，Adidasが当該条項を削除したため，審査を終了した。
8	Ultra Finishing Limited及びFoster Refrigeratorに対する件（2016年） 英国競争市場庁	再販売価格の維持を容易にする行為（MAP）	・浴室用品メーカーのUltra Finishing Limited及び冷蔵庫メーカーのFoster Refrigeratorは，小売業者が同社らの製品をオンライン販売する際の最低表示価格（MAP）を設定していた。 ・競争市場庁は，同社らは小売業者が当該価格を下回る価格でオンライン販売を行うことを制限しており，再販売価格維持であり競争法違反だとして異議告知書を送付した。2016年5月，両社とも確約により終結した。
9	LEGO（2016年） ドイツ連邦カルテル庁	再販売価格の維持を容易にする行為（二重価格）	・玩具メーカーLEGOは，オンライン販売と実店舗とで割引に差を設けていた。オンライン販売業者は棚の数量などの基準を満たすことができず，高い割引率を適用されなかった。 ・2016年7月，LEGOが契約条件の変更を申し出たことにより，連邦カルテル庁は審査を終了した。

3 米国

No.	事件名等	行為類型等	概要
1	WorldHomeCenter.Com, Inc. 対 Quiozel, Inc. No. 651444/2010 (2011年) ニューヨーク州最高裁判所	再販売価格の維持を容易にする行為（MAP）	・ホーム用品をオンライン販売するWorldHomeCenter.Com, Inc.（WHC）は，照明器具や家具を製造販売するQuiozel, Inc. の商品について，同社からの直販又は認定ディーラー・独立系ディーラーを通じて仕入れていた。WHCは，オンライン販売によりその運営に係る維持費や諸経費が低いことから，実店舗小売業者よりも安くQuiozel, Inc. の商品を販売することが可能であった。 ・2007年後半に，Quiozel, Inc. は，「インターネット最低広告価格ポリシー（IMAP）」を策定し，オンライン販売小売業者がIMAPを下回る価格の表示やかかる価格での販売を禁止した。小売業者がIMAPに違反した場合には，小売業者はQuiozel, Inc. の商品を販売することができなくなる旨定めており，同社はWHCがIMAPを遵守しなかったため，WHCに対する商品の出荷・受注を拒否した。 ・WHCは，Quiozel, Inc. の制限がニューヨーク州反トラスト法（NYGBL第340条）等に違反するとして，補償及び差止めを求めて提訴し，Quiozel, Inc. は当該提訴に関して却下を申し立てた。 ・裁判所は，2007年のLeegin事件最高裁判決が当然違法の原則が用いられる場合として「常に又は殆ど常に，一見して，競争を制限し，生産性を損なうような慣行」に限定し，また，同判決が再販売価格維持行為は，状況によっては競争促進効果と反競争的効果の両方を生じ得る旨示したことを引用し，ニューヨーク州裁判所も，WHCの主張について，同社が主張する当然違法の原則ではなく，合理の原則により検討しなければならないとした。その上で，本件行為について合理の原則で判断するためのWHCによる事実の収集が十分ではないとし，Quiozel, Inc. の却下申立てを認めた。
2	Appleに対する件（2012年） 米国司法省 米国連邦最高裁判所	オンラインのプラットフォーム事業者による価格均等条項（問題となったのは価格を引き上げる共同行為である。）	・電子書籍市場への参入を検討していたAppleは，当該出版社5社との間で，電子書籍の小売価格を引き上げるため，「出版社が小売価格を決定する」，「Appleの小売価格を市場で最も安い小売価格に合わせる保証（最恵国待遇条項）」等といった内容を盛り込んだ代理店モデル（メーカーとプラットフォーム事業者の間での代理店契約であってメーカーが小売価格を決定するモデル）の契約を締結した。 ・司法省は2012年，Appleと出版社5社の電子書籍の小売価格を共同して引き上げる行為がシャーマン法第1条に違反するとして民事提訴した。 ・Apple以外の被告5社は和解した。Appleについては第1審においてシャーマン法第1条違反が認定され，控訴審（第2巡回区連邦裁判所）も第1審を支持した。裁判所は，Appleと出版社5社が共謀して電子書籍の小売価格競争を制限し，電子書籍の小売価格を引き上げたとして，水平の価格カルテルを認定し，当然違法の原則によりシャーマン法1条違反と判断した。2016年，米国連邦最高裁判所はAppleによる上告の申立てを却下した。 ・なお，本件では，Appleの代理店モデル契約やその中の最恵国待遇条項そのものは違法とされたわけではない。

No.	事件名等	行為類型等	概要
3	Costco Wholesale Corp. 対 Johnson & Johnson Vision Care, Inc. (2015年) フロリダ中央区連邦地方裁判所	再販売価格維持行為	・会員制倉庫型小売店を運営するCostco Wholesale Corp. (Costco)は、コンタクトレンズを製造販売するJohnson & Johnson Vision Care, Inc. (JJVC)に対し、JJVCの設定した価格を下回る価格で広告・販売する流通業者にはコンタクトレンズの供給を停止するという価格ポリシーが垂直的な価格協定でありシャーマン法第1条に違反するとして提訴した。 ・裁判所は、本件価格ポリシーがコンタクトレンズの価格競争を阻害し競争を不当に制限するものとして、Costcoの主張を認めた。

資料5

全体見直しの検討に資する主要な審判決例[1]

1 Eコマース関連

No.	件名 【勧告(命令)日 (審決日)】	流取GL 該当箇所	違反法条	概要
1	ハマナカ㈱に対する件（東京高裁平22（行ケ）12） 【平20.6.23 (H22.6.9) H23.4.22高裁判決】	第2部第1の2（再販売価格の拘束）	旧一般指定12項 （再販売価格の拘束）	① ハマナカ毛糸について，値引き限度価格を定め，小売業者に対し，値引き限度価格以上の価格で販売するよう要請するとともに，卸売業者をして，当該卸売業者がハマナカ毛糸を販売している小売業者に対し，値引き限度価格以上の価格で販売するよう要請させ，小売業者が当該要請に応じない場合には，当該小売業者又は当該小売業者の取引先卸売業者に対するハマナカ毛糸の出荷を停止するなどしている。 ② インターネットを利用した方法によりハマナカ毛糸を販売する場合においても，値引き限度価格以上の価格で販売させることとし，小売業者に対し，値引き限度価格以上の価格で販売するよう要請するとともに，卸売業者をして，当該卸売業者がハマナカ毛糸を販売している小売業者に対し，値引き限度価格以上の価格で販売するよう要請させている。
2	ジョンソン・エンド・ジョンソン㈱に対する件（平22（措）20） 【平22.12.1】	第2部第2の6（小売業者の販売方法に関する制限（広告・表示価格の制限））	一般指定12項 （拘束条件付取引）	① 取引先小売業者との取引に当たり，ワンデーアキュビュー90枚パックの販売及びワンデーアキュビューモイスト90枚パックの販売に関し，それぞれ，当該製品の販売開始以降，当該取引先小売業者に対し，広告において販売価格の表示を行わないようにさせていた。 ② DDプランと称する販売促進策の対象事業者として，ジョンソン・エンド・ジョンソン㈱が選定した取引先小売業者との取引に当たり，ワンデーアキュビューモイスト30枚パックの販売に関し，遅くとも平成21年12月以降，当該取引先小売業者に対し，ダイレクトメールを除く広告において販売価格の表示を行わないようにさせていた。 （例） 　平成20年12月頃，福岡県に本店を置く取引先小売業者が，インターネット上に開設したウェブサイトのトップページにおける広告においてワンデーアキュビュー90枚パックの販売価格の表示を行ったところ，ジョンソン・エンド・ジョンソンは，当該取引先小売業者に対し，当該トップページにおける広告から当該製品の販売価格の表示を削除させた。

---

[1] 平成3年7月から平成28年8月末までの不公正な取引方法（不当廉売及び優越的地位の濫用に係るものを除く。）の事案のうちの主要な事例。

No.	件名【審決日等】	流取GL該当箇所	違反法条	概要
3	アディダスジャパン㈱に対する件（平24（措）7）【平24.3.2】	第2部第1の2（再販売価格の拘束）	第2条第9項第4号（再販売価格の拘束）	イージートーンの販売に関し，遅くとも平成22年3月下旬以降，自ら又は取引先卸売業者を通じて，小売業者（インターネットを利用した方法により全国に商品を販売している小売業者を含む）に， ① イージートーンのうち平成22年10月以前に初日したモデルを，アディダスジャパンの定めた値引き限度価格以上の価格で ② イージートーンのうち平成22年11月以降に発売したモデルを，アディダスジャパンの定めた本体価格どおりの価格で それぞれ販売するようにさせていた。
4	㈱ディー・エヌ・エーに対する件（平23（措）4）【平23.6.9】	該当なし	一般指定第14項（競争者に対する取引妨害）	特定ソーシャルゲーム提供事業者に対し，GREE（グリー㈱の運営する携帯電話向けソーシャルネットワーキングサービスをいう。）を通じてソーシャルゲームを提供しないようにさせていた。
5	コールマンジャパン㈱に対する件（平28（措）7）【平28.6.15】	第2部第1の2（再販売価格の拘束）	第2条第9項第4号（再販売価格の拘束）	コールマンのキャンプ用品の実店舗における販売又はインターネットを利用した販売に関し， ① コールマンのキャンプ用品について，遅くとも平成22年以降，毎年8月頃に，販売ルールを次のとおり定めていた。 ア　販売価格は，コールマンのキャンプ用品ごとにコールマンジャパンが定める下限の価格以上の価格とする。 イ　割引販売は，他社の商品を含めた全ての商品を対象として実施する場合又は実店舗における在庫処分を目的として，コールマンジャパンが指定する日以降，チラシ広告を行わずに実施する場合に限り認める。 ② コールマンのキャンプ用品について，自ら又は取引先卸売業者を通じて ア　継続して取引を行う小売業者に対しては，翌シーズンの取引について商談を行うに当たり，販売ルールに従って販売するよう要請し イ　新たにコールマンのキャンプ用品の取引を希望する小売業者に対しては，取引開始に当たり，販売ルールに従って販売するよう要請しコールマンジャパンが他の小売業者にも販売ルールに従って販売させることを前提に，小売業者から販売ルールに従って販売する旨の同意を得て，当該小売業者に販売ルールに従って販売するようにさせていた。

【参考】警告事案

No.	件名【警告日】	流取GL該当箇所	違反法条	概要

| 1 | ジョンソン・エンド・ジョンソン㈱（平14（査）1）【平14.12.12】 | 第2部第2の6（小売業者の販売方法に関する制限） | 旧一般指定13項（拘束条件付取引） | 使い捨てコンタクトレンズ販売について、取引先販売業者に対し、インターネットによる販売を一律に認めない方針を採り、これにより、医師の処方を得てインターネットにより低価格で販売する場合まで、取引先販売業者の取引を制限していた疑い。 |

2 購入者側による制限

No.	件名【勧告（命令）日】（審決日）	流取GL該当箇所	違反法条	概要
1	三蒲地区生コンクリート協同組合に対する件（平3（勧）18）【平3.10.30（平3.12.2）】	該当なし	旧一般指定15項（競争者に対する取引妨害）	アウトサイダーの砂利購入取引を不当に妨害していた。
2	鳥取中央農業協同組合に対する件（平11（勧）2）【平11.2.12（平11.3.9）】	該当なし	旧一般指定13項（拘束条件付取引）	農業用生産財資材を購入先販売業者から購入するに当たり、当該販売業者と組合員との取引その他当該販売業者の事業活動を不当に拘束する条件を付けて取引をしている。
3	姫路市管工事業協同組合に対する件（平12（勧）5）【平12.4.7（平12.5.10）】	該当なし	旧一般指定13項（拘束条件付取引）	姫路水道局が給水設置工事用資材として指定する資材の購入に当たり、購入先資材販売業者に対し、当該資材を組合員及び非組合員に直接販売しないようにさせる等、当該資材販売業者の事業活動を不当に拘束する条件を付けて取引をしている。
4	㈱サギサカに対する件（平12（勧）6）【平12.4.27（平12.5.16）】	第1部第4の2（取引先事業者に対する自己の競争者との取引の制限）	旧一般指定2項（その他の取引拒絶）13項（拘束条件付取引）	自転車用品を購入先製造者から購入するに当たり、自社の納入先量販店に自社を通さず、直接又は間接に自転車用品を販売しないようにとの条件を付けて取引し、また、販売先卸売業者に、自社の特定競争者に対する人気キャラクターを使用したオークス社製の自転車用品の販売を拒絶させている。

3 並行輸入関連

No	件名【勧告（命令）日】（審決日）	流取GL該当箇所	適用法条	概要
1	ラジオメータートレーディング㈱に対する件（平5（勧）16）【平5.8.3（平5.9.28）】	第3部第3の2(2)（販売業者に対する並行輸入品の取扱い制限）	旧一般指定第15項（競争者に対する取引妨害）	取引先販売業者に対し、並行輸入試薬を取り扱わないよう要請し、これに応じない場合は同社の販売する試薬の供給の停止等の対応をする旨の通知を行っていた。
2	星商事㈱に対する件（平	第3部第3の2(1)（海外の流通ルートからの真	旧一般指定第15項	同社はヘレンド社製の磁器製食器等の総代理店であるところ、自己と競争関係にある並行輸入品を取

No	件　名 【勧告（命令）日 （審決日）】	流取ＧＬ 該当箇所	適用法条	概　　要
	8（勧）2） 【平8.2.29 （平8.3.22）】	正商品の入手の妨害）	（競争者に対する取引妨害）	り扱う輸入販売業者とその取引の相手方である外国に所在するヘレンド社の総代理店等との取引を不当に妨害していた。
3	㈱松尾楽器商会に対する件（平8（勧）12） 【平8.4.5 （平8.5.8）】	第3部第3の2(1)（海外の流通ルートからの真正商品の入手の妨害）	旧一般指定第15項 （競争者に対する取引妨害）	同社はスタインウェイ・ピアノの総代理店であるところ，自己と国内において競争関係にある並行輸入ピアノを取り扱う輸入販売業者とその取引の相手方である外国に所在するスタインウェイ・ハンブルク支店の代理店との取引を不当に妨害していた。
4	ハーゲンダッツジャパン㈱に対する件（平9（勧）4） 【平9.3.27 （平9.4.25）】	第3部第3の2(1)（海外の流通ルートからの真正商品の入手の妨害） 第2部第1の2（再販売価格の拘束）	旧一般指定第15項 （競争者に対する取引妨害） ※再販（第12項）違反も認定	自己と国内において競争関係にある並行輸入品を取り扱う輸入販売業者とその取引の相手方である外国に所在する同製品の販売業者との取引を不当に妨害していた。 また，ハーゲンダッツブランドのアイスクリーム製品について，取引先小売業者に対し，自ら又は取引先卸売業者をして希望小売価格を維持させる条件をつけて供給していた。
5	㈱ホビージャパンに対する件（平9（勧）14） 【平9.10.22 （平9.11.28）】	第3部第3の2(3)（並行輸入品取扱い業者への販売制限） 第2部第1の2（再販売価格の拘束） 第2部第2の4(4)（安売り業者への販売禁止）	旧一般指定第13項 （拘束条件付取引） ※再販（第12項）違反も認定	「マジック：ザ・ギャザリング」と称するトレーディングカードゲーム（以下「マジック」という。）の販売に関し，並行輸入品を販売している小売業者等マジックを安売りするおそれのある小売業者にはマジックを販売しないよう条件を付けて取引先卸売業者と取引し，また，自ら又は取引先卸売業者を通じて，希望小売価格を維持させる条件を付けて供給していた。
6	ミツワ自動車㈱に対する件（平9（判）6） 【平9.11.10 （平10.6.19）】	第3部第3の2(1)（海外の流通ルートからの真正商品の入手の妨害）	旧一般指定第15項 （競争者に対する取引妨害）	ポルシェ社製の自動車を取り扱う並行輸入業者と，外国に所在する輸入代理店から供給を受けてポルシェ車を販売する海外販売業者との間の取引を不当に妨害していた。
7	グランドデュークス㈱に対する件（平10（勧）14） 【平10.6.23 （平10.7.24）】	第3部第3の2(1)（海外の流通ルートからの真正商品の入手の妨害）	旧一般指定第15項 （競争者に対する取引妨害）	ゼネラルエコロジー社が製造するシーガルフォー・ブランドの据置型浄水器について，並行輸入業者とその仕入先である海外販売業者との取引を不当に妨害していた。

【参考】警告事案

No	件　名 （警告日）	流取ＧＬ 該当箇所	適用法条	概　　要
1	㈱銀座銃砲店に対する件 （平3（査）3） 【平3.6.6】	第3部第3の2(1)（海外の流通ルートからの真正商品の入手の妨害）	旧一般指定第15項 （競争者に対する取引妨害）	ファインベルクバウ社製の競技用エア・ライフルの並行輸入に関し，並行輸入業者とドイツ連邦共和国所在の現地問屋との取引に不当に介入し，当該製品を並行輸入している事業者とその取引相手方との取引を不当に妨害していた。
2	㈱レイズに対す	第3部第3の2(1)（海外	旧一般指定	同社はベータ社製トライアルバイクの総代理店で

No	件　名 【警告日】	流取ＧＬ 該当箇所	適用法条	概　要
	る　件　（平 8(査)3） 【平 8.8.9】	の流通ルートからの真 正商品の入手の妨害)	第 15 項 （競争者に 対する取引 妨害）	あるところ，同製品の並行輸入を行っている輸入 販売業者とその取引の相手方である外国に所在す る同製品の取扱業者との取引を不当に妨害してい た。
3	㈱ホビージャパ ンに対する件 （平 8(査)21） 【平 9.10.22】	第 3 部第 3 の 2(1)（海外 の流通ルートからの真 正商品の入手の妨害)	旧一般指定 第 15 項 （競争者に 対する取引 妨害）	「マジック：ザ・ギャザリング」と称するトレー ディングカードゲームの販売に関し，並行輸入業者 とその仕入先である外国に所在する「マジック： ザ・ギャザリング」の販売業者との取引を不当に妨 害していた。

資料6

全体見直しの検討に資する相談事例

1 Eコマース関連

No	内容 【行為類型】	概要	独占禁止法上の考え方	出典
1	工作機械用消耗品メーカーによるインターネット販売時の小売価格表示禁止 【販売方法の制限】	工作機械用消耗品メーカーが、小売業者に対して、インターネット販売において、小売価格を表示しないように制限することは独占禁止法上問題となると回答した事例	本件は、メーカーが、小売業者間においてユーザーの争奪が行われることを回避するために、小売業者がホームページ上に小売価格を掲載することを制限するものであり、合理的な理由があるものとは考えられず、当該商品をめぐる価格競争が阻害されるおそれがあると考えられるので、拘束条件付取引として問題となる。	平成14年～平成15年度相談事例集[1]（事例2）
2	コンテンツプロバイダーによるポータルサイト上の販売価格指示 【再販売価格の拘束】	インターネットを用いた音楽配信事業において、コンテンツプロバイダーが、ポータルサイトを提供するプラットフォーム事業者との間で、コンテンツプロバイダーが指示する価格で音楽配信することを定めた委託販売契約を締結することは、直ちに独占禁止法上問題となるものではないと回答した事例	本件は、コンテンツプロバイダー（A社）が、ポータルサイトを運営するプラットフォーム事業者（B社）に対して、利用者に配信する際の販売価格を指示するものであるが、A社はB社に対して、A社の提供する楽曲のB社サーバーへのアップロード及び利用者からの代金徴収業務のみを委託するものであり、実質的にはA社が楽曲を直接利用者に提供するものと認められることから、直ちに独占禁止法上問題となるものではない。 ただし、B社が自社の音楽配信サービスへの利用者の誘引を目的として、自らの計算において実質的に配信価格を引き下げるサービスなどを提供することまでをA社が禁止することは、プラットフォーム事業者間の競争を不当に阻害し、独占禁止法上問題となる。	平成16年度相談事例集（事例3）
3	医療機器メーカーによる通信販売の禁止 【販売方法の制限】	医療機器メーカーが、取引先事業者に対し、当該メーカーの医療機器のうち通信販売では行うことのできない調整を行った上で販売することが不可欠なものについて、通信販売及び通信販売を行う事業者への販売を禁止することは、独占禁止法上問題となるものではないと回答した事例	医療機器メーカーX社の医療機器Aは、人体に装着して使用するものであり、その販売方法について特段の規制はないが、特殊な機器を用いて消費者の体の状態を実際に計測し、その計測値に合わせて機器の設定等を修正した上で、消費者に対し、使用感を聞き、それに応じて更なる微修正を行うといったプロセスを経る調整を行わなければ性能が発揮できないものであるところ、当該調整を消費者自身で行うことは困難である。 本件は、X社が、取引先事業者に対し、自身での通信販売及び通信販売業者への販売をやめるよう要請し、やめない	平成23年度相談事例集（事例1）

---

[1] 平成14年1月から平成16年3月までに寄せられた相談に基づいて作成されたもの。
なお、相談事例集は、平成13年までは暦年ベース、本相談事例集以降は年度ベースで作成されている。

No	内容 【行為類型】	概要	独占禁止法上の考え方	出典
			取引先事業者に対してはX社の医療機器Aの出荷を停止するもの（調整を行う事業者に別途調整を依頼するとしている消費者に販売するなど，消費者が販売時の調整を必要としない場合を除く。）であるが， ① ア X社の医療機器Aは，調整が行われないままで販売されると性能の発揮が著しく阻害され，消費者に不利益を与える蓋然性が高いこと， イ X社の医療機器Aの調整は通信販売では行うことができないこと， ウ 消費者が販売時の調整を必要としない場合に限定して行う通信販売についてまで禁止するものではなく，必要最小限の制限であることからすれば，本件には合理的な理由があると考えられること， ② 全ての取引先事業者に対して同等の制限が課せられること， ③ 店舗販売を行うX社の取引先事業者の中には，メーカー希望小売価格より相当程度低い価格で販売を行う者も存在し，本件が，取引先事業者の販売価格について制限を行うものであるとは考えられないことから，X社が取引先事業者の事業活動を不当に制限するものではなく，独占禁止法上問題となるものではない。	
4	医薬品メーカーによる対面販売の義務付け 【販売方法制限】	医薬品メーカーが，取引先事業者に対し，当該メーカーの医薬品について積極的な商品説明等を対面で行うよう義務付けることは，独占禁止法上問題となるおそれがあると回答した事例	本件は，医薬品メーカーX社が，取引先事業者との間で，使用方法に特徴がある同社の医薬品Aを販売する際には，積極的な商品説明及びアフターサービスを対面で行うよう義務付ける内容の契約を締結するものであるが， ① ア X社の医薬品Aは法令上通信販売が禁止されるものではないこと， イ X社の医薬品Aの特徴は通信販売でも十分説明が可能であると考えられることから，本件契約を締結する合理的な理由があるとはいえないこと， ② X社は，店舗販売を行っている取引先事業者が本件契約で義務付けられる積極的な商品説明等を行わなかったとしても医薬品Aの出荷停止等の措置を採らないとしており，店舗販	平成23年度相談事例集（事例2）

No	内容 【行為類型】	概要	独占禁止法上の考え方	出典
			売の方法によりX社の医薬品Aを販売する取引先事業者と通信販売の方法によりX社の医薬品Aを販売する取引先事業者に同等の制限が課されているとはいえないこと， ③　現在，X社の医薬品Aについては，相当数が通信販売の方法によって販売されており，通信販売では店舗販売に比べて相当程度低い価格で販売されているため，X社が取引先事業者の販売方法の制限を手段として販売方法について制限を行うものである可能性が高いこと から，X社の取引先事業者の事業活動を不当に制限し，独占禁止法上問題となるおそれがある。	
5	福祉用具メーカーによる店舗販売業者のみを対象とするリベート供与 【差別的なリベート供与】	福祉用具メーカーが，インターネット販売業者を対象とせずに，店舗販売業者のみを対象とするリベートを新たに設けることについて，独占禁止法上問題となるものではないと回答した事例	本件は，福祉用品メーカーX社が，福祉用品Aを販売するに当たり，店舗販売業者に対し， ①　来店した一般消費者に直接適切な商品説明を行う販売員教育を行うこと， ②　種類ごとに一定の在庫を常時確保することの両方の条件を満たす場合に，当該販売方法を支援するリベート（福祉用品Aの販売量によって変動・増加しない固定額）を供与するものであるが，当該リベートは，店舗販売に要する販売コストを支援するためのものであり，インターネット販売業者に対する卸売価格を引き上げるものではなく，その事業活動を制限するものではないこと から，独占禁止法上問題となるものではない。	平成25年度相談事例集 （事例4）
6	電子機器メーカーによる対面での説明の義務付け 【販売方法制限】	電子機器メーカーが，小売業者に対して，店舗での対面による電子機器の操作方法の説明を義務付け，インターネットを利用した販売を禁止することについて，独占禁止法上問題となると回答した事例	本件は，電子機器メーカーX社が，全ての小売業者に対して，店舗での対面による同社の電子機器Aの操作方法の説明を義務付け，インターネットを利用した販売を禁止するものであるところ， ①　X社は，これまで小売業者に対して，電子機器Aの操作方法説明を求めておらず，一般消費者からも電子機器Aの操作に関する問い合わせはほとんどないこと， ②　小売販売は，店舗で販売するほか，インターネットを利用して店舗より安く販売していること を踏まえれば，本件行為により，電子機	平成26年度相談事例集 （事例5）

No	内容 【行為類型】	概要	独占禁止法上の考え方	出典
			器 A の販売価格が維持されるおそれがあり，拘束条件付取引に該当し，独占禁止法上問題となる。	
7	機械製品メーカーによる新商品の機能の説明の義務付け 【販売方法制限】	機械製品メーカーが，小売業者に対して，一般消費者に新商品の機能を説明することを義務付けることについて，独占禁止法上問題となるものではないと回答した事例	本件は，機械製品メーカーX 社が，機械製品 A の新商品の販売に当たり，小売業者に対して，当該新商品の機能を一般消費者に説明することを義務付けることとし，具体的な方法として，①店員による説明又は②自社が作成した動画の小売業者のショッピングサイトへの掲載を求めることとするものであるところ， 　ア　義務付ける内容が過度なものではなく，新商品の適切な販売のための合理的な理由が認められること， 　イ　実質的に同等の条件が全ての小売業者に対して課せられていることから，独占禁止法上問題となるものではない。	平成 26 年度相談事例集（事例 6）
8	メーカーによる差別取扱い 【販売方法制限】	市場における有力な日用品メーカーが，一部の取引先事業者に対してのみ，顧客への商品発送をメーカー負担で代行することについて，独占禁止法上問題となるものではないと回答した事例	本件は，日用品メーカーX 社が，日用品 A の販売に当たり，小売業者が一定数量以上まとめて日用品 A を販売した場合には，顧客への発送を X 社の負担で代行しているという状況の下において，小売業者に対して，「小売業者から顧客に対して使用方法について指導を行う」との販売方法を推奨し，これを採用する小売業者に対しては，引き続き，顧客への発送を X 社の負担で代行する一方，同販売方法を採用しない小売業者に対しては，発送代行に係る料金を請求するものであるところ， ①　本件取組は，日用品 A の安全な使用の啓発を目的とするものであるため，それなりの合理的な理由が認められ，かつ，他の取引先小売業者に対しても同等の条件が課せられているためそれ自体に公正な競争を阻害するおそれがないこと， ②　店舗販売とインターネット販売のいずれの形態でも採用可能であり，小売業者の販売価格等についての制限手段として行われるものではないことから，独占禁止法上問題となるものではない。	平成 27 年度相談事例集（事例 1）
9	ライセンシーに対する安売り広告の禁止	商標権を有する組合が，商標の使用の許諾に伴い，商	本件は，製品 A に関する著名な商標 α の商標権者である X 組合が，組合員で	平成 27 年度相談事例集

No	内容 【行為類型】	概要	独占禁止法上の考え方	出典
	【販売方法制限】	標を付した製品の製造販売業者に対して安売り広告を禁止することについて，独占禁止法上問題となると回答した事例	ある製造販売業者に対して，商標αのライセンス契約の更新時に，商標αを付した製品Aの販売に際して，店頭やインターネット等において，「特価」や「セール」といった安売り広告を行わないことを条件として追加し，これに同意しない組合員とはライセンス契約を更新しないものであるところ，これによって，商標αを付した製品Aの製造販売業者間の価格競争が阻害され，商標αを付した製品Aの販売価格が維持されるおそれがあることから，独占禁止法第21条に規定される「権利の行使と認められる行為」とは認められず，独占禁止法上問題となる。	(事例3)

2 総代理店契約・並行輸入関連

No	内容 【行為類型】	概要	独占禁止法上の考え方	出典
1	スポーツウェアに係る商標権者による輸入品が商標権侵害である旨指摘する文書の送付 【並行輸入の不当阻害】	スポーツウェアに係る我が国における商標権者が，並行輸入品が真正商品ではないとする一応の根拠がある状況の下で，当該並行輸入品を商標権侵害として訴訟を提起する旨の文書を流通業者に送付することは，並行輸入品の不当な妨害には当たらないと回答した事例	本件は，スポーツウェアに係るA商標の我が国における商標権者（X社）が，東南アジア及び中国においてA商標の利用許諾を受けているメーカー（Y社）の製品を取り扱っている流通業者に対して，Y社製品を輸入・販売することが我が国における商標権を侵害するものであるとのX社の考え方及びいずれ民事訴訟等を提起することを考慮している旨を伝える文書を送付するものであるが，X社とY社の間に直接的にも間接的にも法律上・経済上・資本上の関係が一切ないこと等の下では，Y社製品の輸入・販売がX社の商標権を侵害するという考え方には一応の根拠があると考えられることから，独占禁止法上問題となるものではない。	不公正な取引方法に関する相談事例集（事例10）
2	医療機器の輸入総代理店による並行輸入された消耗品使用時には本体装置の性能を補償しない旨の文書の作成等 【並行輸入の不当阻害】	医療機器及び同機器で使用する消耗品の輸入総代理店が，正規輸入品であることを強調する表示をすること等が並行輸入品の販売妨害効果を生じるとして並行輸入品の取引妨害に該当すると回答した事例	本件は，医療機器及び同機器で使用する消耗品の輸入総代理店（X社）が， ① 自社の販売する消耗品に「X社検査済み」シールを貼付する ② 自社の販売する消耗品に「この消耗品はX社の品質管理試験を通ったものであることを証明します。X社の品質管理試験を経ない製品によるデータや機器の責任は負いかねますのでご留意願います。」というシールを貼付する ものであるが，品質検査や品質管理試	不公正な取引方法に関する相談事例集（事例11）

参考資料5 323

No	内容 【行為類型】	概要	独占禁止法上の考え方	出典
			験は，当然，消耗品を製造するメーカー自身も既に行っており，X社による検査は抜取り検査程度にとどまることから，X社が独自の品質管理等を行っているかのような印象を与える表示を行うことは，ユーザーに対して，並行輸入品は品質保証がなされていない旨の誤解を生ぜしめるおそれがある。また，並行輸入品に生じた欠陥が原因で本体装置に異常が生じた場合にはX社が責任を負うものではないことから，X社によるシール貼付には，正当な理由があるとはいえず，むしろ並行輸入品の取引を妨害する手段として用いられるおそれも否定できない。 したがって，上記①及び②のシール貼付は，並行輸入品を偽物扱いすることと同様，取引妨害効果を生じると考えられ，また，並行輸入品の取引を妨害する手段として行われる可能性もあるため，独占禁止法上問題となる。	
3	機械装置の輸入総代理店による並行輸入品の修理等の拒否 【並行輸入品の修理等の拒否】	機械装置の輸入総代理店が，並行輸入品や中古品販売業者が販売した中古品の修理等について，自社の顧客を優先して取り扱うことは直ちに独占禁止法上問題となるものではないと回答した事例	本件は，並行輸入業者や中古品販売業者に修理等を行うことができない特段の事情は認められず，また，並行輸入品の供給量増加に伴い輸入総代理店の物的・人的リソースの制約から全ての修理等に対応することが困難な場合に自社の販売先を優先して取り扱うものであり，合理的な理由が認められることから，直ちに独占禁止法上問題となるものではない。	平成17年度相談事例集（事例5）
4	機器の輸入総代理店による自社輸入品と並行輸入品との点検料金の差別化 【並行輸入品の修理等の拒否】	機器の輸入総代理店が，点検料金について，自社輸入品を並行輸入品より有利な条件とすることは，並行輸入品の実質的な修理拒否と認められない場合には，直ちに独占禁止法上問題となるものではないと回答した事例	本件は，並行輸入品の修理・点検依頼が増加し，これに係る輸入総代理店（X社）の人件費等のコストが増加していることから，α年に1回の頻度で行うことが推奨されている分解点検の基本料金について，新規に自社輸入品を購入したユーザーに対してのみ一定割合を割り引くものであるが， ① 故障修理についてはX社輸入品と並行輸入品で料金に差を設けないこと， ② 分解点検の実施は推奨にすぎず，これを行わなかったとしても，本件対象機器の使用ができなくなるものではないこと， ③ 分解点検の頻度はα年に1回であり，これに係る基本料金を一定程度割り引いたとしても，X社輸入品と並行輸入品との本体の価格差（2割程	平成19年度相談事例集（事例1）

No	内容 【行為類型】	概要	独占禁止法上の考え方	出典
			度）には満たないことから，実質的に修理拒否と同様の効果を有するとは認められないため，直ちに独占禁止法上問題となるものではない。	
5	繊維メーカー間の総代理店契約 【競争者間の総代理店契約】	国内の繊維メーカーが外国の繊維メーカーの国内における総代理店となることは独占禁止法上問題となるものではないとした事例	本件は，共に繊維Aを製造する国内メーカー（X社）が，外国メーカー（Y社）の国内における総代理店となるものであるが，X社の製造する繊維Aが全て高品質・高価格（Y社が製造する後述の繊維A2の10倍の価格で販売される。）の繊維A1であり，Y社の製造する繊維Aが全て低価格の繊維A2であり，Y社が我が国において十分な販路・販売ノウハウを有していないことを踏まえると， ① 繊維A1と繊維A2との間に代替関係はなく，X社とY社は競合関係にないこと， ② Y社の参入によって，今後需要の拡大が見込まれる我が国の繊維A2の販売市場における競争が活発になると考えられること から，独占禁止法上問題となるものではない。	平成22年度相談事例集（事例2）

メーカーと流通業者の取引関係に関する意見

	意見の内容
研究会ヒアリング	・小売業の事業所数が減少し，大型店業態が衰退する一方，コンビニ・ドラッグストアといった小商圏型店舗業態が伸長している。主に合併・買収により，小売業の上位集中度は高くなっている。また，各業態間で品揃えが重複し，業態間の競争が発生している。（流通経済研究所） ・卸売業においては，特に飲食料品，医薬品・化粧品の分野において，小売業以上に大手企業への上位集中が進んでいる。その主な要因は，合併・買収に加えて，中小企業の淘汰が進んでいることだと考えられる。小規模小売店が減り，そこに卸していた二次卸が廃業したことと，大企業が自分で支店・センターを建てて機能を高め，二次店・中小店の役割が小さくなったことにより，取引段階が短くなった。他方で，リベートやフィーに関わる取引慣行はあまり変わっていないと思われる。（流通経済研究所） ・現在も，流通業者がメーカー等に対して必ずしも強い立場にあるわけではない。（新経済連盟） ・現在の企業規模（シェア）の大小というよりも，伸びている会社は強く，そうでない会社は弱い，というように個別の状況によって企業間の力関係は異なる。このような状況を総合的に捉えて判断する指標となるガイドラインが望ましい。（セブン＆アイ・ホールディングス） ・小売業者のバイイング・パワーが強くなったと言われがちであるが，小売側から消費者のニーズに合った発注を行うことで，社会全体にとっても効率化が進むこととなる。（セブン＆アイ・ホールディングス）
会員意見	・我が国における地域別の上位企業の占める食品売上高は，全国レベルと比較すると高くなっているが，ＥＵと比較するとそこまで高くないように思う。（第3回） ・ＥＵ加盟国レベルだと，英国において，企業がＭ＆Ａを行う動機として，スケールメリットによるボリュームディスカウントが指摘されている。優越的地位の濫用は，取引を行う当事者間の関係を基に競争法上判断するものであるが，実証分析を行ったわけではないものの，購入者側がバイイングパワーを発揮して安く仕入れた場合であっても，小売業者間の競争が激しい場合には，仕入原価の引下げ分，すなわち小売業者の利益が，小売業者の安売りによって消費者に還元され，消費者利益に資することもあると考えられる。そのため，購入者側の垂直的制限行為については，垂直的な二者間の取引関係・競争と水平的

	な競争を独立して評価するのではなく，これらを同時に評価する必要がある。（第３回）

・日用雑貨卸売業の上位集中が進んだ理由の一つとして，日用雑貨の分野では，小売業者から卸売業者への代金支払期限より，卸売業者からメーカーへの代金支払期限が早く到来するという取引慣行があるため，手元キャッシュが潤沢な卸売業者しか生き残れなかったとのことだったが，こうした代金回収に関する取引慣行は，かつてメーカーが主導して決めたものであるものの，卸売段階が寡占化し，メーカーよりも卸売業者の力が強くなった現在においてもなお従来のやり方が行われているとのことであり，流通構造が変化したとしても変わらない取引慣行もあるのではないか。（第３回） |
| 事業者ヒアリング | ・流通・取引慣行ガイドラインが制定された頃は，小売業者よりもメーカーが強かった時代であったが，近年，その立場は逆転している。大手チェーン小売業者に対して日用雑貨品メーカーが影響力を行使するという時代ではない。（日用雑貨品メーカー）

・そもそもの前提として，市場においては売手より買手の方が原則立場が強い，という認識でいるので，特に食品業界においては，流通・取引慣行ガイドラインが制定された20年前も現在も同様にメーカーよりも小売業者の方が力が強いという認識でいる。さらに，20年前と比較しても，小売業者の上位集中度は高くなっており，小売業者の力はますます強くなっていると思う。
　また，納入価格を理由にトップブランドの商品を扱っていない小売店もあり，当社がトップブランドだからといって必ずラインナップしておかなければならない商品というわけではなく，他のメーカーと圧倒的な差があるというわけではない。（加工食品メーカー）

・小売業者は再編されて大型化しており，メーカーと小売業者との力関係は，小売業者側に振れていると認識しているものの，小売業者とは販促について相談し，一緒に考えていく仲間のような関係である。（腕時計メーカー）

・確かに小売業者の上位集中度は高くなっているが，小売業者である当社からメーカーに対して販売先小売店を制限するよう要請する等を行うことはない。メーカーとは，販促面等でお互い協力しあっている関係性であるという認識でいる。（スポーツ用品販売店）

・家電量販店側から，当社製品を特定の家電量販店へ卸さないことを条件に取引を持ち掛けられるなど，他の家電量販店との取引を制限するように求められたことはない。（家電メーカー） |

参考資料5　327

資料１０

最近の総代理店・並行輸入品の実態に関する意見

		意見の内容
① 内外価格差の現状・総代理店契約の実態	事業者ヒアリング	・最近は，有名ブランドでは為替変動等に合わせた価格改定等を行い内外価格差を是正しているところが多い。ブランド品の日本市場全体が低迷している中で，日本でだけ高い価格を付けて販売し利益を得るというようなことができる状況ではなくなっている。 　一部，例えば，販売拠点を集中させて効率を上げたり，商品のコントロールをしやすくするため，日本国内での販売価格を近隣他国の販売価格より高く設定して他国での販売に集中させる戦略で内外価格差をつけているブランドもある。（海外ブランド関係団体） ・有名ブランドの商品については内外価格差が減ってきている。もともと内外価格差はブランドの販売戦略によって生じるものなので，それが変わってきたということだろう。一方で新興ブランドについては，高く売れるところでは高く売るといった発想やブランドイメージを構築するために価格を高く設定するという戦略から，日本で高価格販売をするところがある。 　全体的に，取引がボーダーレスになり内外価格差が付けられなくなってきたという事情もあると思う。（並行輸入業者団体） ・現在では有名ブランドはほとんどが日本法人（子会社）を作り，海外の本社から同法人が仕入れて販売するという方法を採っており，一方，新興ブランドは日本法人を作る十分な資金がないために総代理店による流通経路を選択する傾向がある。総代理店となる事業者としては，昔からの総合商社と，非常に小規模な商社とがある。また，情報通信技術の発展等に伴い，従来総代理店による販売をしていたブランドも自社の日本法人による流通に移行してきている。（海外ブランド関係団体） ・海外ブランド元が商品を日本で販売する際，最近では日本法人を作るブランドも増えてきているがコストがかかるので，日本法人にシフトするトップブランド等と小規模な輸入総代理店を用いる新興ブランド等に二極化している。日本における輸入ブランド商品の多様化に伴い，これら小規模なものを含めた輸入総代理店の数自体は非常に増えている。（並行輸入業者団体） ・海外ブランドのうち，特にスイス等の主要な高級腕時計は，以前は輸入総代理店制であったが，現在は日本法人を設立して販売している。他方，今でも輸入総代理店制をとっている海外ブランドもある。（時計メーカー）

		・10～15年前までは総代理店も多かったが，現在では総代理店という言葉を余り聞かなくなっている。自動車や電気製品などでも，海外企業は総代理店よりもコントロールしやすい子会社を設立することが最近では多く，ガイドライン制定当時に比べて流通取引全体の中で総代理店の位置付けが変わってきている。一般論として，ごくニッチな商品では今でも総代理店制を採っていることもあるように思う。（国内ブランド関係団体） ・当社は，1950年代に海外メーカーから輸入販売権を獲得して以降，日本において同社製品の輸入販売を行ってきたが，1980年代後半に同社の日本法人が設立されたことにより，日本法人から同社製品を仕入れるよう，海外本社から指示された。メーカーが日本法人を設立すると，本国のメーカーの意向により，輸入販売権を移譲せざるを得ないことが通常である。（自動車販売業者） ・全体として，現在，メーカーが総代理店となることは少ない。自社製品と競合関係にある製品を仕入れて販売することはあるが，独占的に仕入れるということは余りない。 　その背景には，外資規制の緩和により日本法人が作りやすくなったこと，情報通信技術の発展により世界中の情報が得やすくなったことなどがあるのだろうと思う。また，電気製品分野におけるソフトウェアの日本語化や食品・化学分野における成分の規制への対応など，日本での販売に際しての現地化作業のノウハウが総代理店にある場合に総代理店制が採られてきたが，現在では製品規格の標準化が進み，現地化の必要がなくなってきている。 　例えば，ソフトウェアの販売について，1990年代終わり頃には，専門知識を要する検索サポートなどのサービス提供をするために総代理店を置く意味があったが，現在では大元の会社が日本に進出してくることが多く，また，直接海外から購入することもできるので，間に総代理店が入る必要はなくなってきている。（国内ブランド関係団体）
②並行輸入の不当阻害	研究会ヒアリング	・海外ブランドのいわゆる正規輸入品を扱っている輸入業者から，並行輸入品を扱っている小売業者に対してクレームが来たというケースは，時々耳にする。（新経済連盟）

参考資料5　329

	事業者ヒアリング	・平成3年当時からあるトップブランドは流通・取引慣行ガイドラインに則して対応していることが多いが，それ以降に出てきたブランドとの間では，現在も並行輸入品の偽物扱いなど争いが生じている。（並行輸入業者団体） ・ブランド日本法人よりも総代理店の方が，シェアを取られるという意識があるためか並行輸入業者との争いが熾烈となるケースが多い。（並行輸入業者団体） ・総代理店やブランド日本法人などは特に偽造品についての情報を入手したく，並行輸入業者も偽物を排除したいという点では共通であり協力して取り組んでいるが，修理とロゴ使用については大きな対立がある。（並行輸入業者団体） ・並行輸入業者が最も困っているのは修理の拒否である。修理費に差があるのは仕方がないが，並行輸入品であることを理由に一律に修理不可とされると，消費者が安心して使用できない。 　なお，ブランド日本法人による修理拒否はほとんどなく，総代理店の事案が多い。（並行輸入業者団体） ・広告の問題も重大である。本物を売っている以上は使用できると思うのだが，並行輸入業者が権利者からロゴの使用を禁止される事例は多い。確かに問題のある使い方がされている事例もあるが，並行輸入品だと明記した上でロゴを使用するのは可能なのではないかと考えている。（並行輸入業者団体） ・本物であるにもかかわらず，総代理店に「偽造品・並行品に注意」などと並べて称され，偽物扱いされることも多い。また，権利者から偽物を扱っているとの指摘があったとしてオンラインプラットフォーム上で販売ができなくなり退店寸前まで追い込まれたり，証拠をそろえても総代理店に偽物だと言われたりする事例もある。偽物と言われると，抗弁の機会を与えられることなく退店に追い込まれることが多い。裁判にかかる費用と時間，その間販売できないことを考えると，中小並行輸入業者は泣き寝入りせざるを得ない。（並行輸入業者団体） ・商品の入手妨害については，現在もシリアルナンバーから仕入先を突き止めて供給を止められることもあり，その場合ブランドに抗議することはあるが余り効果がない。（並行輸入業者団体） ・並行輸入品の買占めの事案はない。そもそもチラシ広告自体なくなってきている。（並行輸入業者団体）

		・総代理店やブランド日本法人からすれば，海外での販売に比べて日本では並行輸入品があるために思うように商品が売れず，口惜しいという思いは強いだろうが，それに対してかつては並行輸入ルートを突き止めて潰すというような対応が取られることも多かったものの，最近では，並行輸入固有の対応ではなく流通ルート全体の販売戦略を考える方向になってきている。（海外ブランド関係団体） ・並行輸入に関連する大きな問題として偽造品の増加があり，15年ほど前はそれを巡って総代理店やブランド元等と並行輸入業者との間でトラブルも多かったが，今では並行輸入業者の間でも偽造品に対する意識が向上し，共に偽造品に立ち向かうという関係にある。（海外ブランド関係団体） ・現在，並行輸入業者と総代理店等との間で衝突が大きいのは，①並行輸入品の修理拒否，②商標の使い方である。 　①については，権利者としてはフリーライドだという意識が強く，一方で並行輸入業者としては修理は当然受け付けてもらわなければ困るとの意見で，両者の意見対立は避けようがない。団体としては，流通・取引慣行ガイドラインに基づき，一定の場合を除いて修理を拒否してはならない旨事業者に指導している。 　②については，特にオンラインプラットフォームで商標（ロゴ，商品写真）が使われることで，使用方法によっては正規店との誤認やブランド価値の希釈化が生じることを問題視している。ロゴの使用方法について並行輸入業者やプラットフォーム事業者に働きかけることが，ガイドライン第3部第3（7）記載の広告宣伝妨害に当たる可能性があるとなると，権利者としては苦しい。（海外ブランド関係団体）
③ 流通・取引慣行ガイドライン第3部の記載	会員意見	・第1部から第3部という全体構造を見直すことも含めて検討すべきである。特に，第3部については，現在ほとんど活用されていないという意見もある。（第5回） ・ガイドラインを参照する際は第2部しか見ていない。総代理店の話も今の時代に余りそぐわないのではないか。第1部と第2部については，統合できるところは統合していくべきである。（第5回）

	事業者ヒアリング	・流通・取引慣行ガイドラインは並行輸入業にとって背骨ともいうべきものであって，できるだけ変えてもらいたくない。並行輸入業者は流通・取引慣行ガイドラインで一定の指針が示されているから安心して取引ができており，このガイドラインがないと各総代理店がばらばらの対応を取ることになってトラブルの多発が予想される。特に修理や広告については，明記してもらえるとありがたい。(並行輸入業者団体) ・海外の偽造品トラブルなどについて聞いていると，日本ではガイドラインがあるために健全な並行輸入業者が育ったのではないかと思う。並行輸入を認めない取扱いだと，結局アンダーグラウンドでの取引が横行することになるのではないか。総代理店などから「並行輸入があるから偽造品が入ってくる」という言い方をされることがあるが，日本ほど健全な市場はないと思う。(並行輸入業者団体) ・第3部に記載されている内容自体については問題があると考えておらず，ガイドラインを変えてほしいという意見があるわけではない。あえて言えば，ブランドがあって初めて並行輸入ができるのであるから，ブランドの価値自体を食い潰さないような視点があればありがたいとは思う。(海外ブランド関係団体) ・過去事例の積み重ねもあり，現在は会員事業者からの並行輸入関係の相談についてもガイドラインに沿った内容で指導できており，判断に迷ったり公取委に相談すること自体は減ってきている。(海外ブランド関係団体) ・並行輸入以外でガイドライン第3部に関係するような事案はない。(海外ブランド関係団体) ・流通取引全体の中で総代理店の位置付けが変わってきており，ガイドライン制定当時に比べて適用領域が小さくなっているといえるのではないか。(国内ブランド関係団体)

●事項索引

◆ 欧文

Eコマース（電子商取引）‥‥‥‥‥‥ 7
　——の発展・拡大‥‥‥‥‥‥‥‥ 10

◆ あ行

アウトサイダー‥‥‥‥‥‥‥‥ 181, 214
アフターマーケット‥‥‥‥‥‥‥‥ 161
暗黙の了解‥‥‥‥‥‥‥‥‥‥‥‥ 184
意思の連絡‥‥‥‥‥‥‥‥‥‥‥‥ 184
委託販売‥‥‥‥‥‥‥‥‥‥‥ 96, 101
委託販売契約‥‥‥‥‥‥‥‥‥‥‥ 98
一定の取引分野‥‥‥‥‥‥‥‥‥‥ 199
一手販売権‥‥‥‥‥‥‥‥‥‥ 228, 250
一店一帳合制‥‥‥‥‥‥‥‥‥‥‥ 131
インターネット販売‥‥‥‥‥‥‥‥ 127
　——における受動的販売‥‥‥‥‥ 127
ウェブ広告‥‥‥‥‥‥‥‥‥‥‥‥ 123
役務の提供価格を拘束する場合‥‥‥ 76
オフライン‥‥‥‥‥‥‥‥‥‥‥‥ 19
親会社の関与の状況‥‥‥‥‥‥‥‥ 276
親子会社間の取引‥‥‥‥‥‥‥‥‥ 273
オンライン‥‥‥‥‥‥‥‥‥‥‥‥ 19
　——のプラットフォーム事業者による価
　　格均等条項‥‥‥‥‥‥‥‥‥‥ 32
　——のプラットフォーム事業者による垂
　　直的制限行為‥‥‥‥‥‥‥‥‥ 41
オンライン取引‥‥‥‥‥‥‥ 19, 32, 133
オンライン販売の禁止又は制限‥‥‥ 32
オンラインマーケットプレイス‥‥‥ 34
オンライン旅行予約サービス‥‥‥‥ 34

◆ か行

海外の流通ルート‥‥‥‥‥‥‥‥‥ 250
買取り販売‥‥‥‥‥‥‥‥‥‥‥‥ 101
価格維持効果‥‥‥‥‥‥‥‥‥‥‥ 125
　——が生じる場合
　　‥‥‥‥ 17, 49, 57, 125, 127, 131, 133, 240, 248
価格カルテル‥‥‥‥‥‥‥‥‥ 25, 180
価格競争を阻害するおそれ‥‥‥ 136, 149
価格均等条項‥‥‥‥‥‥‥‥‥ 25, 34
　オンラインのプラットフォーム事業者に
　　よる——‥‥‥‥‥‥‥‥‥‥‥ 32
価格等の同等性条件‥‥‥‥‥‥‥‥ 33
価格に関する広告・表示の制限‥‥ 17, 149
価格を維持するために行われる場合
　‥‥‥‥‥‥‥‥‥‥‥‥‥ 248, 254
家庭用ゲーム機‥‥‥‥‥‥‥‥‥‥ 34
株式所有関係‥‥‥‥‥‥‥‥‥‥‥ 115
株式所有の比率‥‥‥‥‥‥‥‥‥‥ 276
川上の事業者‥‥‥‥‥‥‥‥ 13, 31, 114
川下の事業者‥‥‥‥‥‥‥‥ 13, 31, 114
完成品メーカー‥‥‥‥‥‥‥‥‥‥ 114
間接の取引先に対する再販売価格の拘束
　‥‥‥‥‥‥‥‥‥‥‥‥‥‥‥‥ 94
間接の取引先に対する制限‥‥ 116, 128, 150
企業集団‥‥‥‥‥‥‥‥‥‥‥‥‥ 115
危険負担‥‥‥‥‥‥‥‥‥‥‥‥‥ 96
基準となる占有率‥‥‥‥‥‥‥‥‥ 171
規制改革実施計画‥‥‥‥‥‥‥‥‥ 8
既存の取引関係‥‥‥‥‥‥‥‥‥‥ 178
逆輸入‥‥‥‥‥‥‥‥‥‥‥‥‥‥ 249
供給量制限カルテル‥‥‥‥‥‥‥‥ 25
競争基盤の侵害‥‥‥‥‥‥‥‥‥‥ 30
競争者
　——との共同ボイコット‥‥‥‥‥ 198
　——の供給余力‥‥‥‥‥‥‥‥‥ 113
　——の費用引上げ戦略‥‥‥‥‥‥ 53

事項索引　333

競争手段として不当である場合 …… 153, 157
競争手段の不公正さ …………………… 29, 157
競争阻害効果 ……………………………… 16, 38
競争阻害的でない他の方法 ……………… 78
競争促進効果 …………………… 16, 38, 61, 78
競争の実質的制限 ………………………… 183
　　——には至らない場合 ……… 201, 207
競争品の取扱制限 ………………………… 109
　　——の機能を持つリベート ………… 169
　　契約終了時における—— …………… 238
兄弟会社 …………………………………… 20
兄弟会社間の取引 ………………………… 273
共通の目的の達成 ………………………… 207
共同購入 …………………………………… 183
共同購入機関 ……………………………… 183
共同して競争者を排除する行為 ………… 178
共同販売 …………………………………… 183
共同販売機関 ……………………………… 183
共同ボイコット ……………… 14, 20, 179, 193
　　間接の—— …………………………… 197
　　競争者との—— ……………………… 198
　　事業者団体による—— ……………… 211
　　直接の—— …………………………… 197
　　取引先事業者等との—— …………… 205
許諾地域外における販売の制限 ………… 240
苦情の取次ぎ ……………………………… 91
経済上の利益を供与する場合 …………… 85
契約上の義務 ……………………………… 235
契約対象商品を販売しないようにさせる
　　………………………………………… 259
結合 ………………………………………… 198
厳格な地域制限 ……………… 66, 122, 124
原材料メーカー …………………………… 114
原則として違法 …………………… 71, 193
原則として公正な競争を阻害するおそれが
　　ある行為 …………………………… 49
行為者が共同することによる市場支配力
　　………………………………………… 200

合意による場合 …………………… 81, 107
行為の対象とされる相手方の数 ………… 157
行為の反復、継続性、行為の伝播性 …… 157
公正競争阻害性の3つの側面 …………… 29
構成事業者の事業活動の制限 …………… 181
公正な競争を阻害するおそれ …………… 16, 29
拘束条件付取引 …………………………… 112
拘束性 ……………………………………… 74
購入させること …………………………… 161
購入数量カルテル ………………………… 25
高品質であるとの評判 …………… 61, 63
小売業者の販売方法に関する制限 ……… 142
顧客獲得競争 ……………………………… 178
　　——の制限 ……………… 13, 179, 180
顧客奪取の場合のペナルティー ………… 185
国外頒布目的商業用レコード …………… 246
国内における販売地域の制限 …………… 240

◆ さ行

サービスの質の標準化 ……………… 61, 65
サービスの統一性 …………………… 61, 65
在庫管理リスク …………………………… 101
最善販売努力義務 ………………………… 243
最低購入数量 ……………………………… 242
最低販売数量 ……………………………… 242
財の性質による分類 ……………………… 31
再販指定商品 ……………………………… 7
再販売価格 ………………………………… 75
　　——の維持を容易にする行為 ……… 32
　　——の拘束 ………………………… 75
　　——の拘束として違法とならない場合
　　………………………………………… 96
　　——の拘束の有無 ………………… 81
再販売価格維持行為 …… 8, 16, 49, 50, 131
　　オンライン販売に関連する—— …… 32
　　——の「正当な理由」 ……………… 8
差別的なリベートの供与 ………………… 168
参考価格 …………………………………… 74

参入障壁の高まり………………38	市場閉鎖効果が生じる場合
シェアだけでは判断できない「市場における地位」…48	……13, 16, 49, 53, 113, 154, 237
資格者団体………………189	実質的に同一企業内の行為………273
事業活動の相互拘束………………207	質的基準………………140
事業者間の継続的取引………………4	実店舗における取引………33
事業者団体………………189	私的独占………20, 179, 198, 220, 233
——による競争の実質的制限行為	品揃えの同等性条件………33
……………181, 189	自由競争減殺………………29
——による共同ボイコット………211	従たる商品………………152
——への事業者の新規加入拒否………217	——の商品差別化………155
事業者による取引先事業者の事業活動に対する制限………31	——の特性………157
	重要な取引先………………114
事業者の事業活動の自由において最も基本的な事項………138	主たる商品………………152
	——の市場シェア………154
事業者の市場における地位………43	——の市場力………157
仕切価格の修正………………163	出荷価格の引上げ………………84
自己と密接な関係にある事業者………115	出荷停止………………84
自己の競争者との取引等の制限…13, 66, 109	出荷量の削減………………84
自己又は自己と密接な関係にある事業者の競争者………111	出所表示機能………………245
	消極的な販売………………126
自社の商品に対する顧客の信頼………65	条件性………………112
自社の商品を取り扱う流通業者に関して一定の基準………139	譲渡権………………246
	消費財………………13
市場	消費者の商品選択の狭まり………38
寡占的な——………57, 125	消費者利益の観点………………140
——が独占化される傾向………47	——からのそれなりの合理性………141
——の開放性………………193	商標………………245
——の寡占化………………78	——の広告機能………………269
——の分割………………187	商標権………………245
——の閉鎖性に係る問題………22	商標権侵害………………260
——への参入の自由………………193	商標の信用保持………144, 233
市場シェア………………43	——のために必要な措置………248
——の順位………………43	商標品………………245
市場シェア基準………………67	商品
市場における有力な事業者…66, 112, 125, 154	——の差別化………………78
——の「市場」の定義………70	——の安全性の確保………144
市場分割カルテル………………181	——の適切な使用の確保………141
	——の適切な販売のためのそれなりの合

事項索引 335

理的な理由	144	例外としての――	78
――の転売	134	製品差別化	44, 57
――の品質の保持	141, 144	セーフ・ハーバー	8, 10, 14, 67
ショッピングモール	34	EUにおける――	68
人為的手段	235	責任地域制	122, 123, 240
――による場合	81, 107	積極的な販売	126
新規参入	178	選択的流通	8, 139
新規参入者の排除	38	占有率リベート	169
新規参入の容易化	38	専用機械や設備の設置	64
シングルホーミング	48	専用設備の設置	64
新商品のテスト販売	125	善良な管理者としての注意義務	97
新商品の販売の促進	38	相互拘束	207
真正商品	245	総代理店	10
――の入手の妨害	250	――の販売価格	236
垂直的制限行為	8, 16, 29, 37, 49	総代理店契約	228, 245
オンラインのプラットフォーム事業者による――	41	競争者間の――	14, 233
――が競争に及ぼす影響	23	――の中で規定される主要な事項	233
――に係る適法・違法性判断基準	23	総代理店制	228
――に係る取引及びそれにより影響を受ける範囲	70	総代理店又は販売業者	
――の期間	44	――の競争品の取扱いの制限	237
――の制限の程度・態様	43	――の取引先の制限	241
――の対象となる取引先事業者の市場における地位	44	――の販売価格	236
――の対象となる取引先事業者の数	44	――の販売方法の制限	242
プラットフォーム事業者が行う――	45	ソーシャルネットワーク	45
数量カルテル	181	属地主義	245
正価	74	それなりの合理的な理由	140
制限	236		
――の相手方の数	113	◆ た行	
――の期間	113	代金回収のリスク	101
――の実効性	113	代金徴収業務	98
――の実効性の確保	235	対抗的価格設定	121
制裁手段として用いる経済上の不利益	84	――による競争者との取引の制限	13
生産財・資本財	13	抱き合わされる商品	154
正当な理由	76, 78, 115, 239	抱き合わせ販売	13, 20, 31, 66, 152
――の主張責任	79	――の期間	155
		――の公正競争阻害性	153, 157
		――の対象となる相手方の数	155
		抱き合わせる商品	154

ただ乗り……………………………………62
建値………………………………………73
他の事業者による許諾地域における販売の
　　制限…………………………………240
他の事業者の行動………………54, 58, 114
他の主力商品や新製品の供給拒絶………84
他の制限の手段…………………………148
団体の連合体……………………………189
単独の間接取引拒絶……………………112
単独の直接取引拒絶……………14, 179, 219
単なる取次ぎ………………………………96
地域外顧客への受動的販売の制限
　　…………………………122, 126, 131
地域土産品の販売………………………125
帳合取引の義務付け……………………130
　　――としての機能を持つリベート…176
帳簿等の書類閲覧…………………………88
直接交渉……………………………………97
著作権……………………………………246
著作物……………………………………246
　　映画の――…………………………246
通常の事業活動…………………………224
　　――が困難になるおそれがある場合…224
通信ネットワーク…………………………45
通謀………………………………………198
定価…………………………………………74
適法・違法性判断基準………………8, 13, 15
　　垂直的制限行為に係る――…………23
店頭でのパトロール………………………88
当該行為に係る取引及びそれにより影響を
　　受ける範囲……………………………41
同等の基準………………………………140
同等の条件………………………………144
登録制度…………………………………185
独占禁止法上違法な行為の実効を確保する
　　ための手段……………………220, 222
独占禁止法上不当な目的を達成するための
　　手段……………………………200, 223

特有の投資…………………………………64
　　必要な――……………………………61
特許製品…………………………………246
取引関係…………………………………115
　　親子会社間・兄弟会社間の――……276
取引拒絶…………………………………193
　　共同の――…………………………198
取引先事業者………………………………31
　　――に対する自己の競争者との取引の制
　　限…………………………………13
　　――の株式の取得・所有……………37
　　――の経営に対する関与等…………37
取引先制限カルテル……………………181
取引先の選択……………………14, 178
　　――の自由…………………………220
　　――の自由の制限…………………202
取引条件の一定の方向への誘導………163

◆　な行

内外価格差………………………14, 230
仲間取引の禁止…………………130, 133
二重限界化…………………………………61
　　――の回避……………………………61
偽物扱い…………………………………260
入札談合…………………………25, 181
ネットワーク効果…………………………45
　　間接の――……………………46, 120
　　直接の――……………………………45
ノウハウ…………………………………116
能率競争……………………………29, 153

◆　は行

排他条件付取引…………………………111
派遣店員による価格監視…………………88
払込制……………………………………168
販売価格の報告……………………………88
販売業者に対する並行輸入品の取扱制限
　　…………………………………254

事項索引　337

販売業者の販売価格	236
販売拠点制	122, 123, 240
販売コストの支援	163
販売促進	163
販売促進活動	62
非価格制限行為	10, 16, 49, 107
他の――	50
非拘束的な用語	74
秘密情報の流用防止	238
秘密番号	88
品質保証機能	245
品質やサービスの向上	38
複数の事業者がそれぞれ並行的に制限を行う場合	114
複数の事業者による非価格制限行為	54
複数の垂直的制限行為の組み合わせ	50
不公正な取引方法	16, 201, 207
――の要件	54
不正競争防止法	270
不当な取引制限	20, 179, 181, 198, 233
部品メーカー	114
プラットフォームサービスの差別化の程度	48
プラットフォーム事業者	19
――が行う垂直的制限行為	45
――の市場における地位	34, 47
――のデータ集積力	48
プラットフォーム事業者間の競争状況	34, 45
ブランドイメージ	65
――の維持・向上	141
ブランド間競争	29, 57, 230
――が機能する	125
――の状況	42
――やブランド内競争の減少・消滅	16, 38
ブランドごとの製品差別化	125
ブランド内競争	29, 125, 230

――の状況	43
――を制限する効果	127
ブランド力	43, 113
フリーライダー問題	17, 61, 62
分析プロセス	16
並行輸入	245, 246
――の制限が許容される場合	248
――の不当阻害	233, 247
並行輸入業者による補修部品入手行為に対する妨害	268
並行輸入品	10
――の買占め	264
――の広告宣伝活動	269
――の広告宣伝活動の妨害	269
――の修理に必要な補修部品の供給拒否	265
――の修理の拒否	265
――の修理料金等の差別的取扱い	266
――を取り扱う小売業者に対する契約対象商品の販売制限	257
――を偽物扱いすることによる販売妨害	260
閉鎖的流通経路	135
ホールドアップ問題	17
補完的商品	161

◆ ま行

埋没費用	63
マルチホーミング	48
自らの計算	99
メーカー希望小売価格	73, 74

◆ や行

役員兼任・派遣関係	115
役員派遣の状況	276
安売り業者への販売禁止	17, 130, 133, 142
――のために行われる仲間取引	134
安売り商品の買上げ	90

安売りルートの解明……………88
安売りを行うことを理由…………137
融資関係……………………………115
横流し………………………………134
　——の禁止………………………135
横流し禁止行為……………………135

◆　ら行

ライバル費用引上げ戦略……………17
リスク等の自己負担引受け…………100
リベート……………………………163
　基準の不明確な——……………166
　競争品の取扱制限の機能を持つ——…169
　帳合取引の義務付けとしての機能を持つ——……………………………176
　——の額…………………………171
　——の供与基準………… 166, 169
　——の削減…………………………84
　——の水準………………………169
　——の遡及性……………………169

　——の累進的な供与率…………172
　——の累進度……………………169
　——を手段とした事業活動の制限……167
　累進的な——……………………172
流通業者に対する同等の基準の適用……141
流通業者の競争品の取扱いに関する制限
　……………………………………13
　——の機能を持つリベート……169
流通系列化……………………… 3, 7
流通調査……………………… 8, 103
流通・取引慣行等と競争政策に関する検討委員会…………………………4
流通・取引慣行と競争政策の在り方に関する研究会………………………10
流用防止に必要な範囲……………239
量的基準……………………………140
累進度が著しく高い………………172

◆　わ行

我が国の流通・取引慣行………… 2, 3

●判決・審決等索引

◆ 判決

東京高判昭和 26 年 9 月 19 日昭 25(行ナ)21 号〔東宝・スバル事件〕……………183
東京高判昭和 28 年 12 月 7 日昭 26(行ナ)17 号〔東宝・新東宝事件〕……………200
大阪地判昭和 45 年 2 月 27 日昭 43(ワ)7003 号〔パーカー事件〕……………………245
最判昭和 50 年 7 月 10 日民集 29 巻 6 号 888 頁〔和光堂事件〕……………………38
最判昭和 50 年 11 月 28 日民集 29 巻 10 号 1592 頁〔天野・ノボ事件〕……………238
東京高判平成 7 年 9 月 25 日平 6(行ケ)144 号〔東芝ケミカル審決取消請求事件〕………184
最判平成 9 年 7 月 1 日民集 51 巻 6 号 2299 頁〔BBS アルミホイール事件〕………246
東京高判平成 13 年 2 月 16 日平 11(行ケ)377 号〔観音寺市三豊郡医師会事件〕………218
最判平成 15 年 2 月 27 日民集 57 巻 2 号 125 頁〔フレッドペリー事件〕……………245
東京高判平成 22 年 1 月 29 日平 20(行ケ)19 号・20 号・35 号・36 号〔㈱ソニー・ミュージックエンタテインメントほか 3 名〕………………………………………202
東京高判平成 23 年 4 月 22 日平 22(行ケ)12 号〔ハマナカ事件〕……………………91
知財高判平成 30 年 2 月 7 日平 28(ネ)10104 号………………………………………270

◆ 審決

審判審決昭和 24 年 8 月 30 日昭 23(判)2 号〔湯浅木材工業㈱ほか 64 名〕…………184
同意審決昭和 25 年 1 月 19 日昭 24(判)11 号〔宇都宮青果食品商業協同組合ほか 6 名〕……………………………………………………………………………………208
勧告審決昭和 30 年 12 月 10 日昭 30(勧)3 号〔大正製薬㈱〕………………………223
勧告審決昭和 31 年 1 月 30 日昭 30(勧)5 号〔住友化学工業㈱ほか 8 名〕…………185
勧告審決昭和 38 年 2 月 6 日昭 37(勧)5 号〔山形海産物仲買人協同組合〕…………224
審判審決昭和 42 年 4 月 19 日昭 40(判)1 号〔丸亀青果物〕…………………………224
勧告審決昭和 43 年 5 月 11 日昭 43(勧)8 号〔西日本特殊ゴム製版工業組合〕………190
勧告審決昭和 45 年 1 月 12 日昭 44(勧)22 号〔天野・ノボ事件〕……………………238
勧告審決昭和 45 年 1 月 21 日昭 44(勧)23 号〔石油連盟東京支部〕…………………199
勧告審決昭和 46 年 12 月 27 日昭 46(勧)42 号〔社団法人熊本県エル・ピー・ガス保安協会〕……………………………………………………………………………190
勧告審決昭和 47 年 9 月 18 日昭 47(勧)11 号〔東洋製罐〕……………………………200
勧告審決昭和 50 年 12 月 11 日昭 50(勧)32 号〔日本油脂㈱ほか産業用爆薬製造業者 5 名〕……………………………………………………………………………184
勧告審決昭和 51 年 10 月 8 日昭 51(勧)19 号〔㈱白元〕………………………131, 274
勧告審決昭和 52 年 7 月 12 日昭 52(勧)15 号〔日本高圧コンクリート㈱ほかヒューム管製

造業者11名〕…………………………………………………………………	188
同意審決昭和54年12月20日昭53(判)3号〔㈱学習研究社〕…………………	117
勧告審決昭和55年6月19日昭55(勧)6号〔社団法人千葉市医師会〕…………	217
勧告審決昭和56年5月11日昭56(勧)7号〔富士写真フイルム㈱ほか1名〕……	128, 275
勧告審決昭和58年2月2日昭57(勧)17号〔日産化学工業㈱ほか塩素化イソシアヌル酸製造業者1名〕……………………………………………………	186
勧告審決平成3年1月16日平2(勧)16号〔仙台港輸入木材調整協議会〕………	214
勧告審決平成3年8月5日平3(勧)7号〔エーザイ㈱〕…………………………	51
審判審決平成4年2月28日平2(判)2号〔㈱藤田屋〕…………………………	157
勧告審決平成5年6月10日平5(勧)11号〔理想科学工業㈱〕…………………	51
勧告審決平成5年9月28日平5(勧)16号〔ラジオメータートレーディング㈱〕…	231, 255
勧告審決平成8年3月22日平8(勧)2号〔星商事㈱〕…………………………	231, 253
勧告審決平成8年5月8日平8(勧)12号〔㈱松尾楽器商会〕…………………	231
勧告審決平成9年4月25日平9(勧)14号〔ハーゲンダッツジャパン㈱〕………	231
勧告審決平成9年8月6日平9(勧)5号〔㈱三共ほか10名〕…………………	20, 202
勧告審決平成9年8月6日平9(勧)6号〔山口県経済農業協同組合連合会〕……	173
勧告審決平成9年11月28日平9(勧)14号〔㈱ホビージャパン〕………………	231, 257
審判審決平成10年6月19日平9(判)6号〔ミツワ自動車㈱〕…………………	231
勧告審決平成10年7月24日平10(勧)14号〔グランドデュークス㈱〕…………	231
勧告審決平成10年12月14日平10(勧)21号〔マイクロソフト㈱〕……………	155
勧告審決平成11年12月22日平11(勧)26号〔日本移動通信㈱〕………………	87
勧告審決平成12年2月2日平11(勧)29号〔東京都自動車硝子部会〕…………	213
勧告審決平成12年5月16日平12(勧)6号〔㈱サギサカ〕……………………	51
勧告審決平成12年10月31日平12(勧)12号〔上村開発ほか16名及び㈱ワキタ〕…	209
勧告審決平成13年7月27日昭13(勧)8号〔松下電器産業㈱〕………………	138
審判審決平成13年8月1日平10(判)1号〔㈱ソニー・コンピュータエンタテインメント〕………………………………………………………………	50, 51, 134
勧告審決平成13年9月17日平13(勧)11号〔関東燻蒸㈱〕……………………	187
勧告審決平成15年11月25日平15(勧)25号〔フォックスジャパン社〕………	76
審判審決平成15年11月28日平13(判)16号〔関東港業㈱〕…………………	187
勧告審決平成16年7月12日平16(勧)17号〔三重県社会保険労務士会に対する件〕…	190
勧告審決平成17年4月13日平17(勧)1号〔インテル㈱〕……………………	174
審判審決平成20年7月24日平17(判)11号〔㈱ソニー・ミュージックエンタテインメントほか3名〕……………………………………………………	202
審判審決平成20年9月16日平16(判)13号〔マイクロソフトコーポレーション〕……	55

◆ 命令

| 排除措置命令平成18年5月22日平18(措)4号〔日産化学工業㈱〕………… | 89 |

排除措置命令平成20年2月20日平20(措)2号〔マリンホースの製造販売業者〕……188
排除措置命令平成21年12月10日平21(措)24号〔大分大山町農業協同組合〕……118
排除措置命令平成22年12月1日平22(措)20号〔ジョンソン・エンド・ジョンソン㈱〕
　……149
排除措置命令平成24年3月2日平24(措)7号〔アディダスジャパン㈱〕……85
排除措置命令平成26年3月18日平26(措)6号～9号〔自動車運送業務を行う船舶運航事業者〕……186
排除措置命令平成27年1月14日平27(措)1号〔網走管内コンクリート製品協同組合〕……191
排除措置命令平成28年6月15日平28(措)7号〔コールマンジャパン㈱〕……32, 83

◆　警告

警告平成3年6月6日〔㈱銀座銃砲店〕……232
警告平成8年8月9日〔㈱レイズ〕……232
警告平成9年10月22日〔㈱ホビージャパン〕……232

◆　相談事例

並行輸入された消耗品を使用した場合に本体装置の性能を保証しない旨の文書の作成等
　〔不公正な取引方法に関する相談事例集・事例11(平成3年7月～平成7年3月)〕…262
ソフトウェアとその保守サービスのセット販売〔事業者の事業活動に関する相談事例集・事例7(平成11年3月30日)〕……161
新製品の複写機のリースの際における消耗品の購入の義務付け〔事業者の活動に関する相談事例集・事例6(平成12年3月30日)〕……161
シニア住宅と介護専用型有料老人ホームのセット販売〔事業者の活動に関する相談事例集・事例3(平成13年3月27日)〕……160
バイオ検査機器と検査試薬のセット販売〔平成17年度相談事例集・事例3〕……161
代理店の再販売価格の拘束〔平成21年度相談事例集・事例2〕……99
医療機器メーカーによる通信販売の禁止〔平成23年度相談事例集・事例1〕……145
玩具メーカーによる小売業者の販売価格調査〔平成25年度相談事例集・事例1〕……104
福祉用具メーカーによる店舗販売業者のみに対するリベートの供与〔平成25年度相談事例集・事例4〕……164
機械製品メーカーによる新商品の機能の説明の義務付け〔平成26年度相談事例集・事例6〕……147
メーカーによる小売業者への販売価格の指示〔平成28年度相談事例集・事例1〕……100

流通・取引慣行ガイドライン

2018年8月10日 初版第1刷発行

編著者 佐久間 正哉

発行者 小宮 慶太

発行所 株式会社 商事法務
〒103-0025 東京都中央区日本橋茅場町3-9-10
TEL 03-5614-5643・FAX 03-3664-8844〔営業部〕
TEL 03-5614-5649〔書籍出版部〕
https://www.shojihomu.co.jp/

落丁・乱丁本はお取り替えいたします。
印刷/三報社印刷㈱
Printed in Japan
© 2018 Masaya Sakuma
Shojihomu Co., Ltd.
ISBN978-4-7857-2653-9
＊定価はカバーに表示してあります。

JCOPY ＜出版者著作権管理機構 委託出版物＞
本書の無断複製は著作権法上での例外を除き禁じられています。
複製される場合は、そのつど事前に、出版者著作権管理機構
（電話 03-3513-6969、FAX 03-3513-6979、e-mail：info@jcopy.or.jp）
の許諾を得てください。